新高考视域下普通高中
教育教学改革研究

李军靠 冯晓江 丁一鑫 ◎编著

中国社会科学出版社

图书在版编目（CIP）数据

新高考视域下普通高中教育教学改革研究 / 李军靠等编著．
—北京：中国社会科学出版社，2020.5
ISBN 978-7-5203-6375-4

Ⅰ.①新… Ⅱ.①李… Ⅲ.①高中—教育改革—研究—中国 ②高中—教学改革—研究—中国 Ⅳ.①G63

中国版本图书馆 CIP 数据核字（2020）第 068098 号

出 版 人	赵剑英
责任编辑	张　林
特约编辑	宗彦辉
责任校对	赵雪姣
责任印制	戴　宽

出　　版	中国社会科学出版社
社　　址	北京鼓楼西大街甲 158 号
邮　　编	100720
网　　址	http://www.csspw.cn
发 行 部	010-84083685
门 市 部	010-84029450
经　　销	新华书店及其他书店

印　　刷	北京明恒达印务有限公司
装　　订	廊坊市广阳区广增装订厂
版　　次	2020 年 5 月第 1 版
印　　次	2020 年 5 月第 1 次印刷

开　　本	710×1000　1/16
印　　张	18.75
插　　页	2
字　　数	288 千字
定　　价	99.00 元

凡购买中国社会科学出版社图书，如有质量问题请与本社营销中心联系调换
电话：010-84083683
版权所有　侵权必究

前　言

　　高考是国家教育体系的核心枢纽，对基础教育具有极强的引导作用。2014年9月《国务院关于深化考试招生制度改革的实施意见》的发布意味着我国新一轮高考改革正式启动，预计到2020年在全国范围内基本形成以"分类考试、综合评价、多元录取"为主要特征的中国特色现代高考制度。新高考改革是一场兼顾公平与科学的改革，旨在通过考试与评价方式的改变，引导基础教育深度变革，其"分类考试、综合评价、多元录取、内容深改、不分文理、规范加分、英语多考"等每一项具体改革措施都有针对解决有关实践问题的明确指向，最终目标是促进多元化高素质人才培养。

　　新高考一方面为普通高中深化教育教学改革提供了条件和机遇；另一方面也提出了新挑战。在此背景下，未雨绸缪，及时认真系统地研究新高考制度下普通高中教育教学改革的关键问题，显然具有重大而又紧迫的现实意义和很强的学术价值。审视我国新高考招生制度的核心举措和基本精神，结合我国高考招生改革试点区域实践经验，当前我国普通高中教育教学改革亟须重点关注研究这样六个问题：一是需要对学校课程改革价值功能重新审视。新高考倡导从分数唯一到以学生发展为本的转变，意味着学校需要对考试文化进行根本性改造。二是需要关注普通中学课程体系的重构。新高考考试内容和重点的转变，要求学科课程不仅要关注学生的基础知识和基本技能，还要关注学生的综合素质，这就需要对普通中学的课程体系进行重构。同时，需关注课程结构的重组将带来教师专业结构和数量的变化。三是学校教学组织形式需要创新。新高考推崇学生的个性化发展，因而在传统的行政班基础上，有效推进分层走班制当是普通高中在教学组织形式创新方面需要慎思并践行的问题。这同时对学校教学实施和学生管理提出了新的更高的要求。四是如何有效地对普高生进行生涯规划教育。新高考方案赋予学生前所未有的考试选择权，要求学生必须学会选择、规划人生，这就需要有效的学生生涯教育体系作为保障。五是如何真实有效公正地实施学生综合素质评价。新高考方案中把高中学业水平考试成绩作为高校录取新生的依据和把学生综合素质评价作为录取的重要参考，分数不再是唯一的招生录取依据。这种情况下，普高生的学业水平考试成绩特别是综合素质评价的效度和信度问题又成了需要重视的方面。六是在进一步加大学校自主排课权的情况下，不同层次、不同类型的学校如何建构符合本校实际的课程推进模式和方式，从而逐步形成个性化的办学特色。

  本书正是紧紧围绕新高考制度下普通高中教育教学亟须面对的以上六个方面问题展开研究。其目的是通过对相关文献梳理和扎实的调查，在充分掌握已有相关经验和普通高中教育教学实践发展现状基础上，以我国新高考招生制度的基本精神和价值追求为准绳，从实际出发提出普通高中教育教学核心要素之改革方略，期盼能为新高考制度下我国普通高中教育教学改革与发展实践做出些许贡献。

李军靠
2019年1月于延安

目录

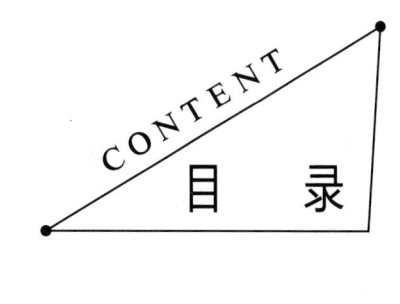

第一章 新高考改革概述 ... 1

第一节 新高考改革的背景 ... 1
一 素质教育与基础教育新课改实践发展困境 ... 1
二 高校人才培养质量保证的选拔起点制约性 ... 7
三 教育公平和以生为本是教育改革的时代主题 ... 9

第二节 新高考改革的价值取向和内容 ... 12
一 新高考改革的价值取向 ... 12
二 新高考改革的基本内容 ... 16

第二章 新高考视域下的普通高中特色课程建设 ... 24

第一节 新高考视域下普通高中课程建设概说 ... 24
一 新高考制度下普通高中需要课程重建 ... 24
二 新高考制度下普通高中特色课程建设的必要性 ... 28

第二节 新高考视域下普通高中特色课程建设调查 ... 30
一 调查背景 ... 30
二 调查对象与方法 ... 31
三 调查结果 ... 32
四 特色课程建设情况问卷及访谈分析 ... 47

第三节 新高考视域下普通高中特色课程建设策略 ... 53
一 创新特色课程体系 ... 53

二　优化特色课程建设条件 ·· 62
　　三　基于不同对象的特色课程建设要求 ·································· 70

第三章　新高考视域下普通高中教学组织形式改革 ·················· 80
第一节　选课走班教学是新高考下普通高中的必然选择 ·········· 80
第二节　新高考视域下普通高中选课走班教学调查 ················· 84
　　一　调研概述 ·· 84
　　二　调查设计 ·· 92
　　三　调查结果与存在问题 ··· 94
　　四　问题成因分析 ·· 115
第三节　新高考视域下普通高中选课走班教学改进策略 ········· 122
　　一　多管齐下，提高学生自我认知力与学习能动性 ············· 122
　　二　多措并举，提升教师选课分层走班教学综合素养 ········· 124
　　三　多环共抓，优化选课分层走班教学管理及资源 ············ 127

第四章　新高考视域下普通高中职业生涯教育重塑 ··············· 137
第一节　新高考下普通高中职业生涯教育及其意义 ··············· 137
　　一　职业生涯与普通高中职业生涯教育 ····························· 137
　　二　新高考改革对普通高中职业生涯教育的影响 ··············· 144
　　三　普通高中职业生涯教育的意义 ·································· 145
第二节　新高考视域下普通高中职业生涯教育调查 ··············· 149
　　一　调查方案设计 ·· 149
　　二　普通高中职业生涯教育现状 ····································· 151
第三节　新高考视域下普通高中职业生涯教育改进策略 ········· 173
　　一　我国普通高中职业生涯教育推进中面临的主要问题 ······ 173
　　二　高考改革视域下我国普通高中开展职业生涯教育对策 ··· 176

第五章　新高考视域下普通高中教学评价变革 ······················ 189
第一节　新高考视域下普通高中教学评价改革概论 ··············· 189

第二节　新高考视域下普通高中教学评价调查 …………… 192
  一　调查概述 ………………………………………………… 192
  二　调查过程 ………………………………………………… 197
  三　调查结果 ………………………………………………… 198
  四　存在问题及其成因 ……………………………………… 203
第三节　新高考视域下普通高中教学评价完善建议 ………… 208
  一　基本原则 ………………………………………………… 208
  二　基本策略 ………………………………………………… 211
  三　主要保障 ………………………………………………… 216

第六章　新高考视域下普通高中选课走班教学管理创新 …… 224
第一节　新高考视域下普通高中教学管理亟须改革 ………… 224
  一　新高考扩大了学生的选择权 …………………………… 224
  二　新高考背景下传统班级授课制的悄然落幕 …………… 225
  三　选课走班制的教学管理契合新高考的要求 …………… 225
  四　新高考需要普通高中教学管理做出积极回应 ………… 226
第二节　新高考视域下普通高中选课走班教学现状调研 …… 227
  一　新高考视域下普通高中选课走班实施现状调查 ……… 227
  二　新高考视域下普通高中选课走班教学主要困境 ……… 244
第三节　新高考视域下普通高中选课走班教学管理创新策略 … 248
  一　新高考视域下普通高中选课走班教学问题成因 ……… 248
  二　新高考视域下普通高中选课走班教学管理创新路径 … 251

参考文献 ………………………………………………………… 267
附录一　国务院关于深化考试招生制度改革的实施意见 …… 275
附录二　关于加强和改进普通高中学生综合素质评价的意见 … 281
附录三　教育部关于普通高中学业水平考试的实施意见 …… 285
后　记 …………………………………………………………… 289

第一章　新高考改革概述

2014年9月，国务院颁布了《国务院关于深化考试招生制度改革的实施意见》（以下简称《实施意见》），预计到2020年在全国范围内基本形成以"分类考试、综合评价、多元录取"为主要特征的中国特色现代高考制度，我们称为新高考。高考是筛选人才的重要途径之一，是千千万万家庭和社会所关注的焦点。新高考改革顺应了国家现代化建设的要求，体现了"以人为本"的教育理念。新高考旨在形成分类考试、综合评价、多元录取的高考招生模式，这就要求普通高中在教育教学过程中做出相关调整，以适应新高考。

第一节　新高考改革的背景

一　素质教育与基础教育新课改实践发展困境

素质教育从提出至今已有三十几年，其核心是培养受教育者的创造力，但在具体实践中很难将其所倡导的理念落到实处。基础教育新课改在实践中存在理论基础不明晰、课改方案不成熟、缺少传统文化教育等问题。

（一）素质教育与基础教育新课改的基本精神

素质教育与"应试教育"是同时出现的，应试教育是指单纯追求高分数与升学率而忽略人与社会发展的教育。素质教育是"依据《教育法》规定的国家教育方针，着眼于受教育者及社会长远发展的要求以面向全体学生、全面提高学生的基本素质为根本宗旨，以注重培养受教育者的态度、能力，促进他们在德、智、体等方面生动、活泼、主动地发展为基本特征的教育"①。全面实施素质教育的核心是解决好培养什么人、怎样培养人的问题，重点是面向全体学生、促进学生全面发展，着力提高学生服务国家服务人民的社会责任感、勇于探索的创新精神和善于解决问题的实践能力。② 素质教育在促进人全面发展、提高受教育者素质的同时注重民族素质的提高，个人素质的提升与民族素质的提高息息相关。

素质教育具有深刻的意蕴。首先，素质教育具有丰富的内涵。素质即人所具有的维持生存、促进发展的基本要素，它是以人的先天禀赋为基础，在后天环境和教育的影响下形成并发展起来的内在的、相对稳定的身心组织结构及其质量水平，主要包括身体素质、心理素质和社会文化素质等。③ 人的发展受到多种因素的制约，各种素质的不同组合以及各种素质对个体的影响不同导致个体的素质有高低之分，进而影响到个体在社会中的生存与成长，决定个体可持续发展的程度。个体的发展是各种素质协调发展的结果，素质教育致力于构建优化组合、和谐发展的素质结构，从而促进个体全面、和谐发展。素质教育关注人的发展，在教育过程中十分注重人的全面发展，挖掘人的潜力并注重培养人的整体素质以及创造能力。此外，素质教育有三大要义。第一是面向全体学生，即教育应促进每个学生的发展，"应试教育"背景下，大部分教师较为关注少数尖子生，而忽略了成绩普通的学生，面向全体学生理念的提出顺应了未来教育发展的趋势，亦是人才培养方式的必然要求。第二是要全面发展，即综合运用多种培养方式，立足于教育教学全过程，同等看待德、智、体、美、劳五育，促进学生全面活泼地成长。传统的教育仅看重学生的分数，使教育教学内容较为片面，扼杀了学生的特长。第三是让学生主动发展，即允许学生在发展程度和素质结构上存在差别，个体的先天素质、成长环境等不同导致了个体差异。在教育中应充分尊重学生的主体地位，做到因材施教，给学生创设独立自主的学习氛围，使学生的个性得到充分自

---

① 全国人民代表大会：《中华人民共和国教育法》（http://www.gov.cn/banshi/2005-05/25/content_918.htm.）。
② 瞿振元：《素质教育：当代中国教育改革发展的战略主题》，《中国高教研究》2015年第5期。
③ "素质教育的概念、内涵及相关理论"课题组：《素质教育的概念、内涵及相关理论》，《教育研究》2006年第2期。

由的发展。

其次，素质教育具有鲜明的时代特征。素质教育以马克思关于人的全面发展学说为基础，并结合我国国情、教育现状以及社会发展进一步完善了全面发展的理念。全面发展理念进一步完善后更加具体、明确，更具备可操作性，在具体的教育教学工作中更易落实。素质教育的落实有助于学生个性的全面发展，使每个学生的素质和个性尽可能地得到优化发展。素质教育的目的是使学生的综合素质得到发展，而综合素质提升依靠学校具体开设的课程与教学活动。因此，素质教育的实施应监控学校的教育教学质量，注重教学过程的各个环节。素质教育鲜明的时代特征主要有四点：一是主体性。素质教育充分尊重个体的主体性，关注个体个性的发展，使人在发展的过程中各有所长。二是全体性。素质教育提倡教育是面向全体学生的，而不是针对特定的学生。三是全面性。素质教育提倡全面发展学生的各项素质，如身体素质、心理素质等。四是长效性。素质教育倡导终身学习，在教育教学中应注重培养学生的自主学习能力，促进学生的可持续发展。

最后，素质教育有丰富的理论基础。马克思主义关于人的全面发展理论关注人的"智力"和"体力"的全面、自由、和谐发展，就是强调人的发展的基础性素质。这一理论是素质教育倡导全面发展的基础。素质教育从不同理论中获得的思想不断丰富着素质教育本身，心理学理论从多个角度阐述人的潜能与素质构成，以及素质的外在表现与实现的主体条件。比如，多元智能理论认为智能是多元化的，包括音乐智能、身体运动智能、数学逻辑智能、语言智能、空间智能、人际关系智能、自我认识智能等，对于具体的教育教学来说，这些智能既可以是教学的内容，也可以是与教学内容沟通的手段与目的。建构主义学习理论认为，知识是学习者在一定的情境即社会文化背景下，借助他人的帮助，利用必要的学习资料，通过建构的方式而获得的，即通过人际间的协作活动而实现，可以是教师的帮助，也可以是同伴间的交流。人本主义学习理论认为，学习是人的自我实现过程，学习是丰满人性的形成，它的根本目的是人的"自我实现"，学习者是学习的主体并主动学习，良好的人际关系是有效学习的重要条件。

2001年6月，教育部颁布了《基础教育课程改革纲要（试行）》，我国基础教育新一轮新课改至此拉开帷幕。此次新课改拥有全新的理念，是一次多方面、全方位的改革，涉及课程目标、课程结构、课程内容、课程管理以及评价观念与方法等内容。

新课改把培养和发展学生的爱国主义、集体主义、民族认同感，对自然环境和人类社会的责任感、使命感，创新精神、实践能力以及搜集和处理信息的能力、分析与解决问题的能力、合作与交流的能力等放在了首位，意在提高学生的整体素质，促进学生的全面发展。为了实现我国"科教兴国"宏伟目标，必须全面推进素质教育，切实确立教育优先发展的战略地位。而基础教育新课改则是完善基础教育阶段素质教育体系的核心环节。新课改的主要内容有以下六点：一是改变传统课程仅注重知识传授的倾向。教育教学中应培养学生主动学习的态度，在学生学习知识的同时注重培养学生正确的价值观。二是改革原有课程结构，注重课程结构的均衡性、综合性。在具体教育教学过程中将邻近科目进行整合，合理开设体育、艺术类课程。此外，学校可依据地方特色，因校制宜并自主开发课程。三是加强课程内容与实际生活的联系。改变教材中较为陈旧、烦琐、难度较大的内容，增添与实际生活联系紧密的内容。关注学生本身的兴趣与能力，选择利于学生终身发展的知识。四是培养学生自主学习的能力。以往的教育模式过于注重接受学习，学生仅是死记硬背，并不理解知识的内涵。新课改倡导学生主动参与，培养学生的动手能力。教师营造利于自主学习的学习氛围，在此过程中培养学生搜集信息、处理信息的能力以及分析和解决问题的能力。五是建立与素质教育理念相一致的评价制度。以往的评价过分看重甄选与选拔的功能，不利于从多个角度评价学生。新课改提倡建立发展性的评价机制，在评价时注重学生发展与教师能力提升，使评价目标多元化、评价方式多样化，从而在多方面促进学生的发展。六是实行国家、地方、学校三级课程管理制度。三级课程管理制度的实施有助于改变以往课程管理过于集中的状况。建立健全三级课程管理制度有助于教材更加多样化，有助于更好地满足学生发展的需要。

新课改对教师的素质提出了更高要求。《关于深化教育改革全面推进素质教育的决定》在提到教师队伍的建设问题时强调："教师要热爱党，热爱社会主义祖国，忠诚于人民的教育事业；要树立正确的教育观、质量观和人才观，增强素质教育的自觉性;要不断提高思想政治素质和业务素质,教书育人,为人师表,敬业爱生;要有宽广厚实的业务知识和终身学习的自觉性,掌握必要的现代教育技术手段;要遵循教育规律,积极参与教学科研,在工作中勇于探索创新;要与学生平等相处,尊重学生人格,因材施教,保护学生的合法权益。"新课改对于教师素质的新要求主要有以下四点:一是教师应具有渊博的学科知识。扎实的学科知识是教师进行教育活动的基础,教师在教学中还需具有一定的创造力,创造力是教师在拥有丰富知识技能基础上高度综合的能力。为了使学生得到多方面的发展,教师除了具备专业的知识技能外,还需掌握有关当代科学、人文方面的基础知识,有关教育学理论的知识以及一定的科研能力。二是教师应具备一定的教育能力。教师教育能力的高低是衡量教育教学质量的重要指标。新课改提倡教师在充分尊重学生主体性的同时创造性地引导学生,使学生全面发展,从这一层面上讲,教师的创造精神十分必要。在具体的教育教学过程中,教师的"教"仍十分重要,教师应创新教学方法,大胆地尝试并不断改进,注重培养学生主动学习的能力与创造能力。三是教师应具有良好的身心素质。身体是革命的本钱,只有拥有健康的体魄教师才能更好地投入教育教学工作当中,更好地服务学生。教师同其他行业人员一样,工作中充满着压力,拥有良好的心理素质有助于教师合理地调节自身情绪。教师在具备了精湛的专业知识、良好的身心素质后,才能有更高水平的教学。四是教师应具有高尚的品格。教学是传道授业解惑的过程,也是教师言传身教的过程。教师在与学生互动的过程中,学生往往会在潜意识中被教师的榜样所影响,因此,教师的人格魅力十分重要。教师对待工作的态度、教师为人处世的能力都会潜移默化地影响学生。

(二)素质教育与新课改实践的瓶颈问题

新课改将素质教育的理念融入其中,贯彻了素质教育的思想。新课改在教育教学实践中取得了令人满意的成绩。同时,新课改的实施也暴露出了许多问题。

第一,社会、学校、家长等对新课改的认识不到位。新课改涉及教育理念、评价方式等的转变,它的成功需要得到社会的支持与教育者的团结协作。但新课改的宣传不到位使人们无法深入、全面地理解其内涵,部分基层教育者并未深入学习新课改精神。部分家长受传统思想影响，认为新课改并不利于学生分数的提升，对新课改持反对态度。

第二，教师培训相对滞后。教师整体素质的提升有助于新课改的实施，但教师培训中存在诸多问题：培训方式不合理；培训过程形式化；培训内容过于理论、抽象等，这些均不能满足教师从业的需要。此外，由于考核制度的限制，教师必须对学生进行"应试教育"，这些均使教师专业发展困难重重。

第三，教师并未转变传统的教学观念。参与新课改的部分教师仍是使用旧的观念与方式进行教学，并未真正地把握新课改所倡导的教育理念，在教育教学中缺乏创造性，这就导致传统的课堂教学并未有实质性的改变。此外，偏远地区的学校与教师缺乏课程意识，开发能力薄弱，并未因校制宜地开发相应课程。

第四，教师教研能力薄弱。受传统教育模式影响，教师长期以来仅关注学生升学状况与学生应试能力的培养而忽略了自身教研能力的提升。在部分基层学校，教师的素质本身相对较低且缺乏合作精神，难以开展集体教研活动。

第五，教育资源配置不均衡。该问题集中表现在城乡差异方面，富足的城市中资源较为丰富，在教育教学中硬件设施齐全，主要体现为专业知识、专业指导等软件。而偏远落后的农村，资源较为稀缺，无论是软件还是硬件都无法满足新课改的要求，很难贯彻落实素质教育的理念。

第六，课程评价机制不健全。新课改倡导评价中注重学生的综合应用能力、发现问题解决问题的能力以及合作交流的能力，但部分学校并未建立起完整的评价机制。在评价中，仍然看重学生的分数，重结果轻过程，使教师在教学中心理压力过大，无法充分发挥其积极性、创造性。

基础教育新课改中存在的种种问题都是受制于"应试教育"的影响。"应试教育"影响下，社会、家长仅关注学生的分数而忽略了学生个体的发展。学校、教师在各种舆论压力之下只得忽略其他科目，仅选择高考科目进行教学。这样一来，学生就无法全面发展，素质教育的理念亦无法落实。只有改革高考模式与高校招生录取模式才能解决"应试教育"中存在的种种问题，才可以使学生全面而有个性地发展。因此，高考制度改革势在必行。

二 高校人才培养质量保证的选拔起点制约性

高校人才选拔的主要途径为高考，高中新课程改革属于基础教育范畴，是一项复杂的系统性工程，既是对高中课程体系的改革，也是对教育内涵和教育理念的变革。高考作为一种评价方式，在当下具体的社会情境中承担着公平地提供纵向跨阶层流动的职能。旧高考制度在一定程度上已经成为制约新课程贯彻落实的现实"瓶颈"。

（一）旧高考不利于高校人才适应性培养

旧高考在很大程度上受到了"应试教育"的影响，高校招生录取的"分分计较""唯分是取"亦影响着高中教育教学。旧高考主要存在以下四方面的弊端：一是片面追求分数，忽略学生的兴趣爱好。学生进入高中后，学校受到来自社会、家长各方面的压力，不得已改变课程安排。部分学校仅在高一时开设音乐、美术课程，高二时学生课程表仅有高考考试科目，体育课程也被取消。对于这一现象，大部分家长表示支持，他们认为高考是千军万马过独木桥，竞争十分激烈，学生应当全身心投入学习中。久而久之，学生亦认为只有好好学习才能考大学，而综合素质都是考上大学之后的事情。"应试教育"提倡题海战术，学生的休息时间大部分都被习题、考试占用，众多的考试可能使学生产生厌学情绪，处于被迫学习的状态。这既不利于学生的身心健康成长，也不利于学生的全面发展。二是学生精神负担较重，内心焦虑。对于来自农村的学生来说，高考是改变命运的唯一途径，他们担负着父母的期望，只能选择努力学习，这在无形中增大了学生的精神负担。学生更大的压力与焦虑来源于学生的学业成绩以及他们对高考的把握程度。学生模拟考试的成绩不稳定会进一步增加其焦虑程度，部分学生会烦躁不安，睡眠质量下降。学生备考阶段的生活十分简单，但是部分学生感到内心十分压抑，无法排解内心的苦楚。三是学生被迫选择文理科。旧高考模式下，学生在语文、数学、英语之外，只能选择文科或理科，而不能依据自己的兴趣所在选择除语数外之外的三门课程，这不利于学生个性的培养，也不利于学生特长的发挥。四是学生在考试中并不诚信。平时的模拟考试中学生的试卷都是一致的，部分学生为了得到高分不惜作弊，偷看别人的试卷、夹带等。高考实行全国统考，信息化时代的到来与高科技手段的推广使考试作弊的可能性大大增加。部分学生为了取得高分铤而走险，选择利用高科技作弊。

旧高考模式下，高校招生录取模式仅以学生的考试分数为依据，没有全面地了解学生的综合素质。普通高中在教育教学中也没有很好地落实素质教育理念，并未做到因材施教，学生的个体差异并未表现出来。因此，高校在录取时很难选择适宜的人才进行培养。

（二）改革高考选拔制度，服务高校人才培养

高考是连接基础教育与高等教育的桥梁，高校人才培养方式的变化依赖于高考制度的变革。高考制度变革要求高中的课程做出相应改革，两者的良好衔接有助于高校人才培养质量的提高。在具体的实施操作中，应注意以下几点：一是高中课程的改革需适应高考的发展趋势与变化。对于高考的多样化趋势，高中课程应做出相应调整。高考主张按照学校类型实施分层考试，职业院校与普通院校分开考试，这就要求高中课程对知识进行分类汇总，筛选相应课程以更好地服务于学生。高考更加看重学生的能力，这就要求高中课程必须加大培养学生能力的力度。高校招生录取时应看重学生的综合素质，将学生综合素质、高考成绩结合起来择优录取，以提高人才培养质量。二是高考改革应顺应、引导高中课程改革。高考与高中课程改革是相互影响的，如果高中课程进行改革，那么高考也应该按照新模式下的课程进行考试。从另外一个角度来讲，高考具有评价教育的功能，高考作为学生进入大学的敲门砖，主要是为高校选拔人才。但是高考作为一种考试，在选拔人才的同时又兼具教育评价的功能，其对整个高中的教育教学意义重大。三是高考考试形式应丰富多样。课程改革强调学生德、智、体、美劳的全面发展，强调将评价贯穿于教育教学的整个过程。现行的评价仅注重学生对书本知识的掌握而忽略对学生学习能力、综合素质的评价，这就导致无法全面、客观地对学生进行评价。高校在招生录取时可自行选择考试科目、考试方式，对学生的综合素质进行考核，并以此作为录取的依据。这打破了仅以高考分数作为录取的模式，有利于高校人才选拔。四是建立多样化的录取制度。现行的录取主要是通过网上远程录取进行，它在很大程度上确保了录取公平。但是课程

改革的目的是使学生全面而有个性地发展，以适应人才培养多样化的要求。单一的远程录取已不能满足课程改革对学生个性化的要求，在录取时应克服仅按分数录取的倾向。在现行方案的基础上应进一步扩大高校的招生自主权，形成学校、学生双向选择的模式。另外，对于具备专业特长的学生，学校应该进行单独招生。

高考选拔制度的改革是一项巨大的工程，需要国家、社会、教育工作者的共同努力。高考选拔制度的改革有助于促进学生全面而有个性地发展，有助于高校进一步改善人才培养模式，培养符合时代发展的创新型高素质人才。

三 教育公平和以生为本是教育改革的时代主题

高考改革受政治、经济、文化、社会等因素的制约，我国的具体国情决定了高考是适合我国的考试制度。恢复高考三十多年来，我国各方面发生了巨大的变化，与之相应的高考制度改革势在必行。新一轮的高考改革应落实教育公平、以生为本的时代主题，在此基础上稳步推进高考改革。

（一）高考与教育公平问题

《管子·形势解》中说道："天公平而无私，故美恶莫不覆；地公平而无私，故小大莫不载。"《汉书·杨恽传》说道："恽居殿中，廉絜无私，郎官称公平。"唐慕幽《剑客》说道："杀人虽取次，为事爱公平。"公平本质上指的是人与人之间的利益关系。对于公平的解释，仁者见仁智者见智。高考公平是一个涉及价值、制度和技术的"多面相"概念，是国家根据一定历史阶段的发展需要，基于现有社会条件与考试技术，按照合理性的规范和原则对高等教育入学机会进行分配的一种实然状态。[1] 高考是将我国高等教育资源进行分配的主要手段，它的公平性是衡量教育公平的标尺。

关于高考公平的解释主要有以下四种：第一，将高考置于教育系统的全过程。高考的公平性主要表现为起点公平、过程公平、结果公平，这三者有机统一才能达到公平。起点公平是指基础教育阶段不论贫富贵贱，不论种族

---

[1] 李木洲：《高考公平的元思考》，《国家教育行政学院学报》2012年第8期。

地域，符合条件的学生都可参加考试。过程公平主要指的是教育教学中考试内容、考试科目设置的公平，考生在相同的条件下参与考试。结果公平主要是指高考成绩的运用，高考结束后高校对学生的录取一视同仁。第二，将影响高考公平的各因素进行分解。影响高考公平的因素主要有考试机会、考试内容、考试方式、招生模式等，这些因素影响下主要将高考公平归为考试公平和招生公平两大类。该种解释注重对高考内部因素的论证，试图从高考本身出发论述其公平性。但是它忽略了影响高考公平的外部因素，如当前的社会、政治、经济、文化背景等。第三，从高考公平的本质出发论述教育公平。高考公平、教育公平、社会公平、个人公平是不可分割的四个概念，教育公平是社会公平的基础，而机会公平则是教育公平的核心。高考是学生进行高等教育的主要途径，高考公平是教育公平的重中之重。第四，高考自身存在着一定的矛盾。高考受到当前社会大背景的制约，自身具有一定的矛盾性。就高考自身的内在矛盾而言，有学者提出了较突出的四对基本矛盾，即"统一考试与考查品行的矛盾、统一考试与选拔专才的矛盾、考试公平与区域公平的矛盾、保持难度与减轻负担的矛盾"等。[①] 这些论述为全面认识教育公平提供了多维视角，人们追求教育公平和高考公平实质上是为获得更优质的高等教育机会所做的竞争。

（二）高考与以生为本问题

"以人为本"这一理念具有丰富的思想内涵，《管子·霸言》篇中，记述了管仲对齐桓公陈述霸王之业的言论。其中这样说道："夫霸王之所始也，以人为本。本理则国固，本乱则国危。"杜威提出"以学生为核心"的观点，这正是以人为本观念的体现。同样，高考的主体是学生，在高考改革中秉持"以生为本"的理念，有利于培养学生的个性，促进学生的全面发展。

"以生为本"，一是要把"一切为了学生，为了学生的一切和为了一切学生"的理念贯彻到学校的每一项工作中，尽最大可能满足学生在学习的时间、方式、内容和生活等方面的需求，努力为学生的学习、生活提供好的条件。把培养学生成长成才作为学校的根本任务和一切工作的出发点及归宿。二是要

[①] 刘海峰：《高考改革中的两难问题》，《高等教育研究》2000年第3期。

促进学生的全面发展，这是"以生为本"的核心。① 教育的最终目的是要促进人的全面发展，培养全面发展的创新型人才，培养具有综合素质、自由个性的人才。三是将促进人的发展视为整个教育教学活动的核心，将学生视为整个教育活动的主体。

高考是为了学生的现实需要和长远发展。为了适应高考新需求，教育活动应做出以下三方面的转变：第一，教学目标从"单维目标"转变为"三维目标"。传统的教育模式仅注重对学生基本知识、基本技能的传授，忽略了学生的其他需求。以生为本理念提出了三维目标，即知识与技能、过程与方法、情感态度价值观，教师在备课、授课过程中应将三维目标融入其中。教学目标的确定应从学生实际出发，有针对性、层次性地开展教学。教学目标确立后采用多种教学手段进行授课，培养学生发现问题、分析问题、解决问题的能力。第二，教学方法从"教师教"转变为"学生学"。传统的授课方法主要为讲授，教师力求将理论讲述得清晰透彻，这忽视了学生作为学习主体的地位和作用。以生为本理念提倡自主、合作、探究的课程学习方式，这有助于改善传统教学中学生接受学习的模式，有助于教师探求更加合理高效的教学模式。美国教育家杜威曾说："学生是认识的主人而不是认识的容器。"在教学中教师应当创设自由民主的课堂氛围，引导学生主动探究、思考，发挥学生的主人翁意识。第三，教学过程从"教师主体"转变为"师生互动"。传统的教学中，教师问题的提出、作业的准备以及时间的分配均是之前设计好的。在实际教学中，教师也是按照教案一项项进行。古希腊著名学者普罗塔戈说："头脑不是一个要填满的容器，而是一个需要燃烧的火炬。"按部就班的课堂是以教师为中心的课堂，学生的主体性难以体现。以生为本理念倡导学生是课堂的主体，而教师是课堂的组织者，课堂是教师与学生的互动而不是以教师为主体。将以生为本的理念融入高考之中，以生为本要求教师在遵循学生身心发展规律的基础上因材施教，灵活运用多种教育方法促进学生全面发展。

---

① 牛维麟：《高校树立和落实科学发展观的思考》，《光明日报》2004年11月20日第6版。

第二节 新高考改革的价值取向和内容

新高考改革旨在促进公平、科学选才，这次改革在保持现行考试招生制度稳定的基础上，着力解决突出问题，适应经济社会发展对多样化高素质人才的需要，更好地促进学生健康发展，更好地科学选拔各类人才，更好地维护社会公平。

一　新高考改革的价值取向

纵观我国高考改革历史，结合我国的具体国情和社会发展现状，新一轮的高考改革理应将公平、公正、以生为本作为改革的重要价值取向。从《实施意见》可以看出，高考改革始终贯穿"国家—社会—个人"三位一体的价值逻辑，即国家统筹兼顾顶层设计、社会多元立体运作、个人灵活选择，既回应了社会对于公平公正的价值诉求，又满足了人尽其才的个人关切，从而体现出价值取向的创新。[①]

高考作为人才选拔的主要方式，其公平性在很大程度上影响着人才培养的质量。高考改革符合国家发展的需要，通过高考可以使学生具备更扎实的知识基础，更富创造性，从而为实现中华民族复兴的伟大梦想提供强有力的人才保证。此外，高考是实现教育公平的主要手段，《实施意见》中所提出的高考改革措施与国家需要相适应，有助于高考为社会选拔新型人才。高考本身具有系统性、复杂性和敏感性，这就决定了高考改革应当是渐进式的改革。系统性，指的是高考改革不仅仅关乎高考招生考试制度本身的改革，还包括社会选人育人评价机制的改革、现行教育体制机制与人才分流制度的改革、区域教育与城乡教育一体化统筹改革、各级各类教育资源均衡配置改革等方方面面，所以必须是一种系统思维。复杂性，指的是高考改革不是一般意义上的考试招生制度修改，改革意味着一种利益的博弈。通过改革使权力结构更加科学合理，权力运行更加规范有序、权益保障更加合理合法，以此来讲，

[①] 张铭凯、靳玉乐：《新高考改革的价值取向》，《河北师范大学学报》2016年第1期。

高考改革本质上是一种权力的调整与重建,这无疑是复杂的。敏感性,指的是高考改革宏观上是国家教育制度的改革,中观上是社会阶层流动的改革,微观上是个人发展利益的改革。社会必须提供与高考改革理念相一致的大环境以促进高考改革的顺利实施。高考改革采取"试点先行"的战略,其他学校进行改革时可对试点学校进行考察,因校制宜地顺利开展改革。总体来讲,就是在试点的基础上稳步推进新一轮改革。新一轮高考改革注重整个过程的协同运作,从方案的制订到具体的实施再到评价反馈。《实施意见》中指出,自2015年起增加使用全国统一试卷的省份并对考试科目、录取方式等做出调整。新高考改革旨在实现人的全面发展,实现人尽其才的培养目标。

"高考既是金榜题名者命运转机的'起跳板',也可能是名落孙山者人生低谷的'开幕式'。"[①] 实际上,"公平选才是社会大众对高考最为关注的一个方面,也是高考制度的基本功能和精神之所在"[②]。新一轮高考改革对于公平、公正提出了新的诉求,主要表现在以下三大方面。

第一,注重教育均衡发展,关注实质公平。随着我国高等教育步伐的不断加快,莘莘学子均可通过高考接受高等教育。但是,在招生录取中存在着明显的城乡差异,大家在盲目追求形式公平的同时忽略了以机会公平、程序公平与结果公平为集合体的实质公平。[③] 我国高等教育资源配置的公平性令人堪忧,在经济发达的一线城市高校众多且教育资源丰富,而经济相对落后的地区与边远地区教育资源匮乏,这就导致贫困山区的学生很难享受到优质的教育。因此,《实施意见》从两方面出发改变这一现状,一是实施支援中西部地区招生协作计划,东部地区高校安排专门招生名额面向中西部地区招生,部属高校要严格控制属地招生比例,提高中西部地区和人口大省高考录取率;二是实施国家农村贫困地区定向招生专项计划,由重点高校面向贫困地区定向招生。部分重点高校安排一定的名额用以招收偏远地区的优秀学生,以此增加偏远地区学生进入高校的比例。从而促进教育资源的公平分配,这将有助于教育的均衡发展,有助于促进社会公平。

---

① 郑若玲:《有限多样:高考形式改革之方向》,《探索与争鸣》2013年第8期。
② 刘海峰:《高考改革:公平为首还是效率优先》,《高等教育研究》2011年第5期。
③ 葛为民:《高考改革中的"实质公平"问题研究》,《教育发展研究》2014年第11期。

第二，建立多元招生制度，实施分类考试。建立多元化、多通道的大学招生入学制度，选拔出未来社会需求的多样化人才进入大学深造，是我国高考制度改革的当务之急。[①] 普通高等教育与高等职业教育在培养目标、课程实施、评价方式等多个方面存在差异，普通高等教育注重学生基础学科知识的学习，高等职业教育注重学生专业技能的获得。长期以来的统一考试、统一录取不利于因材施教，将普通高等教育与高等职业教育招生录取分别进行有助于促进教育公平和合理分流。教育分流真正体现机会平等的最为根本的条件是客观和公正的考试制度和学生学业考试成绩，分流是否合理，直接影响人才培养的数量与规格，影响劳动就业、经济发展和政治安定。[②] 针对这一问题，《实施意见》从两个方面进行改革，一是将高等职业院校的招生录取与普通高等教育的招生录取分开进行，高等职业院校的录取在注重学生知识文化储备的基础上增加对学生职业技能的关注。二是允许中等职业院校毕业的学生报考高等职业院校，通过进行文化基础和职业技能的测试，对考试合格者进行录取。这一措施有助于促进学生的继续发展，有助于促进教育公平。

第三，加强监督管理，确保录取公平。新一轮高考改革应加强对于特长生加分、自主招生和录取过程的监督管理。特长生加分的初衷是为体育、艺术方面有特长的学生加分，但在具体实施过程中出现了各式各样的加分项目，损害了高考对于加分公平、公正的追求。高校自主招生是为了选拔具有学科特长或创新潜质的学生，其目的是促进高校培养新型人才。但在具体招生过程中其公平、诚信度的问题值得反思。录取过程是学生接受高等教育最为重要的环节，确保这一过程的公平、公正是社会最为关注的话题。目前的录取过程在录取批次、志愿填报方面仍存在问题，确保这一环节的公平、公正至关重要。公平的政策来自政策制定过程的公众参与及其公开，严格监督才能保证其公信力和执行上的不偏不倚。为了解决这些问题，《实施意见》指出，应当大幅减少高考加分中的项目并对其进行严格控制。自2015年起，取消对体、艺特长生的加分项目，对于确有必要保留的加分项目，需加强对考生加分资格审核，严格认定程序，做好公开公示，强化监督管理。减少并规范考

---

① 王海东：《由一元走向多元：高考改革的必由之路》，《当代教育科学》2007年第3期。
② 许庆豫、卢乃桂：《教育分流论》，江苏教育出版社2005年版，第139页。

试加分，在很大程度上为高考起点公平提供了政策支持。在自主招生方面，相关院校应不断完善其招生计划，并将招生办法、考核过程与录取结果进行公示。2015年起，推行自主招生安排在全国统一高考后进行。这样，可以确保自主招生高校的招生自主权在一定范围内行使而不是没有边界，体现了自主招生以"全面发展""公平性"和"规范化"为导向。在录取过程中，新高考改变了以往招生录取模式，实施双轨录取。高考制度改革包括考试和录取两个方面，而录取制度居于核心地位，影响和决定着高考制度，是高考制度改革的关键。高校要将涉及考试招生的相关事项，包括招生标准、招生条件和程序等内容，在招生章程中详细列明并提前向社会公布。推行高考成绩公布后填报志愿的方式，逐步取消高校招生录取批次，改进投档录取模式，推进并完善平行志愿填报、投档模式。不断改进、完善整个高考过程中的不足，以确保高考整个过程的公平、公正。

如果说教育公平是社会公平之基石，那么，高考公平则是教育公平之重心，它直接关乎民众的基本人权与切身利益，关乎国家的民心凝聚与社会稳定。[①] 处理好新一轮高考改革中的公平、公正问题是改革的核心，也是改革的价值追求所在。在确保公平、公正的前提下，新高考在以人为本价值取向上主要体现在以下两方面。

第一，新高考改革解决了学生共性与个性的问题，有助于学生在共性基础上发展个性。高考考试内容的选择体现着人们对基础教育成效的评价，对获得优质教育资源的期待以及人才培养方式的确定。在具体的课程设置上，学校在开展必修课程的同时还应开展多种选修课程，以满足学生的需求。在学生选修科目的设置上打破文理的限制，实现自然学科、人文学科的融合，以逐步消除文科生理科素养缺乏与理科生文科素养缺乏的弊端。课程设置后充分尊重学生的主体性，让学生自行选择课程，这是以人为本理念在科目设置上的具体体现。学生自主选择课程有助于充分发挥学生的个性和特长，有助于减少学生的精神负担。学生自主选择课程使学生自由选择的权利落到实处，彰显了以生为本的理念。

第二，新高考改革解决了唯分数论、一考定终身的问题，有助于学生的

---

① 郑若玲：《有限多样：高考形式改革之方向》，《探索与争鸣》2013年第8期。

全面发展。新高考注重三位一体招生，即将学业水平测试、综合素质评价与统一选拔考试相结合，这有助于高校全面了解学生，多方面、全方位地培养人才，有助于改变一次性评价的弊端。唯分数论使得升学竞争特别激烈，主要有以下三个原因：一是高考是学生融入社会的主要通道，与学生的前途紧密相关；二是优质教育资源稀缺，学生都希望获得好的教育机会；三是一考定终身机制的绝对化作用。唯分数论从本质上背离了使学生全面发展的目的，违背了学生身心发展规律。为了解决这一问题，国家在增加优质教育资源，增加学生入学机会的同时还应改变人才选拔的唯学历观。学校则应建立学生综合素质档案，客观记录学生在学校的成长表现。

总体来说，新高考改革有助于进一步促进教育公平、以生为本理念的落实。"治大国若烹小鲜"，作为由中央深化改革领导小组审议通过、国务院颁发的纲领性文件，《实施意见》跳出了教育本身的视界和格局，不是仅着眼于高考招生制度的内容与形式等技术性问题，而是以更加高远的视野和更加恢宏的气度，将促进公平、公正作为改革的基本价值取向，通过考试招生制度这一具体而微小的"手术"，进一步强化了教育在实现代际转换、促进社会阶层流动、改变个人和家庭命运方面具有的不可替代的功能，努力重建社会的正义、公正与公平。①

二 新高考改革的基本内容

新高考改革的难点和重点是高考内容的改革，需要长时间、渐进地进行改革。新高考注重对学生能力和素质的培养，具体主要表现在五个方面：一是深化高考考试内容改革；二是完善高中学业水平测试；三是规范高中学生综合素质评价；四是改革高校招生录取机制；五是加快推进高职院校分类考试；六是改革监督管理机制。

（一）深化高考考试内容改革

对于高考考试内容的改革主要包括两个方面：一是取消文理分科，实现知识的融会贯通。文理分科是长久以来我国高校招生录取的基本模式。文理

---

① 秦春华：《促进公平公正：高考改革的价值取向》，《中国高等教育》2014年第10期。

分科有利于将客观知识进行分类汇总，有利于满足人类智能结构的客观差异。但长期以来将文理科分开，学生在选择时非文即理，形成了非常严重的两极思维定式，这并不符合时代发展所需要的综合型人才趋势。新高考改革拓宽了学生选择高考选考科目的空间，充分尊重学生的主体性，打破了文理界限，给予学生更多发展自身个性的机会。这有利于调动学生学习的积极性，有利于促进学生的多样化成长。考生总成绩由统一高考的语文、数学、外语三科科目考试成绩和高中学业水平考试三科科目成绩组成。计入总成绩的三科高中学业水平考试科目，由考生根据报考高校要求和自身特长、兴趣爱好等，在思想政治、历史、地理、物理、化学、生物等科目中自主选择。这就意味着学生在高中一年级或二年级时应确定自己的选考科目，学生对选考科目的确定与自身进入大学后的学习紧密相关。学生在选择选考科目时受到多方面因素的影响，国家政策、家庭、学校、社会、个人因素等都会影响学生的选择。政策因素是指由国家和省两级政府、教育行政部门或考试管理机构公开发布的正式文件，可以在相关网站上查阅。学校亦会组织专门的宣讲，了解相关的政策规定，这是高中生进行高考科目选择的前提。家庭因素是指父母对孩子的期望，部分父母会依据自己的看法替孩子选择考试科目。学校因素主要指学校所提供的课程安排、教学组织形式、师资结构等，这些都会在一定程度上影响学生的选择。社会因素指的是社会不断发展所形成的就业新形势，学生在选择科目时应多了解未来社会发展趋势与就业形势。个人因素主要是指学生本人的兴趣爱好、个性特长、学业基础知识等，学生应明确自己的兴趣所在，选择适合自身发展的科目。二是每年组织两次关于英语科目的考试，以缓解学生考试压力。分别在每年 6 月份和 10 月份组织英语科目考试，可选考生分数较理想的一次计入高考总成绩。给予考生两次考试机会，可大大降低考生在备考时的焦虑状态，减小其学业负担和考试压力，为考生正常发挥，乃至超常发挥提供了机会。同时，两次考试机会也有力地冲击了高考长期存在的"一考定终身"弊端，有利于促进每一位学生的发展，实现教育的公平、公正。[①]

---

① 匡双双：《新高考方案下历史教学的优化探究——以浙江省高考改革为例》，硕士学位论文，华中师范大学，2015 年，第 18—19 页。

(二) 完善高中学业水平测试

学业水平测试是根据国家普通高中课程标准和教育考试规定，由省级教育行政部门组织实施的考试，主要用以衡量学生达到国家规定学习要求的程度，是保障教育教学质量的一项重要制度。学业水平测试主要是检验学生学习程度，学业水平测试的成绩是学生毕业和升学的重要依据。学业水平测试由省级教育行政部门按国家课程标准和考试要求组织实施，以确保考试安全有序、成绩真实可信。相关部门应合理安排课程进度和考试时间，为有需要的学生创造条件，提供同一科目参加两次考试的机会，以减少学生考试焦虑行为。实施学业水平测试，有利于促进学生专注于每门课程的学习，避免出现严重偏科现象；有利于学校准确把握学生的学习状况，以改进教学管理。实施学业水平测试具有重大意义：一是促进学生均衡发展，掌握扎实的理论知识，打牢终身发展的基础。二是进一步增加学生选择空间，促进学生个性的发展，规划人生。三是推动学校在准确把握学生的学习状况的基础上，改革人才培养模式，切实落实因材施教。四是为高校科学选拔适合学校特色和专业要求的学生提供服务，促进高中、大学人才培养的有效衔接，提升专业人才培养水平，培养全面发展的高素质人才。关于科目选择时间的安排，一是各省每年安排的考试应覆盖所有科目，满足不同学生选考的需要，考试时间一般安排在学期结束时。二是为防止学校突击考试、过早结束非高考课程，过多安排时间准备高考科目，根据各门课程的容量和正常教学进度，对每个年级学生参加考试的科目数量提出了原则要求。三是各省要提前公布学业水平测试的报名时间、开考科目、考试时间、报名方式等，便于学校安排教学及学生报名考试。[①] 学业水平测试的成绩将以等级呈现。长期以来的考试成绩以百分制呈现，给学生造成了很大的负担和心理压力。以"合格、不合格"的"等级"呈现成绩打破了只用百分制评价学生、评价教育质量的做法，淡化了公众对分数的关注，使学生有更多的时间学习自己感兴趣的科目。

---

① 佚名：《全面实施普通高中学业水平考试——教育部基础教育二司负责人就〈关于普通高中学业水平考试的实施意见〉答记者问》，《云南教育》（视界时政版）2015年第1期。

(三) 规范高中学生综合素质评价

综合素质评价主要反映学生德、智、体、美全面发展的情况，是学生毕业和升学的重要参考。学校应当建立规范的学生综合素质档案，客观记录学生成长过程中的突出表现，注重培养学生的社会责任感、创新精神和实践能力，评价主要包括以下五点内容：学生思想品德、学业水平、身心健康、艺术素养、社会实践。关于学生思想品德，主要考查学生在爱党爱国、理想信念、诚实守信、仁爱友善、责任义务、遵纪守法等方面的表现。重点是学生参与党团活动、有关社团活动、公益劳动、志愿服务等的次数、持续时间等。如学生到孤儿院、敬老院等为弱势群体提供无偿帮助；到社区医院、社会救助机构等公共场所为社会组织做无偿服务；为当地旅游、环境保护等活动做志愿者。关于学业水平，主要考查学生各门课程基础知识、基本技能的掌握情况以及运用知识解决问题的能力等。重点是学业水平考试成绩、选修课程内容的学习成绩以及关于学科的创造性成果等，特别要关注学生在优势的学科方面的学习情况。关于身心健康，主要考查学生的健康生活方式、体育锻炼习惯、身体机能、运动技能和心理素质等。通过体育锻炼可以增强学生体质，使学生正确地应对困难和挫折。另外，通过心理健康量表来了解学生的心理状态，并及时予以帮助。关于艺术素养，主要考查学生对艺术的审美感受、理解、鉴赏和表现的能力。学生可在业余选择自己感兴趣的科目进行学习，如音乐、美术、舞蹈、戏曲、影视、播音与主持、书法等。学生亦可依据自己的兴趣特长参加相关艺术活动。关于社会实践，主要考查学生在社会生活中动手操作、体验经历等情况。可以以学生参加社会实践活动的次数、持续的时间、形成的作品、调查报告等作为参考，学生参加与课程有关的实习、生产劳动、参观学习等亦可以作为考核的参照。

学校在进行综合素质评价时应遵循学生身心发展规律与学生发展的年龄特征，结合本地区的教育教学实际，科学地确定学生综合素质评价的具体内容和要求。综合素质评价主要有写实记录、公示确认、形成档案三个基本环节。写实记录是指学生在教师指导下真实客观记录反映综合素质内容的具体活动。公示确认是指在学期末将学生的活动记录与材料进行公示，公示时间一般为五个工作日以上，无异议后再进行审核确认。如有异议，则及时反馈相关问题并进行修改。形成档案是指学生在毕业时撰写自我评述，学校为每位学生建立综合素质档案。① 在具体的实施过程中应严格评价程序，强化监督，确保评价公开透明，保证内容真实准确。综合素质评价是对学生全面发展状况的观察、记录、分析，是发现和培育学生良好个性的重要手段，是深入推进素质教育的一项重要制度。全面实施综合素质评价，有利于促进学生认识自我、规划人生，积极主动地发展；有利于促进学校把握学生成长规律，切实转变人才培养模式；有利于促进评价方式改革，转变以考试成绩为唯一标准评价学生的做法，为高校招生录取提供重要参考。

（四）改革高校招生录取机制

以生为本理念是新一轮高考改革的价值追求，同样，高校的招生录取也应秉持以生为本的理念。新的招生录取机制主要内容有以下五点：减少和规范考试加分；完善和规范自主招生；完善高校招生选拔机制；改进录取方式；拓宽社会成员终身学习通道。

第一，减少和规范考试加分。减少和规范考试加分主要通过具体的四项改革措施来体现：一是取消部分全国性加分项目。2015 年 1 月 1 日起，取消以下高考加分项目，即取消体育特长生加分项目；取消中学生学科奥林匹克竞赛加分项目；取消科技类竞赛加分项目；取消省级优秀学生加分项目；取消思想政治品德有突出事迹加分项目。此后学生所获得的相关奖项、名次、称号均不再具备高考加分资格。考生的相关特长、突出事迹、优秀表现等情况记入学生综合素质档案或考生档案，供高校录取时参考。二是保留和完善部分全国性加分项目。根据相关法律行政法规规定，保留"烈士子女""边疆、山区、牧区、少数民族聚居地区少数民族考生""归侨、华侨子女、归侨子女和台湾省籍考生""自主就业退役士兵""在服役期间荣立二等功（含）以上或被大军区（含）以上单位授予荣誉称号的退役军人"加分项目。三是大幅减少地方性加分项目。从 2015 年 1 月 1 日起，取消地方性体育、艺术、科技、三好学生、优秀学生干部等加分项目。四是规范和完善确有必要保留的地方性加分项目。根据国家相应文件要求，确有必要保留的地方性加分项

---

① 佚名：《让"飞翔"的翅膀更加平衡——河南省普通高中学生综合素质评价实施办法问答》，《河南教育》（高教）2016 年第 9 期。

目，应合理设置加分分值，由省级人民政府确定并报教育部备案，原则上只适用于本省（区、市）所属高校在本省（区、市）招生。①

第二，完善和规范自主招生。自主招生主要是为了选拔具有学科特长和创新潜质的优秀学生。申请学生需要参加全国统一高考，并达到相应要求，接受报考高校的考核。高校在自主招生过程中不得采用联考方式或组织专门培训。应规范并公开自主招生办法、考核程序和录取结果，严格控制自主招生规模。自主招生是完善高校考试招生制度、选拔特殊人才的积极探索。进一步完善和规范高校自主招生主要内容有以下六点：一是完善申请报名和审核程序，重点确保自主招生考生的机会公平。二是合理确定考核内容和形式，重点提高高校人才选拔水平。三是规范录取程序和要求，重点体现规则公平和结果公正。四是高校考核安排在高考后进行，明确主要工作流程和时间节点。五是实行信息公开公示，加强社会监督。六是严厉查处违规行为，建立申诉和举报机制，依法依规严厉查处违规的有关单位、个人及相关责任人。②

第三，完善高校招生选拔机制。高校应将涉及考试招生的相关事项，包括标准、条件和程序等内容，在招生章程中详细列明并提前向社会公布。加强学校招生委员会建设，在制订学校招生计划、确定招生政策和规则、决定招生重大事项等方面充分发挥招生委员会作用。另外，高校可通过聘请社会监督员巡视学校测试、录取现场等方式，对招生工作实施第三方监督。建立健全考试录取申诉机制，及时回应处理招生过程中的各种问题。建立并逐步完善招生问责机制。2015年起由校长签发录取通知书，对录取结果负责。

第四，改进录取方式。新高考改革将推行高考成绩公布后填报志愿方式，并创造条件逐步取消高校招生录取批次。在此基础上改进投档录取模式，推进并完善平行志愿投档方式，增加高校和学生的双向选择机会。

第五，拓宽社会成员终身学习通道。改善现有教育机制，增加社会成员接受多样化的教育机会，中等职业学校可实行注册入学，成人高等学历教育实行弹性学制、宽进严出。为残疾人等特殊群体参加考试提供服务。此外，

---

① 佚名：《教育部、国家民委、公安部、国家体育总局、中国科学技术协会关于进一步减少和规范高考加分项目和分值的意见》，《云南教育》（视界时政版）2015年第1期。

② 佚名：《深化改革 规范管理——教育部高校学生司负责人就进一步完善和规范高校自主招生工作答记者问》，《云南教育》（视界时政版）2015年第1期。

致力于探索多种形式学习成果的认定转换制度，试行普通高校、高职院校、成人高校之间学分转换，实现多种学习渠道、学习方式、学习过程的相互衔接，以此促进全民学习、终身学习。

（五）加快推进高职院校分类考试

高职院校分类考试是指将高职院校招生考试与普通高校招生考试相对分开，实行"文化素质＋职业技能"的评价方式。中职学校毕业生报考高职院校，参加文化基础与职业技能相结合的测试。普通高中毕业生报考高职院校，参加职业适应性测试，文化素质成绩使用高中学业水平考试成绩，参考综合素质评价。学生也可参加统一高考进入高职院校。该项改革的主要内容有以下三点：一是高职院校的招生考试在考试方式、内容、时间上均与本科院校的招生考试模式不同，实行"文化素质＋职业技能"的考试评价方式。考生如果已经参加了分类考试并且已经确定被录取，可以不参加统一高考。二是进一步明晰了高中毕业生和中职院校毕业生参加考试的方式。中职院校毕业生报考高职院校，参加由省（市）或者学校组织的文化基础与职业技能相结合的测试，普通高中毕业生报考高职院校参加职业适应性测试，文化素质部分的考查则使用学生高中学业考试的成绩，参考综合素质评价。三是考虑到考生的心理和其他一些需求，将继续保留考生通过参加普通高考进入高职院校的通道。教育部指出，将加快推进高职院校分类招考，分类考试录取数将占到招生总数的一半。

（六）改革监督管理机制

完善监督管理机制有利于招生录取公平、公正、公开，有利于促进当前考试招生稳步前进。改革监督管理机制具体可从以下五方面入手：一是完善考生资质审查机制。健全审查机制有利于增强招生考试的平衡性，要求工作人员严格执行。此外，加强对审查工作的监督，确保工作人员的工作满足考生的需求。二是加强与相关部门之间的协作。监督管理部门应定期与其他相关部门进行沟通交流，使各个部门之间相互结合，对招生考试管理监督部门提出意见或建议，以提高招生考试管理的效率。三是加强信息公开，使招生考试工作透明化。深入实施高校招生考试"阳光工程"，健全分级负责、规范有效的信息公开制度。进一步扩大信息公开的内容，及时向社会公众公开招生政策、招生资格、招生章程、招生计划、考生资格、录取程序、录取结果、咨询及申诉渠道、重大事件违规处理结果、录取新生复查结果等信息。进一步扩大信息公开的范围以接受考生、学校和社会各群体的监督。四是加强制度保障。健全政府部门协作机制，强化教育考试安全管理制度建设，构建科学、规范、严密的教育考试安全体系。健全诚信制度，加强考生诚信教育和诚信档案管理。健全教育考试招生的法律法规，提高考试招生法制化水平。五是加大违规查处力度。加强考试招生全程监督。从考试招生的全过程出发，监督其过程的每一环节。严肃查处违法违规行为，并严格追究当事人及相关人员责任，及时公布查处结果。构成犯罪的，由司法机关依法追究刑事责任。从多方面入手改革监督管理机制有助于进一步促进教育公平，有利于新高考改革的稳步渐进发展。

新高考改革内容的确定围绕"促进学生全面而有个性地发展"的目标，从增加选考科目、综合评价、发展性评价、扩大学生选择权四个方面进行改革，立意高远，打破了原有的传统教学模式和思维方式，必然经历由不适应、不习惯到逐步适应、习惯的过程。在坚持改革的根本方向不动摇的前提下，还需要对新高考改革方案进一步完善，继续在调研、总结、评估的基础上进行更深入的研究，正确处理改革过程中公平公正的问题。高考改革的基本内容充分体现了以生为本的教育理念，将学生视为改革的主体，一切围绕学生，有利于促进学生身心健康发展。

第二章　新高考视域下的普通高中特色课程建设

第一节　新高考视域下普通高中课程建设概说

一　新高考制度下普通高中需要课程重建

新高考改革旨在促进学生自主有个性地发展，在课程建设、课程规划、课程开发方面均做出了相应改革。

第一，探索新课程建设。普通高中在探索新课程建设时应从以下几方面着手进行：一是以《实施意见》为依据，把握课程体系的核心。新高考倡导文理不分科，学生的高考成绩将由统一高考的语文、数学、外语三个科目成绩和学生自主选考的三个高中学业水平考试科目成绩组成。在分析、理解高考改革方向的基础上，学校应探索多样化课程。首先，依据学业水平考试的时间有主次地安排相应课程。其次，依据学生的选考科目合理安排其参加不同科目考试的实践。二是借鉴试点学校经验，因校制宜。新高考改革是一项综合、全面的改革，课程设置的变化必然导致教学方式的变化。为了更好更快地适应新高考改革对课程的新要求，普通高中在进行改革时可深入试点高中，切实感受高考改革带来的新变化。浙江、上海在新高考改革中先行一步，2014年秋季入学的高一学生已按照新高考改革的方案进行学习。研究浙江、上海的高考改革经验可以为本校的高考改革提供有效参考，此外，也可以学习、借鉴浙江、上海两地关于新高考改革的政策文件和具体做法。

第二，设计新课程规划。学校的课程规划在满足学生需求的基础上还应满足社会对人才的需求。在具体进行课程规划时应从三方面出发：一是研究社会对人才的需求。社会的不断进步对人才的培养提出了更高的要求，现今社会所需要的人才不仅应具备扎实的专业知识与精湛的业务能力，还应具备良好的心理品质和团结协作能力。在具体的课程规划中，学校在培养学生核心素养课程的同时也应重视对学生综合素质的培养。二是研究学生自身对学业与职业的需求。新高考改革背景下，学生选考科目的确定与未来职业生涯紧密相关，学校应开设相关课程对学生的职业生涯规划进行指导，帮助学生明晰自身的学业规划与职业规划。在具体实施中尽量做到因材施教，满足每一个学生的需求。三是研究高校选拔人才的需求。高校选拔人才在注重学生基础知识的同时更加看重学生的综合素质。此外，高校更加看重具有特殊才能与创新潜质的学生。学校应设计相应方案指导学生明确自己特长所在，并开设个性化课程对其进行培养。[1]

第三，组织新课程开发。在新高考改革的趋势下，学校课程研发团队的重要性不言而喻，课程研发团队首先应落实国家规定的必修课程，然后依据学生需求与本校特色开发相应的选修课程和校本课程。为了提升课程开发质量，学校可采取多元化的开发路径。首先，学校可使用高校先修课程。由于新课程的开发难度较大且耗时较长，为了更好地满足学生需要，学校可以使用部分高校的先修课程。在此基础上，学校还可以依据本校具体需求引进相关网站的网络选修课程，在使用过程中及时发现问题并解决问题。不断对引进的课程进行优化，以增强课程的校本化程度。其次，学校应建设具有本校特色的精品课程。在充分了解学生需求与本校实际的情况下，针对本校已开发的课程可对其进行二次开发，将其打造成为校本精品课程。此外，学校可以在本身的课程基础上进行创新，多方面搜集资料，对原有课程进行整合，使其适应新高考制度和学生需求。最后，学校可联合其他机构共同开发课程。多主体联合开发新课程可以减轻高中开发课程的压力，同时也能实现互利共

---

[1] 陈爱鹏：《新高考改革背景下高中课程设置和教学改革思考》，《教师教育论坛》2016年第10期。

赢。学校可以根据深化课程建设的目标,和高职院校、社会实践基地等协作,实行资源共享,联合开发相关的开放性课程。① 联合开发课程既有利于满足各方不同的需求,又有利于资源优化,使课程达到最优化。

新高考背景下学生可自主选择高考选考科目,这是充分尊重学生主体性的体现。因此,学校选修科目的设置尤为重要。学校在具体开设选修科目时,应从多方面着手,全方面地满足学生需求。

第一,学校应尽可能完善选修课程的顶层设计。选修课程顶层设计是指"学校应根据明确的办学目标和特色,梳理好学校办学的优劣,调查学生、家长和社会的需求,分析预测未来社会发展的可能而制定的学校选修课程规划"②。完善选修课程顶层设计首先应当树立科学的课程理念,即选修课程是教育民主化的体现,充分体现了马克思所倡导的"人的全面发展"理念以及罗杰斯、马斯洛所提倡的人本主义教育理念和加德纳所提倡的多元智能理论。其次,学校要确立"选择性"和"专业化"的选修课程原则。选择性和专业化在选修课程中扮演着十分重要的角色,选择性是选修课程的基本特点,而专业化是选修课程的根本目标。最后,学校应制定一系列关于选修课程的制度,如选修教材制度、选课指导制度以及多元评价制度,以此促进选修课程顺利开展。

第二,学校需科学设置选修课程结构并不断考察学校具体情况,创建具有本校特色的选修课程结构。将选修课程设置为不同的系列、模块、专题,充分满足学生的需求。在设置的过程中,学校应不断完善相关课程系列,注重课程系列的广度与深度。除此之外,学校还应设置关于兴趣爱好的新课程供学生选择。

第三,学校应制订科学合理的选课指导计划。科学合理的选课指导计划有利于解决学校选课前期准备、学生具体选课、选课方法中存在的种种问题。科学的选课指导计划应包括三方面内容:一是使学生明晰选修课程的本质,即选修课程是为了满足学生需要和兴趣爱好所设置的课程;二是帮助学生树

---

① 吴国平、黄国龙:《深化课程建设 打造品质教育——浙江省镇海中学的探索》,《教学月刊·中学版(语文教学)》2014年第8期。
② 何强:《高中选修课程开发的实践思考与路径探索》,《教学月刊》(中学版)2013年第6期。

立正确的选课观念,即学生在选课时应听从自己的内心,选择自己感兴趣的课程,尽量避免受到家长、同伴的影响;三是使学生明晰选课的具体步骤。首先是在指导教师的帮助下明确自己的兴趣所在,其次是研究学校所开设的选修课程并找到适合自身的课程,最后是听取多方意见并确定自己的选修课程。

第四,学校应优化选修课程的教材构成。为了使学校选修课程教材更加优化,学校应大力引进优质教材并鼓励本校教师开发新课程,每年每学科应至少开发一门选修课程。为了调动教师开发课程的积极性,学校应建立相应的奖励机制,鼓励教师主动开发教材。此外,学校还应培养教师的课程领导力,课程领导力是教师成为教育家型教师的核心竞争力。[1] 培养教师的课程领导力有利于教师更好地投入选修课程建设当中,有利于选修课程更好地满足学生需求。

第五,学校应创新班级组织形式。新高考方案下,选修课程是完全依据学生的选择开设的,学生选择的科目各不相同,每门课程选择的人数亦不相同,这就要求学校创新班级组织形式以保障选修课程的顺利开展。学校应依据选课的人数形成多样化的班级组织形式,如大班和小班、理论班和实践班、校内班和校外班等,形成不同形式的班级以满足学生选课要求。

第六,学校应从多角度培养选修课程师资。选修课程的师资问题在很大程度上影响着选修课程的顺利开展,建立一支选修课教师队伍是确保选修课正常运行的必要条件。学校应多渠道、全方位地培养教师。首先,学校应当培养本校现有教师,使其成长为选修课程专业人才。其次,学校可与高校合作培养,增强教师综合素质。最后,在条件允许的情况下学校可大力引进高水平、高素质教师。以此保障选修课程在满足学生需求的基础上顺利开展。

第七,学校应实行选修课程的多元评价。新高考改革重视学校对选修课程的评价,以往单一的终结性评价已不能满足改革新要求。学校应将量化和质性评价、过程性评价和终结性评价、鼓励性评价和批评性评价、自我评价

---

[1] 周红:《高中教师选修课程开发的阻滞因素及破解路径》,《现代中小学教育》2015 年第 3 期。

和他人评价、个人评价和集体评价等形式相结合，从而形成多元化的评价方式。① 在具体的教育教学中，学校应注重对整个学习过程的评价。此外，学校也应注重对学生参与社会实践活动的评价与学生综合素质的评价。

第八，学校应加强对学生选修课程的职业指导。学校在开展选修课程之前应开展相应培训以增强学生的职业观念，对学生进行专业、科学的职业指导。加强对学生职业观念的培训有利于学生在学习过程中建构自己的职业观，有利于促进学生的个性化发展。

二 新高考制度下普通高中特色课程建设的必要性

新高考改革的主要措施可以概括为"3+3"考试模式、"两依据，一参考"招生模式、"专业+学校"志愿填报模式等几个关键环节。"3+3"考试模式，即语文、数学、外语三科为所有考生的必考科目，考生另外需在历史、思想政治、地理、物理、化学、生物、技术（含通用技术和信息技术）等课程中自选三门作为高考选考科目。② "两依据，一参考"招生模式，就是在招生的过程中依据学生统一高考成绩以及高中学业水平测试成绩、参考综合素质评价结果，以达到多元招生的效果。"专业+学校"志愿填报模式，即学生填报志愿时先选专业后选学校，从而引导学生从兴趣和特长出发选择适合自己的专业和学校。

从新高考改革的具体内容来看，其基本精神在于促进学生全面而有个性的发展。基于此，普通高中课程教学实践必须遵循相应的原则。一是坚持以学生发展为本。学校要站在学生发展的视角考虑课程与教学，尊重学生的人格。二是树立现代课程观。学校课程教学要准确处理课程综合整体设计与考试招生制度改革重点突破的关系、学生夯实基础与发展个性特长的关系。三是学校课程教学要体现高中阶段教育的基础性、时代性和选择性特点。③ 为此，普通高中课程教学应突出以下特点：其一，教学过程中要凸显学生的自主性。让学生选择自己喜欢的科目，才能最有效地提高学生的学习兴趣，调

---

① 王舟勇：《新高考方案下选修课程问题发现及对策》，《上海教育科研》2017年第5期。
② 匡双双：《新高考方案下历史教学的优化探究——以浙江省高考改革为例》，硕士学位论文，华中师范大学，2015年，第10页。
③ 裴娣娜：《新高考制度下深化普通高中课程改革的几个问题》，《中小学管理》2015年第6期。

动学生学习动力。其二，保障课程的多元化设置。普通高中要按照学生的需求来合理安排课程及时间，同时还要为不同水平的学生提供相应难度的课程内容。[①] 其三，有效开展综合素质评价。综合素质档案能够确切记录其专长专业成果的取得情况，有利于高校选拔具有相应专长的学生。其四，学校需从自身定位、办学特色、师资情况和生源特征出发，开发自己的特色课程，包括基于学生兴趣满足与成长需要的拓展课、兴趣课、社会服务与调研等。

特色课程立足于"为了每一个学生都能得到充分发展"的价值取向，关注学生的学习兴趣和已有的生活履历、学习经验，关注学生在教学过程中的体验、情感、态度和价值观的形成。[②] 而这与新高考改革的基本理念和精神要求是一致的。可以说，新高考方案的出台，为高中学校的个性、多样化发展提供了良好的契机，为学生提供了自主选择的时机，为普通高中建立特色化课程体系、办出特色提供了可能性，也提出了需求。大力推进普通高中特色课程建设是促进学生全面而有个性发展的重要手段。

课程的建设与实施是学校办学理念的产物，是学校教育活动的核心。在学校，不论是学生的发展，还是教师的专业成长，都与课程紧密相关。课程是学校教育内涵的集中体现，对学校来说，课程直接描绘着学校教育的"蓝图"，是学校教育改革的关键。对个人来说，课程是个人发展的必要条件，课程建设强调要满足不同学生的个性需求，最终实现每个学生的全面发展，更好地实现素质教育提倡的"全方位"发展与"全民"教育。教育部颁布的《基础教育课程改革纲要（试行）》中明确提出，基础教育课程改革的具体目标之一是"改变课程管理过于集中的状况，实行国家、地方、学校三级课程管理，增强课程对地方、学校及学生的适应性。学校在执行国家课程和地方课程的同时，应重视当地社会、经济发展的具体情况，结合本校的传统和优势、学生的兴趣和需要，开发或选用适合本校的课程。由此可见，赋权于学校，让学校教师进行本土的课程开发，形成特色课程已经成为新一轮国家基础教育课程改革的一个亮点。"特色课程的建设是完善学校课程的高级形式，

---

① 王等等、张敏：《新高考模式挑战普通高中教学》，《中国社会科学报》2017年1月5日第4版。
② 吴德文、张岩：《学生全面而有个性的发展是普通高中特色化发展的出发点和落脚点》，《吉林省教育学院学报（下旬）》2012年第12期。

特色课程的构建也为特色学校的发展提供了教育教学之义。① 学校拥有了自主开发课程的权利，可以开发出体现学校特色的课程，这对构建科学合理的学校特色课程体系、丰富特色学校建设、发展学生个性、真正实现素质教育有着十分积极的作用。

第二节　新高考视域下普通高中特色课程建设调查②

一　调查背景

2001年6月，教育部颁布了《基础教育课程改革纲要（试行）》，明确指出：为使学生在普遍达到基本要求的前提下实现有个性的发展，课程标准应有不同水平的要求，在开设必修课的同时，设置丰富多样的选修课程，开设技术类课程。2010年7月，国务院印发了《国家中长期教育改革和发展规划纲要（2010—2020年）》（以下简称"《纲要》"），进一步明确切实改变普通高中"千人一面"的状况，支持普通高中学校建立特色化课程体系，鼓励学校在国家课程方案指导下，根据自身定位和本地实际，努力建设涵盖国家课程、地方课程与校本课程，涵盖显性课程与隐性课程，涵盖常规课程与特色课程的学校特色化课程体系，多角度入手，规划符合办学目标和培养目标的特色课程，发展学校的办学特色。

可见，从大的方面来看，高中特色课程有利于改变我国长期以来统一制式的高中特色课程体系，有利于改变我国高中同质化倾向，便于我国高中特色学校建设。小的方面来看，高中特色课程理念的提出，有利于我国高中改变以往培养目标的单一性，方便学生根据自己的兴趣特长来选择适合自己发展的课程完成高中学业，有利于多角度、个性化地培养适应社会发展和学生自身发展的人才。③ 高中特色课程的提出可以说是我国高中课程改革新的契

---

① 王建、吴永军：《高中特色课程建设问题及对策》，《教育科学研究》2014年第1期。
② 李琴：《新高考制度下延安市普通高中特色课程建设研究》，硕士学位论文，延安大学，2018年，第19—28页。
③ 王建：《普通高中特色课程建设研究》，硕士学位论文，南京师范大学，2015年，第16—17页。

机，必将给我国高中课程改革注入新的生机。

近年来，陕北各区县也都结合自身课程改革的实际，把全面提高教育质量，切实减轻学生过重的课业负担作为工作的重中之重来抓。同时，积极探索新高考背景下的教师评价，不断发挥评价对教师的教育、激励与改进的功能，使每位教师各方面素质都得到充分发展。积极开发课程资源，深入研究教学规律，创新教学方式，继续巩固和发展特色课程建设成果，大力推进高中选修课的多样化，着力培养学生的创新精神和实践能力，促进学生个性的充分发展和优秀学生的脱颖而出。

特色学校建设过程中包含了不同的特色项目，课程作为学校教育教学的核心环节，在特色学校建设过程中占有重要的地位。为了进一步摸清新高考制度下陕北地区普通高中特色课程建设情况，整合特色课程开发力量，寻求解决特色课程建设难题的有效途径，推动特色课程建设，我们设计了《新高考制度下普通高中特色课程建设调查问卷》与访谈提纲，问卷涉及对象包括教师、学生，访谈涉及对象为学校管理者。通过问卷调查与访谈，更加真实地了解了在新高考制度下普通高中特色课程建设在实践中到底存在哪些问题，并找出相应的解决对策，以期为学校特色课程建设提供经验的凝练与反思，并能对其他学校教师、教研人员以及课程研究者在实践层面和理论层面研究提供有益参照，从而更加有效地调整和开发本校的特色课程，努力提高学校的办学质量，提高教师专业素养，真正促进学生个性的全面和谐发展。

二 调查对象与方法

本次问卷从新高考制度下陕北地区普通高中特色课程建设的实际出发，从领导与组织、规划与实施、管理与评价、效果与作用四个方面进行调查。调查问卷发放到延安市6所普通高中，随机抽取教师进行调查，教师的抽取充分考虑到代表性，也考虑了操作的可行性，共发放调查问卷180份，回收有效调查问卷162份，回收率为90%。

本研究需要综合采用多种研究方法，主要有以下几种。

一是文献研究法。全面了解国家关于发展普通高中课程的政策与法规，查阅大量国内外有关特色课程建设的文章，通过对这些文献的分析、归纳和整理，明晰已有成就，发现不足，为后继研究提供参考和研究方向。

二是调查研究法。为了深入了解普通高中特色课程建设现状，掌握更多细节性实际情况，本研究预设了访谈计划和调查问卷，主要针对普通高中学校教师和学生。希望通过与一线工作者和直接参与者的交流，发现真实问题及其原因，进而提出可行性较高的普通高中特色课程建设方案。

三是统计分析法。本书在研究过程中针对陕北地区普通高中进行个案调查并进行统计分析，并结合有关理论和实践经验，得出较为可靠的有针对性的结论。

三　调查结果

通过对样本学校师生的抽样调查发现师生在对特色课程建设一般认知、教学目标确定、课程结构、施教过程、评价和管理等方面还是存在着众多问题，需要解决与改善。

（一）关于学校课程认识

1. 学校对特色课程认识侧重点不同

在所调查的高中学校中，每所学校都在开展特色课程，然而，通过问卷调查，发现学校管理层和教师对特色课程含义的认识侧重点不同。由图 2-1 的学校管理层问卷可见，23%的管理层反映特色课程应该"在内容和形式上具有独特性"；33.7%的管理层反映特色课程应该"能够融入学校课程体系中的课程"；20%的管理层反映特色课程应该"能够发展为本校的精品课程"；23.3%的管理层反映特色课程应该"是衡量办学水平和教育质量的标准之一"。由图 2-1 的教师问卷数据可见，24.5%的教师反映特色课程应该"在内容和形式上具有独特性"；34.1%的教师反映特色课程应该"能够融入学校课程体系中的课程"；25.2%的教师反映特色课程应该"能够发展为本校的精品课程"；16.2%的教师反映特色课程应该"是衡量办学水平和教育质量的标准之一"。

同时结合学校管理层和教师的访谈，我们了解到一部分教师对于高中特色课程有以下几方面的理解。

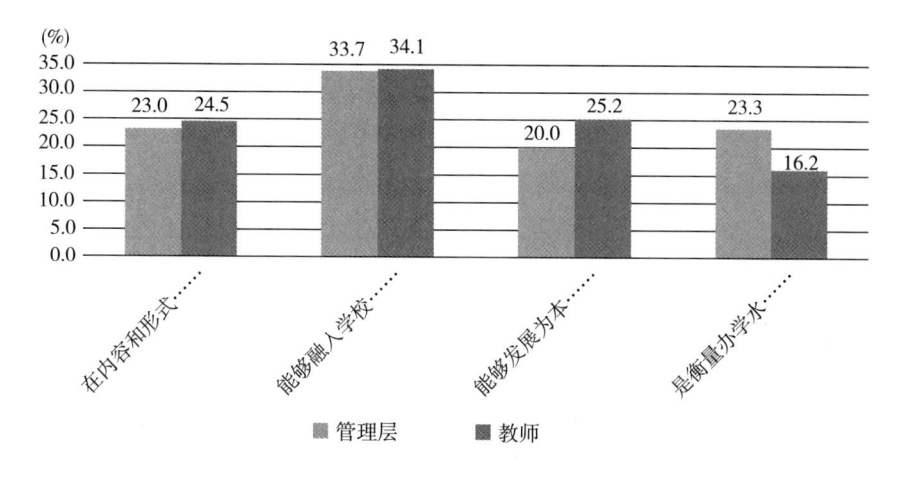

```
(%)
35.0
30.0                33.7  34.1
25.0   23.0  24.5                    25.2       23.3
20.0                           20.0
15.0                                                  16.2
10.0
 5.0
 0.0
     在内容和形式……  能够融入学校……  能够发展为本……  是衡量办学水……
              ■ 管理层    ■ 教师
```

图 2-1 对特色课程含义的认识

第一，特色课程就是校本课程。访谈中有位老师谈到"所谓特色课程，就是具有独特性的课程。学校不同，所秉持的办学理念、学校精神、学校文化自然各异，那么结合本校实际开发的校本课程就是特色课程"。

第二，特色课程是学校所独有的，是基础性课程之外的课程。大部分教师在访谈中谈到"特色课程是有别于其他学校，我们自创的课程。比如学校的小社团活动、艺术节、体育节，等等。他认为，学校课程包含了80%的基础课程和20%的特色课程"[1]。

第三，特色课程是长期积淀和积累的课程。在访谈中一部分学校管理层谈到本校的特色课程时提到"有特色的东西是需要去积累、沉淀的，不是想搞特色就能搞特色的。将革命战争时代'马背上摇篮'的延安精神，传承发展为我校的特色课程"。

2. 对学校特色课程建设主要动因的认识

学校出于什么原因开展特色课程建设，这种认识影响着特色课程建设的科学性和有效性。通过问卷与访谈，学校管理层和教师认为学校开展特色课程建设的原因如图 2-2 所示，学校管理层认为本校开展特色课程建设的原因，由高到低依次是促进学生多样化发展、增强学校竞争力、促进教师专业

---

[1] 马淑颖：《大学附中特色课程建设研究》，硕士学位论文，华东师范大学，2016年，第38页。

发展、充分利用资源、家长的要求；教师认为本校开展特色课程建设的原因，由高到低依次是促进学生多样化发展、增强学校竞争力、促进教师专业发展、充分利用资源、家长的要求。

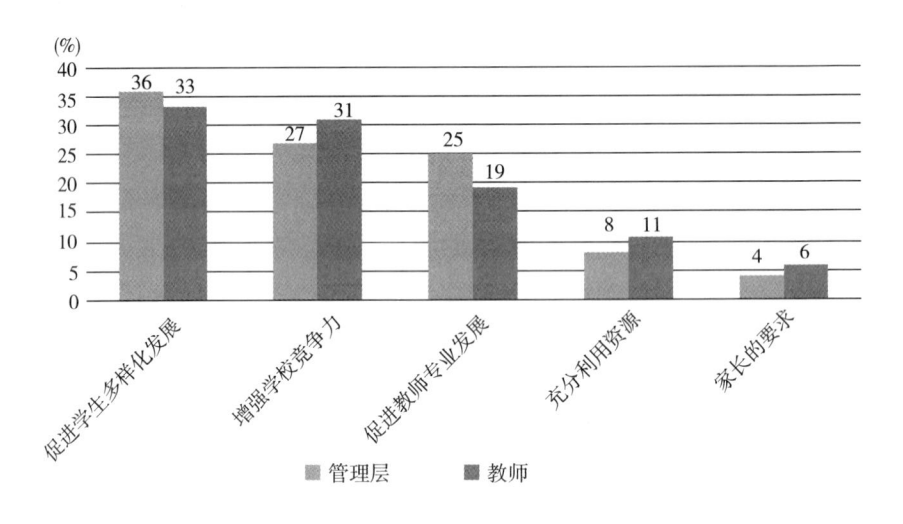

图 2-2 学校开展特色课程建设的原因

结合学校管理层和教师的访谈，我们了解到延安市普通高中开展特色课程建设主要出于以下两方面的考虑。

第一，开展特色课程建设，是出于学生发展的需要。某校校长在访谈中提到"选择特色，要根据学生的年龄及学科特点，并且要对学生以后终身发展起到积极作用。艺术、科技教育在高中阶段是最合适的，艺术可以陶冶学生的情操，科技可以开发学生的智力"。

第二，开展特色课程建设，是基于校长本身的影响力。某校校长在谈到开展特色课程建设、选择高中特色课程主题时谈道"这是基于我自己的特点，我是汉语言文学专业毕业的，之后做的研究也都是关于语言方面"。某校教师在谈到选择高中特色课程主题时谈道"校长自身的特点和影响力会带动整个团队的发展。校长与学校特色建设息息相关"。因此，校长作为特色课程建设的统筹设计者与管理者，要统筹协调好课程规划、课程组织、课程实施与评价等整个体系，更重要的是把握课程建设的方向，协调好各要素，使教师们乐于参与特色课程建设的过程，并为特色课程建设提供有利的环境。①

（二）关于学校课程目标

1. 教师对特色课程目标的了解程度不深入

教师对特色课程目标的了解程度，由图2-3的问卷数据可见，10%的教师"熟悉"；25%的教师"了解"；36%的教师"一般"；18%的教师"不太了解"；11%的教师"不了解"。从调查研究中可以知道，大部分教师对本校特色课程目标的基本方向，能够大概描述一些内容，但不能完整表述。如在谈到本校的特色课程理念与目标时，有些老师说道"大概就是学校艺术类课程与活动的开展""适当培养学生们的兴趣、爱好""不是很了解"等。由于教师对特色课程理念和目标的理解度，在很大程度上决定着教师如何实施特色课程、如何评价特色课程，也决定了教师对特色课程的参与度。因此，加强引导教师对特色课程理念与目标的理解显得尤为重要。

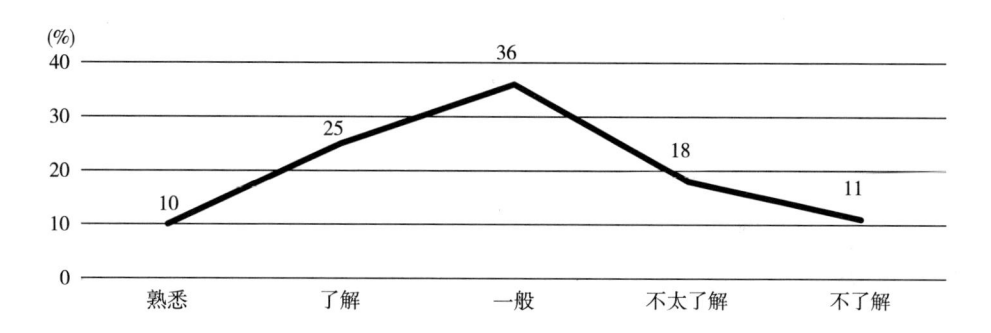

图2-3 教师对特色课程理念和目标的了解程度

2. 学校特色课程建设的目标不清晰

高中特色课程的课程建设目标应该是学生的多样化、个性化发展，并兼顾学校办学传统和文化特色。教师对学校特色课程建设目标明确的情况如图2-4所示，10%的教师几乎不明确目标，28%的教师认为有模糊的目标，41%的教师认为有较为明确的目标，21%的教师认为有明确的目标。以上数据说明，大多数学校在特色课程开发上目标明确。但在管理层的访谈中，一些管理者说道"我校特色课程设置主要从两方面来考虑的，一是

---

① 马淑颖：《大学附中特色课程建设研究》，硕士学位论文，华东师范大学，2016年，第55—57页。

升学,二是未来就业"。但是随着新高考制度的出台,社会经济的飞速发展,需要人才的种类增多,紧紧依靠这两个目标已经难以满足社会乃至个人的发展需要。

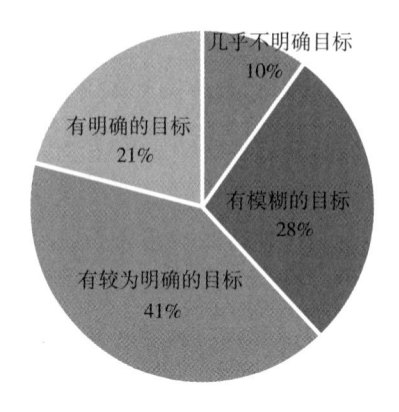

图 2-4 教师对特色课程建设目标明确的情况

(三)关于学校课程结构

1. 特色课程结构不合理

笔者在调查前将特色课程的类型归纳为学科拓展类、艺体特长类、德育心理类、科技文化类。得到的调查结果,如图 2-5 显示:以"学科拓展类"为特色课程的占46%,以"艺体特长类"为特色课程的占30%,以"德育心理类"为特色课程的占11%,以"科技文化类"为特色课程的占13%。在特色课程主要类型上,学科拓展类占比最大,德育心理类占比最小。特色课程开发具有如下特点:一是学科拓展种类多,如诗词赏析、竞赛辅导等;二是课程开设结合上级部门活动,做到课程开设和活动参与两不误;三是课程开设追求短、平、快,急功近利现象存在;四是注重传统,书法、剪纸等课程开设较为普遍。从已开设特色课程的实际来看学科拓展类以及有升学价值的艺体特长类比较多,开设特色课程是为了升学服务的意识还是比较浓,与开设特色课程应该立足于学生的兴趣,培养学生能力的理念不符。

2. 特色课程结构设计与学生的兴趣不相符

针对特色课程进行的专项调研,通过对各年级学生的问卷调查,让学生对自己感兴趣的课程进行排序选择。如图 2-6 所示:对"艺术、体育课程"

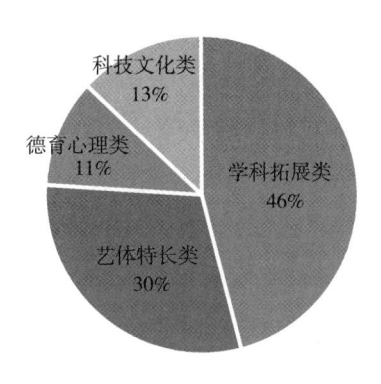

科技文化类 13%
德育心理类 11%
学科拓展类 46%
艺体特长类 30%

图 2-5　特色课程的类型

感兴趣的占 49%，对"信息技术类课程"感兴趣的占 20%，对"文化类课程"感兴趣的占 19%，选择"地方特色类课程"的占 12%。结果显示有六个要素影响学生对特色课程的喜欢程度，依次是：①贴近生活实际、能拓展知识面、利于身心健康的课程，如体育活动、心理、生活教育等；②提高个人气质和修养的课程，如艺术与人文文化类的课程；③体现社会责任感的课程，如社团课程、社会实践课程等；④能自由参与探索和创新、展示自我才能的课程；⑤有专业特长老师所执教的课程；⑥学生自己喜欢且擅长的课程。通过调查研究总结发现，学生喜欢的课程的共识是，课程内容贴近生活，具有较强的吸引力和选择性；课程实施强化体验，易于激发学习兴趣；课程设计强调人文关怀，能满足学生能力发展需求。

艺术、体育课程	信息技术类课程	文化类课程	地方特色类课程
49	20	19	12

图 2-6　学生感兴趣的课程

（四）关于学校课程内容

1. 学校课程内容不完整

访谈发现，从特色课程内容的设计来看，有的学校并不能真正理解什么是特色课程，课程内容欠规范，或者随意摘录印刷几本小册子，比较杂乱，没有考虑到长远发展目标,缺乏整体规划,系统性不强,课程整合有待增强,内容来源多种多样。由图 2-7 的学校管理层访谈数据可见,42% 的管理层反映本校的特色课程是"满足相关政策要求";35% 反映是"在基础课程上拓展";17% 反映是"借鉴别的学校";6% 反映是"充分运用本校现有资源"。

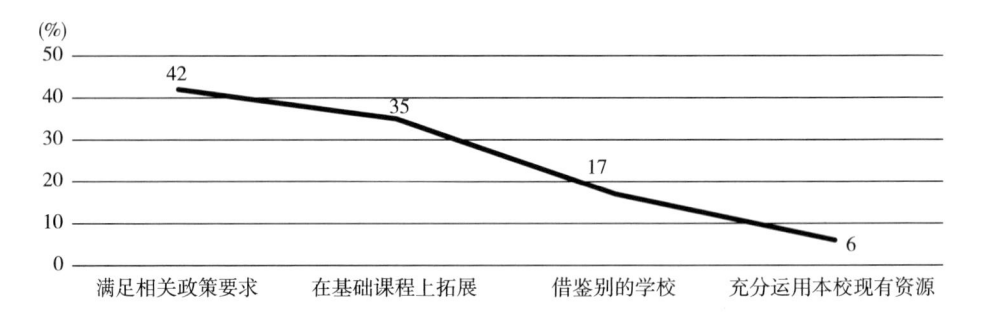

图 2-7 特色课程的来源

某校校长在访谈中提道"我们的课程有两个主要来源,一个是历年历阶段的研究成果;另一个是当今的国家课程和地方课程"。另一位校长在谈到课程的来源时也说道"第一个,来自基本教材当中的素材;第二个,来自历年的积累"。大多数学校在开设特色课程时未能真正将学校文化、地域文化与学生需求结合起来。产生这种问题的主因在于,很多学校特色课程内容的设计并没有建立在学生对现实的认识、对生活的体验、对精神的感悟和对学校可用的课程资源做相应理解的基础上,也没和学生以及课程相关人员共同协商达成共识。①

2. 教师确定特色课程内容的方式

教师如何确定特色课程内容,在一定程度上反映了教师在特色课程建设中的作用。通过问卷调查,教师在特色课程实施中确定课程内容的方式,由图 2-8 问卷数据可见,教师确定特色课程内容的方式从高到低依次是,校方规定、自己开发、参考市场上的教材。结合教师问卷,我们发现,普通高中经过一段时间的特色课程建设,部分学校都形成了自己的特色课程方案,教师也将课程方案与实际情况创造性地结合。但是有的学校和教师在开设特色

---

① 马淑颖:《大学附中特色课程建设研究》,硕士学位论文,华东师范大学,2016 年,第 57 页。

课程时未能真正将学校文化、地域文化与学生需求结合起来。

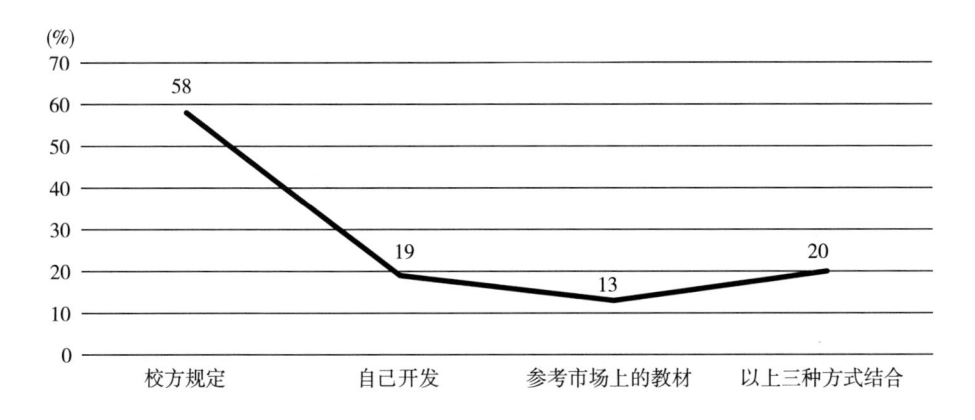

```
(%)
70
60  58
50
40
30
20      19        13        20
10
 0
   校方规定  自己开发  参考市场上的教材  以上三种方式结合
```

图 2-8 教师确定特色课程内容的方式

（五）关于学校课程实施

1. 特色课程实施的满意度不高

普通高中特色课程如何实施，在实施中多大程度上从学生的需要出发，影响着课程实施的效果，影响着特色课程对学生发展的促进作用。[1] 通过问卷与访谈调查，学校管理层、教师和学生对特色课程实施的满意度，由图 2-9 的数据显示，学校管理层（很好 20%，好 32%，比较好 38%，不好 10%）；教师（很好 21%，好 35%，比较好 33%，不好 11%）；学生（很好 19%，好 38%，比较好 28%，不好 15%）。从特色课程实施效果的调查结果来看，实施的总体效果不错，但还有很多需要改善的地方，学校需要大力挖掘教师资源来实施特色课程，课程在实施过程中要与地域文化契合、要尊重学生的发展、兼顾学生的兴趣。

2. 学校管理层和教师对特色课程实施的重视度与态度

通过问卷与访谈调查，学校管理层和教师对特色课程实施的态度，如图 2-10 所示。学校管理层问卷显示，30% 的管理层非常重视，33% 的管理层重视，24% 的管理层表示一般，13% 的管理层表示不太重视。学校教师问卷显示，22% 的教师态度很积极，31% 的教师态度积极，36% 的教师对特色课程

---

[1] 齐刚：《临淄区特色课程建设现状调查报告》，《淄博师专学报》2015 年第 3 期。

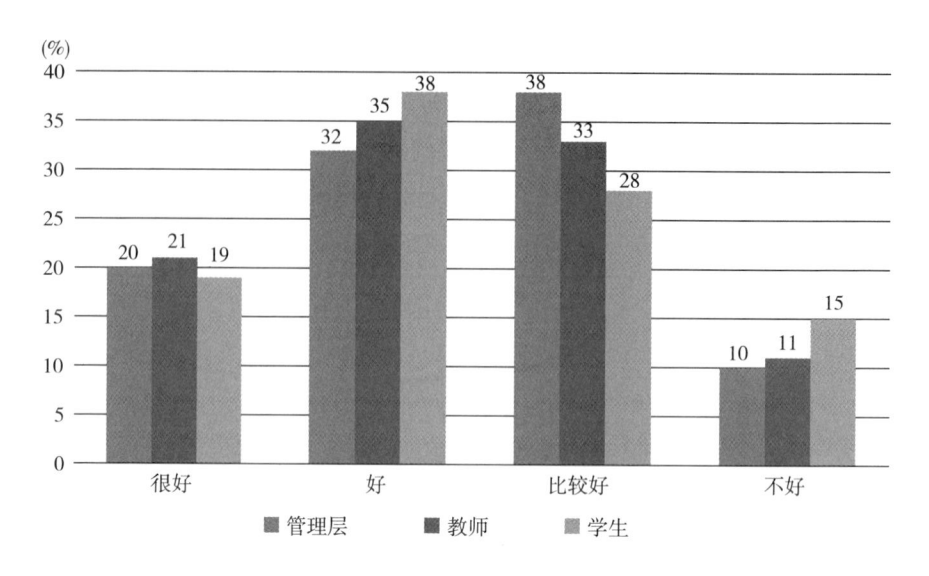

图 2-9 特色课程实施的满意度

实施的态度比较积极，11%的教师态度不积极。调查表明，多数管理层对特色课程的实施比较重视。同时，多数教师参与特色课程比较积极和主动，均会主动查阅资料，为课程开设做好充足的准备。但是具体实施中，由于保障机制不健全，部分教师积极性有所下降。

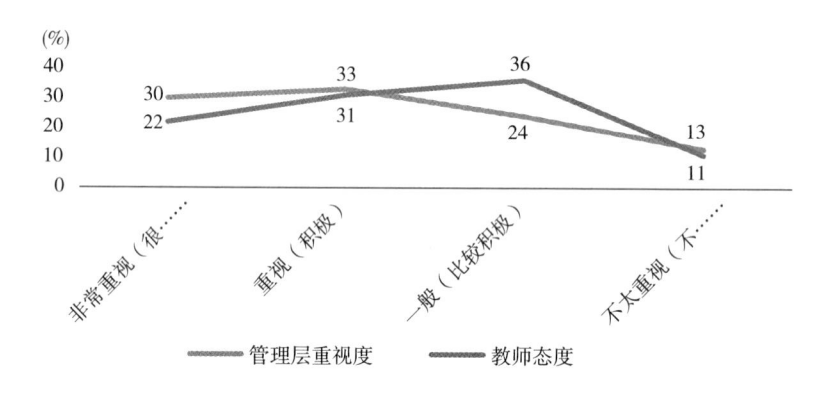

图 2-10 对特色课程的重视度与态度

3. 特色课程实施中遇到的困难

通过问卷调查，教师在实施特色课程时遇到的困难，如图 2-11 所示：学校教师在实施特色课程中，遇到的困难表现为：教学资源配置（11%）、缺乏课程资源（11%）、缺乏课程建设理论指导（12%）、难以将课程理论与实践结合（14%）、内容难以被学生掌握（11%）、应试教育影响严重（22%）、难以兼顾学生的个体差异（19%）。其中，最大的困难就是应试教育影响严重、理论与实践难以很好得到结合、难以兼顾学生的个体差异。

图例：
- 教学资源配置
- 缺乏课程建设理论指导
- 内容难以被学生掌握
- 难以兼顾学生的个体差异
- 缺乏课程资源
- 难以将课程理论与实践结合
- 应试教育影响严重

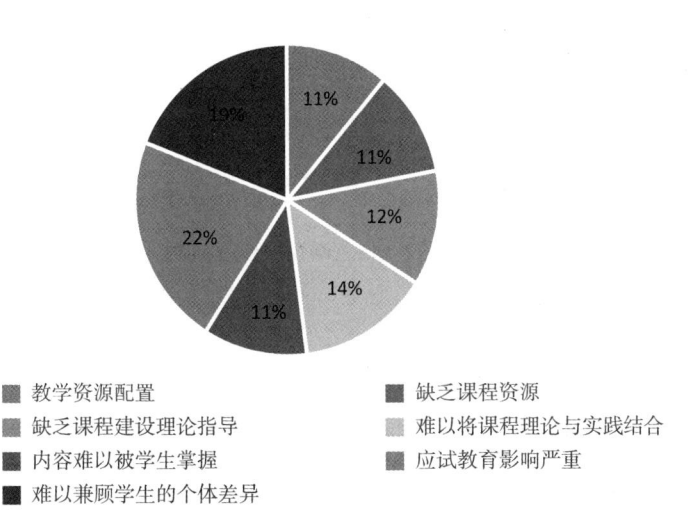

图 2-11 教师在实施特色课程时遇到的困难

（六）关于学校课程评价

1. 特色课程评价标准不明确

受高考升学率的影响，延安市普通高中的课程评价在实际操作中已经变成对学生学习成绩的评价，认为只有考试才能对学生和课程进行评价。对学生所学的特色课程的评价标准不明确。如图 2-12 所示。学校对特色课程都有进行评价，但重视程度不同，对评价标准的设定不明确：没有评价标准的占 22%；有粗略的评价标准的占 49%；有完善的评价标准的占 29%。访谈中一位教师认为"书面的评价方式仅仅让学生写了一两句话，有点过于简单，而学生书写感想大部分是敷衍了事"。另一位教师表示"学校的课程评价只强调学生对于学科知识基础的掌握，却忽视了对课程其他方面的评价，导致学生各种能力的发展不均衡，影响学生健全人格的发展"。因为课程评价仅仅针对课程，却忽视了对学生的个性化评价，学生在课堂中的表现、课后与同学合作解决问题的能力和合作精神，显然没有列入课程评价内容。

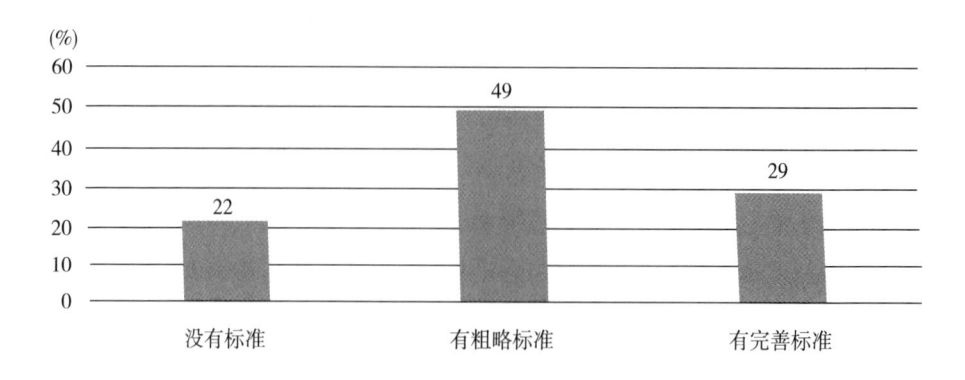

(%)
60
50 ─────────── 49 ───────────
40
30   29
20 22
10
0
    没有标准   有粗略标准   有完善标准

图 2-12 特色课程的评价标准

2. 课程评价的参与主体单一

虽然教师和学生对课程评价进行改革呼声很高,但是将改革落实到具体的教学活动实践中还是很难,当前课程评价主体除了教师外,完全忽视了学生、课程评价专家、学生家长以及社区代表的参与性。如图 2-13 所示:关于课程评价的参与对象来看,任课教师占 52%;学生占 10%;课程评价专家占 11%;学生家长以及社区代表占 5%;学校特色课程负责人占 22%。教师是特色课程教学评价的主体,忽略了特色课程评价参与主体的多元性,这不利于特色课程在实践过程中的不断改进,也不利于除教师外其他主体的主动参与、自我反思和自我成长。

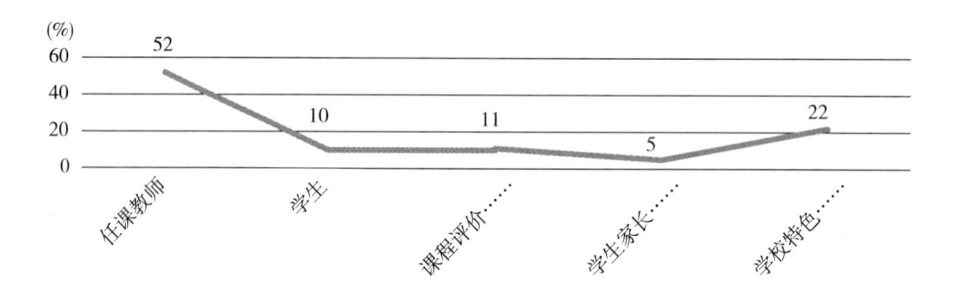

(%)
60 52
40
20   10   11   22
0   5
   任课教师 学生 课程评价… 学生家长… 学校特色…

图 2-13 课程评价的参与对象

(七) 关于学校课程配套措施

1. 特色课程建设的政策制度不完善

普通高中特色课程建设需要建立完善的政策制度,只有把制度建设贯穿于普通高中特色课程建设的各个环节,才能使特色课程建设有全面的保障。[①]但特色课程建设的保障制度体系还不尽如人意。

调查结果显示,有42%的管理层和40%的教师认为在政府主管部门层面,相关政策制度有所"缺位"。在交谈中一位教师说道"特色课程的建设和发展缺少相应的政策依据,缺乏强有力的政策保障;主管部门以往的政策制度,多把重点聚焦在'结构调整'和'提升普及水平'上"。教育规划纲要提出特色发展的宏观目标后,相关的实施意见一直未能出台,普通高中特色发展推进的思路、措施,也未能随之完全配套。

2. 特色课程建设中所需资源难以得到充分的保障

特色课程的建设需要有一定的校内实践场地、实验场地与实验器材、校外实践训练基地等,因此必然需要一定的资金投入。[②] 如图2-14所示:关于学校在特色课程建设上的资源配置,访谈结果显示,21%的教师感到满意;26%的教师感到一般;53%的教师感到不满意。数据表明大部分学校教师对特色课程资源投入与建设氛围满意度不高,如用于课程建设的资源分配比例不当,有的课程多,有的课程少。总体来说,都面临资金短缺的现象,一位学校管理者在访谈中说道"学校中由于资金投入不足,导致特色课程在实施中所需要的实验耗材的购买费用、各种校外资源的使用费用等不能得到保障,影响了特色课程实施的效果"。在特色课程建设中,学校没有教学专项资金或教学改革专项资金。

3. 特色课程建设的过程管理不严谨

通过问卷与访谈调查,学校管理层和教师对本校的特色课程管理制度完善程度认识不同。在访谈中,一位老师也谈道:"学校特色课程建立时间短、课程数量少,尚未形成相对成熟的管理规范。"从问卷数据与访谈内容来看,特色课程从开始构想到不断完善,经历了课程目标、课程内容、课程实施与评价,是一个"实践—确立理论理念—再实践—再反思—再实践"的螺旋上升的过程。这个过程需要建立相应的机制与制度,协调多方面的资源。

[①] 邢至晖、韩立芬:《特色课程八解》,《上海教育》2014年第19期。
[②] 张丹:《重庆R学校特色课程建设的现状研究》,硕士学位论文,重庆师范大学,2014年,第37—38页。

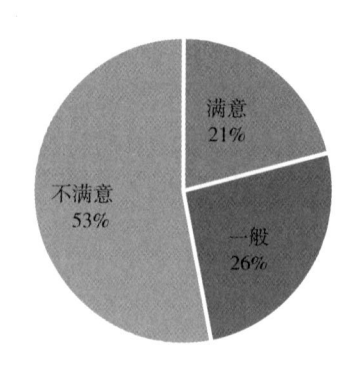

图 2-14 教师对特色课程资源配置的满意度

4. 特色课程建设缺乏师资保障

（1）教师参与特色课程建设与实施的积极性、规范性有待提高

通过问卷调查，教师普遍认为学校特色课程对教师成长有促进作用，对学校课程的完善、办校品质有提升作用。但他们认为自己并不是学校特色课程开发的主导者。从图 2-15 的调查结果来看，51% 的教师认为课程开发的主导者是学校管理层，22% 的教师认为是骨干教师，23% 的教师认为是课程专家，只有 4% 的教师认为是教师个人或团队。大部分教师停留在课程活动方案的设计、实施层面，反思和反馈相对被动，处于一种因为它是我的工作内容，所以要完成的状态，内在主动少。认为自己在特色课程建设中只是实施和执行的作用，参与的水平不高；认为高水平的参与，真正的课程研究者和开发者是由校长、科研组长、教研组长、骨干教师组成的特色课程领导（或开发）小组，不需要基层带班教师参加。

（2）学校特色课程给教师带来的挑战

通过问卷与访谈调查，学校特色课程对教师成长有促进作用，但仍然遇到了不少问题。由图 2-16 的问卷调查结果显示：30% 的教师认为缺乏专业知识，35% 的教师认为是师资问题，特色教师配备少，19% 的教师认为缺乏相应支持，16% 的教师认为评价机制与特色课程建设不相容。一位教师表示"有时候专业知识不是很好理解，缺乏相关专业教师指导、咨询"。同样，还有一位教师也提出了自己的困惑："我开设的是拉丁舞蹈的课程，由于专业的限制，只能教会学生一些简单的操作，缺乏专业性。"个别学科教师也提出了不同的学科如何设置特色课程问题。更有教师对特色课程如何与基础型课程进行融合的问题提出了自己的疑问。另外，教师对特色课程评价也提出了自己的期待。

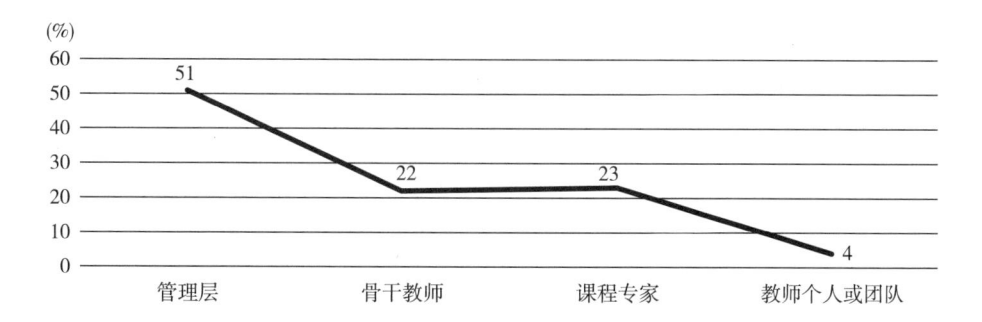

图 2-15 教师认为特色课程的开发主导者

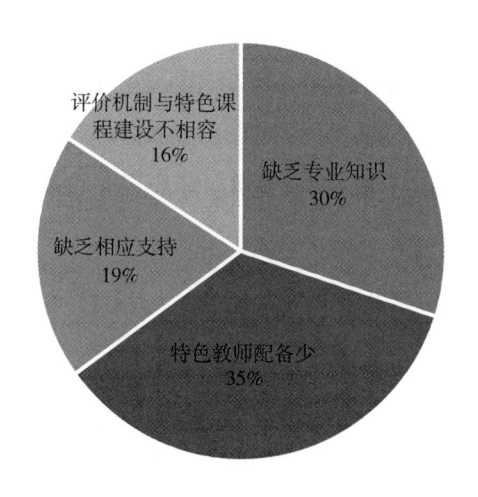

图 2-16 教师认为学校特色课程带来的挑战

（3）教师对学校特色课程建设培训方式和内容的满意度不高

通过问卷调查，教师普遍对学校特色课程建设培训方式和内容的满意度不高。由图 2-17 的问卷调查结果显示：22%的教师感到不满意，31%的教师表示一般，26%的教师比较满意，只有21%的教师表示非常满意。调查结果表明，许多教师对特色课程建设培训的内容与方式感到不理想。结合问卷与访谈，我们了解到学校为了提高教师参与特色课程建设的能力，对不同需求的教师，开展了包括教研活动、校本培训、教学观摩等培训方式。但是培训方式单一,仅仅局限于专家讲授、教研交流、观摩汇报等形式,且保障机制不健全,导致教师参与培训的热情不高,严重影响培训的质量。

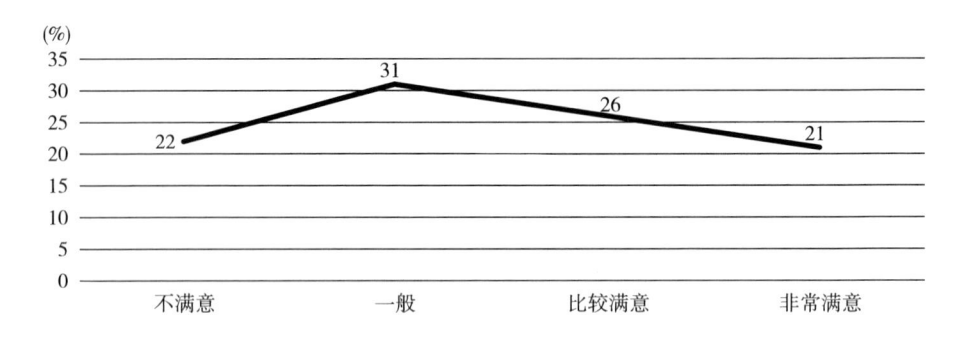

图 2-17 教师对学校特色课程建设培训方式和内容的满意度

5. 学校认识到开发特色课程资源的重要性,但开发利用的有效性有待提高

通过问卷与访谈调查学校特色课程资源的开发利用率。由图 2-18 的问卷调查结果显示:学校的课程资源比例由高到低依次是:"校内资源"占 52%;"专家资源"占 21%;"社区资源"占 20%;"家长资源"占 7%。

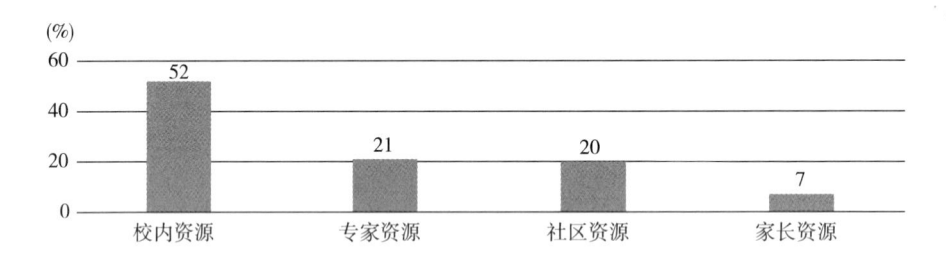

图 2-18 学校特色课程利用的资源

学校在特色课程实践中都在一定程度上开发利用了这些校外资源,但没能充分发挥它们的作用。家长方面,学校通过向家长公开自己的课程计划、活动过程,听取家长对课程的建议或是设想,不断完善本校的特色课程。因为涉及家长资源,老师希望在实施中家长积极地配合参与进来,可是家长因为自身工作的问题,往往不能配合。资源上,如何把已经形成的优秀家长资源延续下去,也是难题,因为家长资源不断在变。另外,学校也没能挖掘家长参与特色课程的主动性和积极性,而是将家长摆在配合帮助的地位。专家

方面，学校校长和教师都认为在特色课程建设过程中需要有专家来为自己把方向，给予指导和建议，使自己的特色课程建设更加科学化，从而提高课程建设的水平。学校希望有一些专家帮助解决实践中遇到的问题，能够追随学校的课程，当校方遇到瓶颈时，可能专家的一句理论指导对于学校来说就能化为实践。[①] 但专家们的工作也很忙，无法完全了解学校特色课程建设的具体情况，也不能对特色课程建设给予全程性的固定指导，指导只是偶尔的、停留在表面，无法让学校深入实践。

笔者就特色课程建设中所遇到的困难对调查学校的教师进行了访谈，以下是访谈记录：

笔者：请问老师，贵校在特色课程建设过程中所遇到的困难有哪些？

管理者A：缺乏专家指导、教师的课程建设能力不高、缺乏课程资源、缺乏上级教育部门的支持、缺乏家长支持。

教师B：实施特色课程建设后，最大的感受就是缺乏专家指导，缺乏课程资源，而学校没有充分利用各类课程资源。

教师C：学生在选课时缺乏家长的支持和老师的指导，导致学生不能按时准确地进行课程学习。

教师D：最大的困难是师资方面，教师自己的课程素养及管理能力不足，课程建设能力也不高。

学生A：学校的经费、场地及其物质资源、家长的支持力度不大、学生的个性化差异都是大的困难。

四 特色课程建设情况问卷及访谈分析

对于特色课程来说，由于其具备了促进学生全面而有个性的发展优势，因此在新高考制度的助力下，陕北地区有相当一部分的普通高中都启动了特色课程建设工作，但在实践中却存在着许多问题，严重制约着普通高中特色课程建设质量。

---

① 张丹：《重庆R学校特色课程建设的现状研究》，硕士学位论文，重庆师范大学，2014年，第40页。

（一）特色课程与学校教育理念不能很好地相融

特色课程必须能够有效地融入学校整本课程体系之中，而非特立独行的课程，即特色课程必须符合学校的课程理念，服从于学校的办学目标，服务于学校的特色（或传统优势）教育，并能够与其他课程形成一定的关系，促进学校课程体系整体价值的体现和作用的发挥。[1] 通过调查和实地调研，不难发现对于传统文化和本地文化课程的开发，一些学校开发的积极性不高。还有一些学校未能坚持区域特色和学校特色相结合，课程的开设也未能真正体现学校要承担的文化传承功能。不能充分利用校外资源、家乡资源去开发传统文化和地域特色文化，为学生种下一颗家乡文化和传统文化的种子。学校文化就是学校在长期教育实践中积淀和凝聚而成，被全体师生所认同和遵循的价值观和行为准则。如果说学校是一棵大树，那么，学校文化就是土壤，特色课程就是这棵大树的枝叶，只有根深才能叶茂。[2]

（二）特色课程目标不科学

从特色课程开发动机来看，一些学校不是基于教书育人的需求，为促进学校、教师、学生的发展而开发，而是为了完成上级任务，为开发而开发。部分学校特色课程培养目标存在三种不同的价值取向，分别是"为社会""为学科"与"为成绩"，但这些割裂的特色课程目标的考量重点都不是基于人自身角度的。形成这种课程目标取向的原因在于，对新高考制度的认识和了解不够深入，升学仍然是很多高中首要考虑因素，以至于学生的身心和个性发展都被这一因素取代，从而使特色课程在一定程度上扼杀了高中生内在的个性和潜质，不利于学生的成长。在这种课程目标下的课程实践很难培养出真正全面并充满个性的完整的人。

（三）特色课程结构不合理

一是把特色课程看作与国家课程无关的课程。一些学校仅仅在校本课程与地方课程上有一些突破，却忽略了国家课程的特色化执行。二是把特色课程建构只是看作校本教材的开发，且在编制关于地方文化、民俗、风土人情

---

[1] 何永红：《学校"特色课程"的定义及其发展策略》，《教育科学研究》2011年第10期。
[2] 朱华伟、李伟成：《特色课程建设推动学校特色化发展》，《中国教育学刊》2015年第9期。

等科普读本时，未能将特色课程的整体特质充分展现出来。三是把特色课程建构仅仅等同于特色活动开发。① 当前很多学校只是将特色活动看作特色课程建构，这无法将特色课程的内在属性很好地体现出来，同时特色课程的外延也被窄化了。调研发现"复制""移植"和"借鉴"成为部分学校特色课程建构的主要途径。访谈中一位校长对学校的多门课程的建构过程进行了解释。他说："现在我们外出学习和参观的机会很多，看到比较好的课程我们也尽量引进过来，日积月累，我们的课程越来越丰富。"这位校长的表述表明了较强的学习能力以及优化教育资源的教育追求与实践，但是这种简单的"复制"和"移植"并未真正实现课程与学校的办学理念与教育追求相结合，最终造成学校的教育理念与课程实践相脱节的两张皮现象。

（四）特色课程内容不完整

从特色课程内容的设计来看，有的学校和教师并不能真正理解什么是特色课程，课程内容欠规范，或者随意摘录印刷几本小册子，比较杂乱，没有考虑到长远发展目标，缺乏整体规划，系统性不强，课程整合有待增强。在开设特色课程时未能真正将学校文化、地域文化与学生需求结合起来。产生这种问题的主因在于，很多学校特色课程内容的设计并没有建立在学生对现实的认识、对生活的体验、对精神的感悟和对学校可用的课程资源做相应理解的基础上，也没和学生以及课程相关人员共同协商达成共识。

（五）特色课程实施不科学

学校教师在实施特色课程中，遇到的困难包括：教学资源配置、缺乏课程资源、缺乏课程建设理论指导、难以将课程理论与实践结合、内容难以被学生掌握、应试教育影响严重、难以兼顾学生的个体差异。其中，最大的困难就是应试教育影响严重、理论与实践难以很好地结合、难以兼顾学生的个体差异。同时，我们了解到最需要的是专家指导及相关理论培训，学校在特色课程建设中往往会出现不确定自己做得对不对、该不该走下去的情形，需要专家给予评价指引，同时也需要上级教育部门的支持。

---

① 王建、吴永军：《高中特色课程建设问题及对策》，《教育科学研究》2014年第1期。

（六）特色课程评价功利化

这集中体现于一些基础较为薄弱的学校，他们仅仅开设并企图通过艺、体特色课程来达到艺、体考生的高考录取人数增加的目的，从而使本校升学率有效提高。之所以存在这种功利性的课程评价，其原因在于，现阶段国内的普通高中尚未站在形成性评价的核心视角对学生的综合素质进行评估，并且也不能够及时地将一些学科知识之外的技能、道德等因素的评价因素添加进来。调查发现，虽然很多学校都在努力建立特色课程评价体系，但特色课程的评价是其中的一个难题。课程的评价一般是对某个具体的活动的评价，没有从整体上对课程进行统领；专家和家长因为不了解学校的实际情况，也很难对特色课程进行全面真实的评价；特色课程建设本身还在摸索，校长和教师之间尚未达成一致的评价标准。另外，学校特色课程建设的效果如何，都是学校自己认为做得还可以，缺少与相同的特色学校之间的沟通交流，只有在交流之中才能知道自己缺少的是什么，往什么方向发展。目前的特色课程都是学校自己出课程、自己出评价，不免有些自圆其说的感觉。

（七）特色课程建设配套措施不完善

1. 特色课程建设的政策制度不完善

目前，特色高中建设的保障制度体系还不尽如人意。在国家层面，相关政策制度有所"缺位"。一方面，高中阶段教育尚未立法，普通高中建设和发展缺少相应的法律依据，特色发展缺乏强有力的法律保障；另一方面，国家以往的普通高中政策制度，多把重点聚焦在"结构调整"和"提升普及水平"上。《纲要》提出特色发展的宏观目标后，相关的实施意见一直未能出台，普通高中特色发展推进的思路、措施，也未能随之完全配套。各区县对《纲要》中普通高中新目标的精神实质以及新高考制度还存有一定的模糊认识。这也反映了地方对新高考制度下本地普通高中多样化、特色化发展目标任务缺乏针对性的系统设计。制度保障不完善，势必造成各地对高中特色发展的内涵认识不清，以往常见的形式主义的"一窝蜂"式政策落实与工作推动方式就会再现。因为我国教育具备浓厚的课程高度集权的色彩，所以很多学校缺少必要的有针对性的政策支持，实际上没有足够的特色课程建设的权力。

2. 特色课程建设中资金难以得到充分的保障

特色课程的建设需要有一定的校内实践场地、实验场地与实验器材、校外实践训练基地等，因此必然需要一定的资金投入，但是在许多普通高中学校中由于资金投入不足，导致特色课程在实施中所需要的实验耗材的购买费用、各种校外资源的使用费用等不能得到保障，影响了特色课程实施的效果。因此，在特色课程建设中，学校必须有教学专项资金或教学改革专项资金。

3. 特色课程建设的过程管理不严谨

大多学校建立了特色课程建设专项小组，这个团队由校长、副校长、科研组长、教研组长、班级教师组成，保障特色课程体系在实践中不断完善。由课程领导小组建立起课程框架，教师们实施课程，课程经历了实践—群体反思—再实践这样一个循环过程。[①] 在这个过程中，课程目标越来越明确、课程内容越来越丰富、课程实施越来越多样、课程评价越来越科学，相关的教研工作制度、教学质量评估制度、奖励制度等一系列教学管理制度也不断健全。学校还重视通过外部力量完善自身的特色课程体系，通过相关领域的专家指导，提高其课程理论体系的科学程度，重视通过与家长、社区合作，吸收其课程资源和改进建议。从问卷中所调研的"组织与领导"部分来看，各学校均认识到特色课程建设的重要性，绝大多数学校成立了领导机构，但是由于理念不同，很多学校对特色课程建设的支持力度还是远远不够，学校有关领导机构形同虚设，并未能真正发挥领导、组织的作用。

4. 特色课程建设缺乏师资保障

一是部分教师对于学校特色课程建设认识不足。在对教师的问卷调查中，教师们都认为自己对于学校特色课程的理念和目标比较理解，但在对教师的访谈中，教师们在回答这个问题时，都用了较长时间思考，大部分教师的回答比较模糊，只能叙述出学校特色课程理念和目标的一部分，部分教师需要参考课程方案的文本才能说出。可见，部分教师对学校特色课程的发展过程并不清楚，不确定本校的特色课程是从何时开始、以此为特色的具体原因、发展过程中经历了哪些探索。部分教师还没有将学校特色课程的理解更新到自己的想法与做法中。课程实施过程中，教师们反映也

---

① 王建、吴永军：《高中特色课程建设问题及对策》，《教育科学研究》2014年第1期。

遇到很多困难，主要表现为对特色课程建设的认识不足，难以将理论与实践有机结合，以及学生的个性差异难以兼顾等。二是教师参与特色课程建设与实施的积极性、规范性有待提高。从调查来看，教师们认为学校有必要开展特色课程建设，认识到特色课程对学生发展的促进作用，对学校课程的完善、办校品质的提升作用。每位教师都参与了本校的特色课程建设，但大部分教师停留在课程活动方案的设计、实施层面，反思和反馈相对被动，处于一种因为它是我的工作内容，所以要完成的状态，内在主动少。认为自己在特色课程建设中只是实施和执行的作用，参与的水平不高；认为高水平的参与，真正的课程研究者和开发者是由校长、科研组长、教研组长、骨干教师组成的特色课程领导（或开发）小组，不需要基层带班教师参加。三是教学培训效果不显著。在职培训是教师丰富教育教学理论基础知识、提升教学实践能力的有效途径，但在具体实施过程中，培训普遍存在偏重学科理论基础知识的倾向，而忽视对教师教育教学实践能力的培训，导致培训效果不显著，影响学校教育质量。

5. 学校认识到开发特色课程资源的重要性，但开发利用的有效性有待提高

学校的课程资源可以分为校内资源和校外资源，其中校外资源包括家长资源、社区资源、专家资源，学校在特色课程实践中都在一定程度上开发利用了这些校外资源，但没能充分发挥它们的作用。家长方面，学校通过向家长公开自己的课程计划、活动过程，听取家长对课程的建议或是设想，不断完善本校的特色课程。因为涉及家长资源，老师希望在实施中家长积极地配合参与进来，可是家长因为自身工作的问题，往往不能配合。资源上，如何把已经形成的优秀家长资源延续下去，也是难题，因为家长资源不断在变。另外，学校也没能挖掘家长参与特色课程的积极性，而是将家长摆在配合帮助的地位。专家方面，学校校长和教师都认为在特色课程建设过程中需要有专家来为自己把方向，给予指导和建议，使自己的特色课程建设更加科学化，从而提高课程建设的水平。学校希望有一些专家帮助解决实践中遇到的问题，能够追随学校的课程，当校方遇到瓶颈时，可能专家的一句理论指导对于学校来说就能化为实践。但专家们的工作也很忙无法完全了解学校特色课程建

设的具体情况，也不能对特色课程建设给予全程性的固定指导，指导只是偶尔的、停留在表面，无法让学校深入实践。

第三节　新高考视域下普通高中特色课程建设策略[①]

当前普通高中特色课程建设问题的化解，需要从创新特色课程体系和优化特色课程建设条件两大方面系统改进。

一　创新特色课程体系

（一）系统梳理特色课程内涵和学校教育理念

1. 正确认识特色课程的内涵和重要意义

特色课程是指通过学校建设形成的在内容和形式上具有独特性并产生显著的整体办学效益的课程。在调研中，许多学校把特色课程等同于校本课程，没有正确认识特色课程的价值。特色课程应该能够发展为本校的精品课程。学校在开发特色课程时应该与学校的办学理念和文化建设相结合，要注意特色课程开发的顶层设计，要真正发挥特色课程开发领导机构的作用，要遵循课程开发规律，在诸多校本课程中打造自己学校的精品课程，成为学校的办学特色。

2. 在学校教育理念的引领下建设特色课程

教育理念是学校成员对学校的理性认识、理想追求及所持教育观念的复合体，是一所学校的精神内核，是学校教育思想的集中反映，同时也是统领学校一切工作的总指挥。普通高中依据学校理念建立特色课程的基本思路主要有三种：①在整体规划、科学建构中建立特色课程。学校在办学理念的指导下，对课程有整体的规划和设计，在课程结构上释放空间，然后再设计该课程的目标、内容，并依托丰富资源有效实施和动态发展。这种思路比较适合新建校和一些与社会、生活、学科发展紧密结合的课程。②在学校自身特

[①] 李琴：《新高考制度下延安市普通高中特色课程建设研究》，硕士学位论文，延安大学，2018年，第38—49页。

点或优势的基础上确立特色课程。如一些学校一开始就开设了相应特点的课程，在进行特色课程建设过程中，自然将已有课程中具有特点或优势的课程确立为特色课程。这种思路适合于有一定课程基础并系统规范课程建设的学校。③在继承和创新中生长特色课程。学校在发展的新阶段既有未来的课程规划，又有多年积累的文化传统和课程资源，在特色课程建设中，学校一方面继承已有课程优势，另一方面又不断创新，将已有优势课程在未来发展的前景展望下进行新的提升，从而成为学校可持续发展的、高质量的特色课程。这种思路适合既有积累又有长远规划的学校。

（二）准确定位特色课程目标

1. 确立高中特色课程目标的内容

（1）从学生的角度来看，高中特色课程的建设在一定程度上要从学生的个体差异来考虑，提供符合个人需要的多样化课程，将学生的兴趣爱好、个性特点、班级生活、乡土文化、学校活动、社会实践甚至研究性学习都纳入特色课程的内容中。另外，考虑到学生的兴趣和需求的分化，高中特色课程还应为学生提供多样的可选科目，使每个学生各得其所，各展所能，适应个人、社会和未来的需要。

（2）从学校的角度来看，高中特色课程设计，要考虑学校长远发展目标，结合学校的历史传统、现实条件、学生特点加以规划，形成学校特色。利用好学校文化这一特色资源，可以聚合相关的优质文化内涵，覆盖自然、科学、人文、社会、科技、艺术、生命和健康等领域，一方面打造学校办学特色和教育个性，提高学校的竞争力；另一方面，多门类的特色课程开设，也迎合了学校培养多元化、个性化人才的需求。

（3）从教师的角度来看为满足教师专业化成长的诉求。高中特色课程的开发，培养了教师的课程开发意识与能力，其开发课程意识、课程资源利用意识、课程的设计能力、评价能力都在悄悄地发生变化，教师在享受课程参与建设过程的同时，也真正拥有了自己的课程主张，形成了自己的课程系列并进一步实现了自己的课程做法。特色课程开发的过程从专业的角度来看，它有助于教师专业素养的提高，从教师自身的个性化角度来看，也有助于教师充分发挥自身特长及合作意识。

2. 设计高中特色课程目标的原则

课程开发目标至少包含两个相互联系的工作，一个是针对教师的专业发展，另一个是针对学生的培养教育目标。课程开发既要促进学生的特长发展，也要促进教师的专业发展。课程目标定位需注意三个方面：①可行性。高中特色课程目标定位要考虑学生的知识基础、兴趣、个性和能力，实事求是地挖掘地方与学校的课程资源，让学生真实地感受到特色课程和他们自身的关联性，最大限度地满足学生各种不同层次和水平的需要，注重学生良好心理品质的形成，使学生形成健康的审美情趣和生活方式，获得为未来生活发展的可持续能力，积极投身于课程的学习之中。②具体性。特色课程设计者应根据课程标准的要求，在了解学生的生活阅历、习惯、兴趣等的基础上，使课程目标的表述明确具体，能够观察、测量和操作。③层次性。特色课程目标应该是一个多层次的架构体系，要求具有明确的学期目标以及课时目标，同时还需要对每节课的目标加以重视。

（三）优化特色课程结构

1. 设置合理的课程模块

（1）兼顾学科逻辑和学生心理逻辑，体现课程的综合性

模块设计打破了以往高中课程以单元为课程基本单位的单一性的设计方式，把课程设计中单元与单元之间的线性关系转化为模块与模态的并列关系，从封闭单一走向综合，打破了学科壁垒，有效地吸收核心课程与学科课程两种不同课程类型的合理内核，将以往课程内容严格按照知识的逻辑顺序依次展开的学习过程转化为按照学生个体的兴趣和能力发展的逻辑顺序展开。学生在特色课程中所获得的不再是一个个孤立的知识点，而是一种在主题统摄之下的结构化的知识框架。在考虑学科逻辑的同时，兼顾了学生的认知心理，体现了学生在课程中的主体地位。

（2）培养学生的时代精神，体现课程开放性

如今，知识经济的浪潮席卷全球，国际化、全球化、一体化时代到来，知识新科技迅速发展，知识不断更新，导致旧知识不断老化，新的知识不断涌现。环境、人口、健康、公民等多种具有时代特点、跨国界性的学科、大量边缘学科、交叉学科出现，这些知识的学习对于开拓学生视野，培养学生

的国际意识和时代精神都有非常重要的作用，学校课程应该及时吸纳这些新的知识，但是，若采取编排教材的方式，势必跟不上时代的变化，学校特色课程的设置则在一定程度上解决了这个问题。因为，特色课程是相对独立的。随着特色课程的设置，新的内容将有机会进入学校课程之中，保证了课程内容的及时更新，有利于学生时代精神的培养。

（3）培养学生自主意识，体现课程选择性

在特色课程的设置上都将选修课的比重加重，学校和社会有义务为学生个体的发展提供多样化、可供选择的课程内容。特色课程的模块化设计增强了课程的可选择性，有利于培养学生的自主意识。这种灵活性和个性化的课程设计思路既是对学生心智的解放，也体现了对学生主体地位的尊重与认可。模块设置使课程实现了多样化，增加了学生选择的范围和选择的自主性，给学生更多的选择机会和选择空间。学生可以根据自己的兴趣选修学习内容，根据自己的能力和需要自由地组合模块，只有构建多样化的课程，学生才有可能去自主选择学习内容。课程的多样化使学生学到多样的知识和文化，实现学生个体的全面发展。

2. 提倡选修课程、校本课程

特色课程在课程管理方面实行国家、地方、学校三级管理体制，改变过去全国大一统的局面，以适应不同地区社会、经济发展的需要和不同文化的需要，充分发挥地方和学校的积极性，各个地方、学校根据自身特点，从自身发掘基本素材和动力，力求设计适合本地、本校学生的特色课程，在执行国家课程的同时，开发设置地方和学校课程，并和国家课程融为一体，实行课程的多样化。调动学校和教师的积极性，使学校办学更有特色，课程更加贴近学生的需要，尊重差异，尊重个性，使每个学生都得到充分而又主动的发展。从而更有效地促进学生的全面发展。

普通高中特色课程结构使学校可以在为学生提供多样化、有特色的课程等更广阔的领域展开竞争。对于学生来说，特色课程中比较充分的选修课，保证了不同学生的兴趣、爱好、特长、潜能和个性的健康发展，在新高考制度下的特色课程中，他们可以获得自己的发展。

3. 增设艺术、技术及其他科目

(1) 着眼学生全面发展,增强学生整体素质

在基础教育中,艺术教育成为美育任务最重要的承担者,通过艺术学习经历,培养具有综合艺术能力的人,不断获取艺术能力,提升人文素养,追求人格的不断完善。音乐课程以音乐审美为核心,培养学生对音乐艺术的审美感知、判断、鉴赏能力和创造才能,以兴趣爱好为动力,重视艺术实践,鼓励音乐创造,弘扬民族音乐,理解多元文化。美术课程以造型表现、设计应用、欣赏评述、综合探索为学习领域,加强学习活动的综合性与探究性。注重学生主动参与美术活动,体验活动的乐趣,得到跨艺术学科、跨时空的拓展性发展。艺术教育课程必须要以人的个性全面发展为目的,以美化人性、健全人格、完善素质结构、提升人生价值为宗旨,以人在更高层级上的自我实现和不断追求为动力。

(2) 着眼学生信息素养,培养学生终身学习能力

信息技术教育形式和内容的丰富多彩使学生能够自行安排学习时间,学习内容也可以多样化选择,学生进行自我建构并使学习能力得到充分发挥,学习成为更加个性化的活动,学生成为更加积极主动的学习者,信息技术课程是一门知识性与技能性相结合的基础工具课程,它的重要任务就是培养学生良好的信息素养,培养学生收集、整理、加工、处理和利用信息获得新知识的基本能力,发展学生利用信息技术的意识和能力以及在面对浩如烟海的信息时的反思和辨别能力,培养学生的信息需求和开发意识。信息技术教育把因材施教这一个古老的教学理想变成现实,"一切为了学生发展"的教学目标也成为现实。新高中课程方案中指出培养学生具有终身学习的愿望和能力,掌握适应时代发展需要的基础知识和基本技能,学会收集、判断和处理信息,具有初步的科学与人文素养、环境意识、创新精神与实践能力。高中信息技术课程以提升学生的信息素养为根本目的。

(3) 着眼学生综合素养,促进学生全面发展

特色课程结构的优化要在国家课程、地方课程基础上,结合课程标准在其深度、广度和课程整合度上进行二度开发。①衍生类课程。衍生类课程是指由国家课程衍生出的相关课程。例如,在现有学科课程基础上,依据学生

兴趣爱好，开发出的文学类研究课程、历史类研究课程、自然科学类研究课程、环境保护类研究课程、生活中的数学建模研究课程等。②活动类课程。以学校活动、社会实践活动为主题的各类活动性课程。例如社会调查活动、学校大型活动组织策划、学生社团活动等活动类课程。这类课程和原有的一般性学校活动最大的不同点在于从课程的角度对活动过程做出系统的规划，活动的主体和策划人均是学生，教师是活动过程的参谋，起引导和辅助作用，活动具有很强的自主性和课程性。③心理健康和人生规划类课程。围绕学生自我认识、自我心理调适、交往、礼仪、心理安全、耐挫折能力培养、意志品质磨炼、人生目标建立等与学生生命成长相关的内容开发的一类心理健康教育和帮助学生进行人生规划的课程。④传统文化类课程。以我国传统文化和乡土文化为基因，开发的传统文化类课程。其中乡土文化主要借助当地历史名人、遗址、风俗等进行课程开发，使学生了解当地文化。⑤技能类课程。围绕学生兴趣爱好开发的摄影、刺绣、手工缝纫、足球、乐器、武术、跆拳道、声乐、舞蹈等类型的课程，旨在培养学生广泛的兴趣爱好，为不同潜能和特质的学生提供发展的空间。①⑥班级特色课程。班级特色课程的开发包括班级活动的组织、班会课程、班级自主管理、班级精神培育，乃至班本课程、组本课程、生本课程。班级特色课程开发旨在转变班级管理和运行模式，从课程角度建设学习型合作共同体，在班本课程下派生组本、生本课程，通过班本课程开发形成班级特色。

（四）特色课程内容设计

学校对课程的安排是为了响应新高考的大环境，不仅应在社会对人才发展需求和标准的把控方面进行深层次探索，还应全面了解学生的爱好和履历以及在社会中的生活阅历。

1. 课程内容即学科知识、教材的活化

高中特色课程内容上不可能是传统课程意义上的教材或学科知识，但国家规定的三级课程体系中的国家课程也不能完全排除在特色课程体系之外。国家规定的必修课程可以通过与特色化的地方或校本课程建立某种联系，把

---

① 康桥：《特色课程建设与开发》，http://blog.sina.com.cn/s/blog_70c0d4a10100nfcq.html。

必修课程进行特色化的改造，其中包括教师对相关课程的开发。同时也给予学生一定的选择空间，有计划、有步骤、合理地安排自己的必修课程，真正体现个性化的学习方案。

2. 课程内容即学生社会生活经验

最明显的表现是把课程内容看作学习活动，这是对"课程内容及教材"的挑战。活动取向的重点是放在学生做什么上，而不是放在教材体现的学科体系上。它关注的不是向学生呈现什么内容，而是让学生积极从事某种活动。以学生活动为取向的课程，特别注重课程与社会生活的联系，强调学生在学习中的主动性。

3. 课程内容及学习者的经验

学习经验取向强调的是，决定学习质量的是学生而不是教材，学生是一个主动的参与者，教师的职责是构建适合于学生能力与兴趣的各种情境，以便为每个学生提供有意义的经验。在此基础上，我们可以把高中特色课程的内容从三方面加以特色化实施。一是尊重学习者的个性差异。强调课程选择真正尊重学习者的个性差异，形成个性丰富的、人性化的课程，强调学习者经验的选择过程。二是确立学习者在课程开发中的主体地位。强调课程结构要适应学生的个性差异，为学生提供更多的选择性，引导学生利用已有的知识和经验，根据自己的需要和目标，主动地探索知识的发生与发展，与教师和其他学习者共同开发自己的课程。三是学习者通过日常生活、班级与学校交往，生成自己的个人知识和同伴文化，这也是学习者重要的经验。

（五）科学实施特色课程

课程实施就是把课程计划付诸实践，它是达到预期课程目标的基本途径。课程实施的过程强调一种合作的关系，无论是教师的教，还是学生的学，都是在师生协商互动的基础上进行的。这一协作互动的关系改变了师生的角色。让教师从课程的"统治者"变成了"指导者"，学生从"被统治者"变成了"主动者"。教师不仅仅只是传授知识，而是帮助、引导学生去发现、探究、思考问题，最终自己解决问题。高中特色课程的实施有别于一般性的课程教学，其实施策略要凸显特色课程个性化的一面。

1. 依据学生兴趣来实施特色课程

学生的兴趣是特色课程实施的一个重要依据，建立在学生兴趣之上的课程，没有传统课程正式，也没有学习的急功近利，有的是轻松活泼的氛围和真心想学习的愿望。①

2. 依据教师个性来实施特色课程教学

不同个性的教师根据自己的风格来实施特色课程教学，这既能展示教师自己的个性、特色化地实施相关的课程，也便于学生在学习的过程中领略不同的学习方法，调动起学习兴趣。

3. 依据教学内容差异而选取不同的方法来实施特色课程教学

特色课程的实施，需要选择合适的载体。"载体"主要指学校发展的操作平台和实施手段等。载体创新应成为学校发展的动力，它可以为学校发展提供更多更有效的实施路径、实现形式和操作手段，同时建立起学校健康可持续发展的长效机制。特色课程的实施其本质上也是一种创造性活动，无规律可循，无模式可参。提倡师生的课程创生，提倡课程的动态生成，这既是特色课程建构的途径，同时，也是特色课程不断完善和丰富的渠道。②

（六）革新特色课程评价

课程的实施，必须要有科学的评价，才能保证课程的完整性和发展性，对于学校特色课程而言，科学的评价尤为重要，一方面要保证特色课程的充分开展，使其在实施过程中不被矮化或是任意剪裁；另一方面，更重要的是要促进特色课程能得到可持续性的发展。

1. 多元选择评价

这里的"多元"体现在：一是从评价的参与对象来看，指的是多元主体参与，教师、学生是高中特色课程课堂教学的主体，作为课程实践的参与者和受益者，他们在评价的过程中有着不可替代的作用，应该是课程评价的中坚力量和主力军。同时，课程评价专家、学校特色课程负责人、学生家长以及社区代表都可以参与相关课程实践的评价，这样的多元主体的参与，有利于特色课程在实践的过程中不断改进，也有利于多元主体主动参与、自我反思、自我成长。多元选择教学评价对学生评定不再采取标准化的方式，而是充分赋权学生，提供多种课程评价方式让学生从中选择，如自评、互评、接

---

① 王建、吴永军：《高中特色课程建设问题及对策》，《教育科学研究》2014 年第 1 期。
② 李红恩：《特色课程建构的迷思、意蕴与理路》，《教学与管理》2017 年第 7 期。

受教师、家长评判等。评价的内容也有多种，不再局限于知识的存储方式的学习，而是更多地关注学力评价，发展性评价，更多关注学习的过程方法以及情感态度价值观等内容。

2. 师生协商评价机制

在特色课程实施过程中打破多年来教师评定学生的习惯，学生在课程评价中能有自己的想法，能说出自己的想法。学生参与评价不是一般意义上的自我评价，而是与评价者（同学、教师）一起构成课程评价的主体，避免了传统课程评价中单方面的外在评价对学生的约束，通过参与"协商"，将思想认识的解放与个体发展有机结合在一起。这种协商式的评价方式既培养学生学会民主协商的意识，同时也有利于学生养成合作意识。

3. 主体体验的评价

高中特色课程开发对学生的个性发展十分注重，因而，特色课程在设计上就非常注重学生的主体体验，其终极的教育目的就是促成学生的自然性、社会性、自主性的健全发展。体验课程根植于人的精神世界，着眼于自我、自然、社会之整体有机统一的人的"超越经验"。体验超越都是特色课程实施所追求的主要价值，学生有了兴趣，就会有进一步体验的欲望，体验是学生自主参与课程学习与评价的过程，探究学习与合作学习则是学生"体验"的载体，学生的兴趣在体验中得到强化，智慧在体验中得到发展，学生在体验中进一步认同自己的实践能力与创新才华。[1]

4. 人文激励评价

高中特色课程评价需要体现对人的终极关怀的评价思想。这里的人文激励不能仅仅理解为简单的赞赏学生，更重要的是通过心与心的交流，让学生感受到课程的意义，感受到课程对自己成长的需要，从而让学生真正地喜欢相应的特色课程，自觉融入特色课程建设中，配合特色课程的有效实施。例如，一些学校的"家访课程"拉近了学生家长、学生以及学校之间的距离，加深了学校对学生的了解，也为学校以后的教育和指导找到了直接的证据。人文激励评价方式能够真正走到教育者和受教育者的心里，它所实现的功效是任何量化考试不能够做到的。

---

[1] 安国琴：《后现代课程评价研究》，硕士学位论文，西南大学，2014年，第32—33页。

二 优化特色课程建设条件

（一）特色课程建设的政策制度支持

其一，对照《国家中长期教育改革和发展规划纲要（2010—2020年）》要求，各市区应抓紧对现行相关政策进行梳理。[①] 已经过时的，要及时废止；有鲜明瑕疵的，不利于普通高中特色发展的，要及时修订完善。其二，国家层面要尽快推进有关专项文件的发布。其三，应抓紧完善配套制度体系。形成有力的服务支持机制、建立健全经费保障机制、构建普通高中特色课程发展长效机制等，这是配套制度创立的重点。同时稳步建设普通高中特色课程多样化的评估方式，增强专项教育督导评估工作。与此同时，各地要形成具体实施方案，分解目标任务，突出"多样化、特色化"的重点，提出保障和推进政策目标实现的系列措施；统筹设计本地普通高中发展的配套制度，以重点带动特色、以个性彰显特色。还需在各个层面建立信息交流平台，组织开展工作交流与研讨，组织专家培训，建立完善的普通高中特色发展专业指导和咨询服务机制。

（二）加大对特色课程建设的财政支持

课程的顺利运行，涉及人、财、物等多个方面，要有经费投入。如课程的开发、资源的整合、师资的培训、专家的邀请、场地的建设以及活动课程器材的购置和特色课程的推广，等等，无论哪一项都离不开经济作为保障。各级政府及相关高中学校，都应该根据办学条件基本标准和教育教学基本需要，指定区域内各级学生人均经费基本标准和学生人均数拨款基本标准。甚至考虑到高中特色课程建设需要，可以设立专项经费加以扶持。上海市黄浦区教育部门在制定《上海市黄浦区中小学特色课程实验管理办法》中第六条明确提出，设立黄浦区中小学特色课程建设专项基金，为特色课程建设工作提供经费保障。[②] 这一合理且有效的措施值得国内其他地区学习借鉴。要加大学校建设资金投入力度，积极改善办学条件，逐步加强各实验室、功能室、

[①] 杨润勇：《〈规划纲要〉制定过程中对我国教育政策优化的启示》，《当代教育论坛》2010年第13期。

[②] 邢至晖、韩立芬：《特色课程8问》，华东师范大学出版社2013年版，第199页。

运动场地等设施的建设，逐步完善开展教育教学必需的装备，提高学校整体办学水平。

（三）加强特色课程建设的学校管理改革

特色课程建设是每所学校课程建设的一部分，而不是单独于学校课程之外的。因此，学校特色课程建设和完善的制度是融入整个课程与教学管理制度中的，这样一系列的制度是学校发展的基本保障。一是学校必须及时将具有科学性与先进性的特色课程实施方案制订出来，从而使实施过程处于平稳发展的状态。同时还应该将国家统一课程设置方案作为实施过程的基础。二是教师及班主任有责任指导学生选课，应该为学生合理的、有个性的学习计划提供指导和帮助，并建立密切的联系。

在日常的活动中，要有一套完整的教学管理制度，包括教师教学工作规范制度，保证教师根据教育目标和学生发展水平，计划和组织实施教学活动；教研工作制度，成立教研组，保证组内成员按时参加教研活动，并积极投入；科研工作制度，成立科研组，保证学校的课题研究能够有序推进，并带动普通高中学校的特色课程发展；教学反思制度，培养教师的反思习惯，保证教师开展活动的能力和水平不断提高；教育质量评价分析与反馈制度，及时发现教师在特色课程中的问题和困难，并及时给予支持和帮助，保证学校整体的教育质量不断提高；教师奖励制度，对在科研、教研和教学活动中表现突出的教师，或是承担一定任务的教师给予相应的精神和物质上的奖励。[1] 将教师的日常行为制度化，保障特色课程实施有序有效开展。

（四）加强特色课程建设的师资力量

高中特色课程建设需要合格师资作为保障。对于师资队伍的建设，具体可以从以下几个方面着手。

一是提高教师对特色课程的认识。教师是学校教育教学活动的主体，在学校课程建设中发挥着重要的作用。学校特色课程体系的建构和开发，需要教师在充分认识和理解本校课程内涵、理念的基础上积极参与。正所谓一个

---

[1] 张凌：《幼儿园特色课程建设现状的研究》，硕士学位论文，上海师范大学，2013年，第53—54页。

优秀的"教育工作者"必须是一个出色的"课程工作者"。教师对课程的深刻自我理解应当是教师专业发展或自我觉醒的反应。一些学校在形成教育特色理念的引导下,经过多年的历史积淀与教育教学实践探索,确立了本校特色课程体系,通过本校课程的实施,提出了学生教育发展目标。为了实现既定课程发展目标,需要教师打破传统单一认识和应试教育观念的束缚,积极发挥其在课程建设中的主体作用,提升对学校办学理念、校园文化以及课程建设的思想认识。运用自身教育教学智慧,发掘学校潜在课程资源,参与特色课程建设,开发出新的课程,从而提炼、升华学校的办学宗旨与发展战略。

二是提高教师的参与热情。提高教师对学校及教师队伍的归属感和认同感。根据每位教师的特点,分配适合他们的角色,充分发挥他们在特色课程建设中的作用,对于某些方面能力较强的教师,可以作为这一方面的带头人,以他的专业能力带动大家共同进步。凝聚每一位教师的力量,肯定他们的进步,采纳其正确的意见和建议。让每一位教师都最大限度地发挥出自己的能力,激发教师参与的内在动力,让教师成为特色课程建设的真正参与者,而不是一个被动的接受者。校长要经常和教师交流,发现教师的困惑与问题,并及时给予帮助和支持。让每名教师都感受到自己是特色课程建设中的一员,感受到课程建设的成功离不开他们每一个人的努力。

三是完善教师培训与科研制度。目前,在职培训是教师丰富教育教学理论基础知识,提升教学实践能力的有效途径。但在具体实施过程中,培训普遍存在偏重学科理论基础知识的倾向,而忽视对教师教育教学实践能力的培训,导致培训效果不显著,影响学校教育质量。为此,应该改革培训方案,培训的重点应该转移到对教师实际教学能力的提高上,培训的过程可适当增加部分案例,以便于教师掌握;培训的方式也不应该仅仅局限于专家讲授、教研交流、观摩汇报等形式,应该采取教师们喜欢的方式,如探究式的、案例教学分析、外出学习、与大学或科研单位及其他学校合作交流等,真正提升教师的教育实践能力。其次,应该完善教师培训保障机制,将培训纳入教师加薪及其他奖励的考核标准之中,建立分期培训,多层进修体系。同时,学校相关部门可适当承担一部分培训经费,减轻教师的负担。引导教师树立终身学习的理念,让在职培训成为教师的自我诉求,进而提升教师参与热情。

最后，加强科研体制建设。科研建设能保证学校特色课程建设的科学性，促进特色课程不断完善。科研使特色课程发展更有动力，从而不断推动课程建设发展，与实践相结合的科研体制能有效提高特色课程建设的严谨性和科学性，从而提高特色课程建设品质。特色课程建设给教师带来了巨大的挑战，教师必须转变角色和行为，在学习中成长，做一个学习型的教师；在行动中发展，做一个实践型的教师。

四是加强并完善对教师的奖励制度。在激励机制方面，主要是调整晋升奖励制度，加大对教师的培养、激励力度，鼓励教师的协作和团队的专业成长。对于有能力进行课程规划、课程设计与教材编制的教师进行适当的薪资、津贴等奖励，对于不同程度上参与特色课程建设的教师给予不同的奖励，让参与者看到自身的劳动价值。同时引导教师进行自我激励，引导教师加强自我修炼，主动积极地参与特色课程建设，不断提高自身的理论修养并积累实践经验，以课程建设促进自身的专业发展。[1] 此外，要把握特色课程建设工作量的问题，教师除了参与特色课程建设外还要有更多的精力投入在日常班级活动中，不能占用教师过多的时间和精力，使之成为教师的负担。

（五）特色课程建设的资源开发

课程资源，是在现代资源及其开发观指引下，基于教材研究的发展，逐步形成的课程与教学研究的新兴领域。课程资源的涵盖面很广，一切能为课程与教学活动所用并满足其需要的素材和条件都可视为课程资源。它既包括对课程理念形成、目标确定、内容选择、课程实施和课程评价等有价值的知识与经验，又包括能保障课程与教学活动得以进行的人文环境、物质设备和材料等。特色课程资源开发内容主要包含以下几个部分。

一是学校文化。学校文化，是一所学校在长期的教育实践过程中积淀和创造出来的，并为其所有成员共同认可和遵循的价值观念体系，也是其行为规范准则的整合。从其表现形态来看，主要包括物质文化、精神文化、行为文化与制度文化等。一所学校形成的学校文化，是学校独特风格和个性的体现，是学校发展的灵魂。良好的学校文化，能唤起学校全体成员的社会责任

---

[1] 黄晓玲：《普通高中学校特色课程建设的实践路径》，《教学与管理》2012年第28期。

感，直接影响学校人际关系氛围。同时，其作为一种无形的精神力量，也渗透于学校发展的各方面，如课程建设、教学管理、学生发展等。当前，随着新课改的推进，学校文化作为课程改革的重要影响因子，发挥着巨大的作用。如保守的学校文化传统会阻碍课程改革的力度，而富有创新意识的学校文化则会促使课程改革走向个性和多元。因此，在学校特色化课程建设中，充分重视学校文化的作用，善于吸收优秀的学校文化精神，有利于为特色化课程建设奠定基础。当前，在多元文化的发展影响下，学校教育内部发生着巨大的变化，进而课程变革也在不断深入。这就要求我们应该把握主流且具有创新意识的文化，广泛吸收多元文化营养，引领学校课程发展变革向优质、独特、个性化的方向发展。

二是校长。在学校建设过程中，校长既是总设计师，又是总工程师。特色学校的创建离不开一个高素质的校长。正如陶行知先生依据他多年的学校教育与管理实践经验说："校长是一所学校的灵魂，要评论一所学校，先要评论它的校长。"校长的领导是学校发展过程中一个独一无二的最具影响力的要素。校长在行政事务中具有绝对的影响力。学校建设包含了众多的项目，特色建设更是如此，作为彰显学校办学水平和教育质量的基本标志——特色课程，更是具有举足轻重的地位。特色课程的形成不是一蹴而就的，更不是凭空想象出来的，它是需要根据时代发展要求、学校历史发展情况、优势资源、学校文化底蕴等众多因素而定的。学校的特色是什么，什么样的课程属于特色课程等，都需要校长发挥设计师的作用，用敏锐的发现力和果断的魄力来提炼与定位学校课程特色。特色一旦确立，更需要校长统筹规划整合分配所有的教育资源。当前，由于学校整体实力的竞争，集中体现为学校特色课程建设。这就要求校长必须具有独特的课程意识，能够深入了解教育以及课程的相关政策，了解本校教师和学生发展实际情况及优势所在；具备科学、先进的教育观念（教育观、师生观、课程观、评价观），能够不断创新，突破传统教育模式；具备良好的个性特征（创新与进取、果断与毅力）和卓越的管理才能。能够适时分析研究学校的内外情境，统筹利用校内外教育资源，合理决策和规划学校特色课程发展方案。

三是教师。校长在学校发展和学校特色形成过程中，起着主导作用，教师作为学校教育教学活动的主体之一,在学校建设中同样发挥着非常重要的作用。教师是特色理念、特色课程的实践者,是学校特色的重要标志。教师是连接办学理念和学校发展的桥梁,是特色理念的实践者。一所学校在其教师集体团队真正形成之后,就具备了并不亚于校长的强大凝聚力、同化力和对于干扰因素的排斥力,能够使学校沿着既定的方向稳步前进。具体表现为:首先,教师参与学校教育管理决策。教师参与学校管理决策,可以使教师的创造性、专业性得以充分发挥,学校决策融入了广大教师的才智,更具有科学性和针对性。同时,教师参与决策,可以使学校的整体发展目标与个人发展目标相一致,并且将学校的发展理念内化为个人的教育理念,从而使教师更加积极主动地践行学校的相关发展策略。学校的管理不再是"命令式"的,而是"民主式"的。其次,教师作为课程建设的实践者,不仅只是传授知识,更多地应是参与到学校课程的开发与建设之中。如教师凭借各自不同的专业能力和个性特长,开发特色课程,这些课程带有明显的教师个人特色或教师团队合作特色。如T1老师发挥动手能力强的专业特长,开发生物标本制作和无线电制作等课程,吸引了许多学生的参与;T2老师擅长于剪纸、精于线描,所开发的美术工艺课程也具有很高的课程价值,体现了教师健康向上、和谐互助的集体特色。他们通过参与课程开发拓展知识、增强能力,提高专业形象,不断地与他人进行交流合作,从而也推动了自己专业的发展。最后,学校的办学业绩和办学特色是通过全体教师共同努力实现的,全校教师的共同努力和发展奠定了学校特色发展的基础,而具有独特个性的特色教师在学校办学中更是发挥着巨大的作用。特色教师优秀的教学业绩和强大的社会影响力,使其成为学校特色发展的标志之一。

四是家长。由于学校处于开放、复杂的社会系统中,学校的建设不仅仅需要学校内部的努力,更需要家长的理解与配合。正如苏联教育家苏霍姆林斯基所说:"教育的效果取决于学校和家庭教育影响的一致性,如果没有这种一致性,那么学校的教学和教育过程就像纸做的房子一样会倒塌下来。"因此,要保证学校建设的顺利发展,就必须发挥好家长的支撑作用。这时,教师的特殊角色就决定了其成为学校与家长联系的纽带。教师一方面通过学生了解家长,另一方面直接与家长联系,理所当然地促进了学校与家长的互相了解与沟通。

五是学生。在高中特色课程学习过程中，合理利用学生所具备的独特资源。学生是学校的重要组成部分，是教育活动的主体，学生的发展是一切教育活动的落脚点，也是学校建设的最终实践者。教育是培养人的过程，学校教育的最终目的是促进学生的全面发展。实行统一的国家课程政策时，学生是被动的接受者。大部分教师依然把学生排斥在课程开发之外，认为学生是学习者，是课程的接受者，开发校本课程是校长、教师的事，与学生无关。然而，教育部颁布的《基础教育课程改革纲要（试行）》中明确提出，要改变课程管理过于集中的状况，实行国家、地方、学校三级课程管理，增强课程对地方、学校及学生的适应性。学校在执行国家课程和地方课程的同时，应重视当地社会、经济发展的具体情况，结合本校的传统和优势，开发或选用适合本校的课程。由此可见，课程开发权力下放，学校有了部分课程权力，可以开发出体现和实现学校特色的课程。学校特色课程的开发归根结底是为学生的个性化成长服务的。因此，学校应该更多地关注学生差异，针对学生的兴趣、爱好和特长，进行特色课程开发，旨在激发学生学习的兴趣、促进学生和谐、均衡地发展，充分体现了学校课程中自愿、自主、自治的特色。特色课程的实施尊重学生的主体性和个性，并着力促使其主体性和个性得到发展，使其潜能的发挥得到有力保证，为学生创造了更好的发展空间与机会。一方面，要对学生的基础性资源即绝大多数学生自身所积累下来的各种生活经历充分利用；[①] 另一方面，要求对学生的差异性资源进行合理利用，使不同的学生个体之间的智能强项得以充分发挥，并让不同学生个体的学习需求得以满足。

六是社会资源。大力拓展高中特色课程的社会资源。首先是引导学生开展多样化的社会调查，使学生站在生活的现实角度主动发现并提出疑问。其次是充分利用信息网络技术资源，除此以外，学校还应该积极开发特色课程的自然或社区资源，即在学校内部或附近寻找、开发能够为学校所用的独特资源，并且与相关课程的开发思想和校本课程目标有一定关联性。通过不同

[①] 赵云霞：《高中〈经济生活〉课程资源的开发与利用研究》，硕士学位论文，内蒙古师范大学，2010年，第10—20页。

的方式与途径让社区图书馆、博物馆等公共资源得到利用。再次是地方地域特色。学校的发展是在一定区域内进行的，地方区域特色发展，对学校的建设有着直接的作用。一般来说，地方经济条件优越，就更有利于学校的发展，反之，则会阻碍学校的发展。中国地域辽阔，地方区域发展不平衡，陕北地区的学校所处的地理位置、自然资源、周围人的思想观念、地方传统、文化氛围等因素都会制约学校的发展。那么，学校的发展，学校特色课程的开发，就应该综合考虑这些制约因素，尽量挖掘地方区域特色和优势教育资源，重视学校所处环境的独特性和差异性，彰显学校特色。

七是课程专家及社会人士的支持。课程开发是一项具有难度的工作，对教师提出了很高的要求。而目前某些中学教师缺乏基本的课程理论知识和课程开发能力，不能独立完成课程的开发项目。根据现有的课程开发情况来看，必须要获得课程专家的支持，请专家们提供思路或建议，帮助学校确立重点、形成特色，甚至全程参与具体实践，才能保证课程开发的质量。同时，也需社会各界人士的支持与帮助，如提供智力，物质，设备、场地、经费等方面的支持，参与课程开发与决策，提出宝贵的意见等，从而开发出更具有当地特色的课程体系，努力使学校办出特色。

特色课程建构是一项复杂的系统工程，同时也是一项专业性较强的工作，涉及学校教育教学工作的方方面面，涉及学校内部乃至与学校有关的一切人员，诸如家长、校友以及教育专家等。新高考制度下的课程建设至关重要，每一门课程都是学生认识世界的一个窗口，每一门课程都能为学生提供一个解决问题的方法。科学、健全的特色课程体系无疑是学生个性化发展的基石。坚持特色化课程建设，促进学生全面而有个性地发展，让每一位教师参与其中，让每一名学生参与其中；构建课程体系，开发课程资源，探索课程实施策略，寻求适合的评价方式，构建出受学生欢迎的健全而富有生命力的特色课程体系，一定会有令人满意的成效，促进学生的个性化发展和全面发展。[①]此外，特色课程建构还要对时代、社会以及当下生活进行及时回应，跟随时代的精神而做出自身的调整。因此，特色课程建构没有终点，只有过程，特色课程建设，永远在路上。

---

① 赵文祥、王明伟、刘春霞：《开发特色课程的实践探索》，《教育探索》2014年第9期。

三 基于不同对象的特色课程建设要求

（一）教育主管部门

1. 加强宣传

新高考制度下为促进学生全面发展的特色课程建设势在必行，有助于培养社会主义现代化建设的高素质劳动者，应当加强对新高考制度下普通高中特色课程建设的宣传工作，让整个社会去了解它，关注它，使之顺利开展。

2. 加强监督

要对本区县普通高中特色课程建设开展情况进行监管。部分学校由于一些原因，表现出不够积极的态度。一部分学校虽然已经取得一些可喜的成绩，但是仍然应当加强对特色课程建设进行监督的力度，督促学校贯彻实施新高考制度下的新课程标准，对工作开展好的学校进行表扬或鼓励，定期或不定期地进行检查，给他们以开展下去的动力。

3. 定期组织教师培训、经验交流、教学比赛

目前，大多数高中学校的课程改革正在积极地进行，但是有一部分教师对新高考制度理解肤浅，对特色课程的教学了解得不够深入，因而就不能很好地完成教学任务。所以，主管部门应当定期对特色课程的实施情况进行调研检查，并对特色教师组织培训学习，使之深入了解。并且把一些好的措施、经验、教学比赛等通过交流的方式，达到相互借鉴的目的。

（二）学校管理者

1. 进一步深化新高考制度下特色课程的课堂教学改革

特色课程的执行体现于课堂教学。针对目前特色课程实施的问题，要进一步完善特色课程的执行、提升课堂效率，需要进一步深化开展以自主课堂、互动课堂、智慧课堂、统整课堂的融合为特点，以"满足学生个性需求、兴趣及学习基础的差异"为宗旨的课堂教学改革。因此，在课堂教学中，需要进一步完善课程实施中的个性化课程设计，在不同类型课程分层设计和模块化设计的基础上，使课堂教学在内容上以"问题解决"为中心、以探究合作活动为形式、结合学科思维和知识开展探究活动和应用，使特色课程一方面成为学科课程的辅助探究、实践和拓展，另一方面满足学生个性化的学习需

求和专业发展需求,提升学生的学习兴趣和问题解决的成就感,真正使特色课程服务于学业发展和核心素养拓展。

2. 建立综合性的评价机制

改革学生及教师的评价制度,促进学生综合素质的养成和教师队伍的健康发展,是目前普通高中教育改革的又一重任。对于学生来说,目前新高考倡导的学生评价机制大体由高考成绩、普通高中学业水平等级考试和综合素质评价档案三方面组成,其中学业水平评价标准经过几年的改革已经较为细致,需要进行细化的是综合素质评价,不仅要对学生特长、兴趣方面取得的实质性成绩进行记录,还应对学生的思想道德、身心健康、社会实践等方面进行考查,统一记入档案以方便高校对学生的综合考量,另外也要确保综合素质最终评价结果的真实性、公平性。对于教师来说,教师队伍整体水平要得到改善,同时也要提高教师个体的综合素养。这就要为教师建立合理的评价机制,对教师教学能力、创新能力、专业发展等方面进行综合测评,帮助教师在入职后进行自我教育和发展,以提高自身能力从而适应新的教育任务。对于学校课程评价来说,不能仅限于最终高考成绩和学业水平等级成绩的数字,同时还需要加入学生实际技能的测评,以体现学生的综合能力水平,发挥其对学生的多元评价功能,促进素质教育的实质性实施和学生的全面发展。[1]

(三) 教师

1. 提高自学能力

学校特色课程,由于涉及的知识专业性较强,教师需要根据自己的学科特点,不断学习,善于利用多种学习机会和渠道,不仅是提高专业水平,同时也要不断地寻找教学和学校特色文化的结合点。首先,要终身学习,不仅要提升自己的专业知识,还要学习其他方面的知识。要善于观察、研究、思考,处理好与学生、家长、同事之间的关系。其次,要提升个人魅力,作为一名教师,要让学生喜欢你,喜欢听你的课,进而喜欢听你的指导,在和学生相处的过程中获得学生的信赖。最后,要不断反思、改进。在不断的反思与积累中获得属于自己的经验与方法,并将这种经验与方法深化为一种理论。

---

[1] 王等等、张敏:《新高考模式下的普通高中教育:挑战及变革路径》,《教师教育论坛》2017年第4期。

2. 提高跨学科教研的能力

一些特色课程需要跨学科知识。这对教师来说也是一个巨大的挑战，需要进一步提高跨学科的教学和研究能力。首先，教师要打破学科本位的思想，站在培养学生核心素养的高度，加强各学科之间的横向联系。其次，教师要进行跨学科听课，参加其他学科的教研活动。这是提升跨学科素养的重要途径之一。例如，理科教师经常听文科教师的课，参与文科的教研活动，就能借鉴文科教师的做法，让语言更加艺术、生动、表达清晰；文科教师经常听理科的课并参加活动，就会逐渐提升自己的逻辑思维能力，拥有理科教师的理性、准确。再次，广泛阅读是提升跨学科素养的重要途径。教师除了要阅读、丰富本学科的专业知识之外，还要广泛阅读其他方面的书籍。尤其是涉及交叉学科的知识，必须自己先搞明白，并进行知识的整合，然后以恰当的方式呈现给学生。只有这样，才能让学生学得既扎实深刻又轻松愉快。最后，借助身边的力量解决跨学科教学中遇到的问题。在教学中，教师时常碰到学科之外的知识。这时候，不妨去请教相关学科的教师，甚至请相关学科教师参与本节课的教学，共同了解相关知识，解决其中的疑难问题。

（四）家长

1. 调整发展目标

旧高考以"分数论英雄"，家长对孩子的核心期望就是成绩好、分数高，新高考的"选择性教育"导向、"综合素质教育"导向，以及取消录取批次的"专业录取"导向，必然引起我们对"好学生"观念的调整。分数诚然很重要，但还有比分数更重要的东西，那就是坚定的理想、广泛的兴趣、健全的人格、高贵的灵魂、富有智慧的大脑、敢于担当的精神、独立思考、有主见会选择，等等。家长应调整对孩子的教育目标并相应调整教育策略，要坚守三大重心：一是立德树人，坚持对孩子进行人格教育；二是启迪智慧，坚持激发孩子的学习兴趣；三是尊重孩子，坚持促进孩子多元发展。

2. 注重多元智能和特长发展

新高考引导学生选择，并努力实现"选其所长，学其所好，考其所优，用其所学"，这种选择性教育导向对家长有两点必须引起重视：一是培养孩子多方面的兴趣，发现和培养孩子的特长应成为新常态。随着高考特长加分和保送的取消，不少家长误认为发展孩子兴趣特长不重要了，这是一个认识的误区，特长教育的升学、择校的功能虽然弱化了，但与孩子的前途、未来的关系却强化了。因为高校自主招生对学科特长与创新潜能的重视没有改变，同时学生的兴趣特长与未来发展倾向将与学生选课、升学、就业直接关联。所以对孩子的兴趣特长的发现、发展不但不能削弱，还应加强。二是应研究和发现孩子的智能优势。按照哈佛大学加德纳教授的观点，我们每个人都拥有 8 种主要智能。而每个孩子只会在某一两个方面的智能特别突出，家长应发现、发展孩子优势智能，并与他的选课、他的高考及未来职业定向结合起来。

（五）学生

新高考制度下的课程建设，让学生拥有了自主独立选择的机会。一个学生一张课表，在同质化的学习中走向差异化发展。并要通过不断的自我认识，以报考专业为导向，根据兴趣、职业愿景、自身比较优势尽早做出规划。

1. 做好人生规划

新高考的"选择性教育"导向要求学生必须学会选择，而选择的前提则是正确认识自我、正确认识社会与正确认识未来。为此，应当思考和回答我是谁（人生定位），我想要什么（人生目标），我能做什么（具备能力），什么可以支持我（资源），我最终可以成为什么（结果）的问题。其中，最重要的两点是：一是要认识自己，知道自己能够做什么，明晰自己未来可以做什么，从而助推自己当下对学习有更多的热忱和更久的坚持。二是要认识社会，知道社会需要什么，不同的职业有哪些不同的要求，而明确自己现在或者未来的发展方向。

2. 改进学习方式

新高考将更加突出学科的基础性和综合性，强化对学生独立思考和用知识分析、解决问题的能力考核。要适应这种改变必须调整和改进自身的学习模式，由接受式学习、被动式学习向发现式学习、探究式学习、自主性学习转变，由知识点的学习向问题导向、思维导向转变，善于质疑问难，创新创造，特别要培养自己自主学习的兴趣和自主学习的能力。所谓人才，就是有较强学习兴趣和学习能力的人。

附录1：延安市普通高中特色课程建设现状研究（教师卷）

尊敬的老师：

您好！为了真实了解普通高中特色课程建设的现状，以及您对普通高中特色课程建设的看法和改进建议，我特制定了此问卷。本问卷以不记名方式进行，请您根据自己的经历、体会和想法，如实地填写此问卷，希望您填写的真实情况能为此次课题研究提供有价值的参考，衷心感谢您的支持与合作！祝您工作顺利！

以下问题，请您根据实际情况，在括号内填入您的选项。（除有说明外，都是单选题）

1. 您所在的学校属于什么性质学校（　　）

   A. 一般普通高中　　　　　B. 特色高中

2. 您认为普通高中教育培养的目的是（　　）

   A. 就业　　　　　　　　　B. 升学与就业

   C. 升学、就业与合格的公民　D. 就业

3. 您对新高考改革的认识（　　）

   A. 不了解　　　　　　　　B. 了解，但不太能适应

   C. 了解，但不是很理解　　D. 了解，能很好地理解与接受

4. 您对特色课程的认识（　　）

   A. 在内容和形式上具有独特性　B. 能够融入学校课程体系中的课程

   C. 能够发展为本校的精品课程　D. 是衡量办学水平和教育质量的标准之一

5. 新高考制度下，您认为是否有必要进行普通高中特色课程建设（　　）

   A. 有　　　　　　　　　　B. 没有

6. 您认为新高考制度下普通高中特色课程建设的动因是什么（　　）

   A. 促进学生的多样化发展　B. 增强学校竞争力

   C. 促进教师专业发展　　　D. 充分利用资源

   E. 家长的要求

7. 学校特色课程培养目标的价值取向（   ）

   A. 为社会   B. 为学科

   C. 为成绩   D. 为学生

8. 您对学校特色课程理念和目标的理解程度（   ）

   A. 熟悉   B. 了解   C. 一般

   D. 不太了解   E. 不了解

9. 学校特色课程目标的明确情况（   ）

   A. 有模糊的目标   B. 几乎不明确目标

   C. 有较为明确目标   D. 有明确的目标

10. 学校已有特色课程的主要类型（   ）

    A. 学科拓展类   B. 艺体特长类

    C. 德育心理类   D. 科技文化类

11. 教师进行特色课程内容设计的主要方式（   ）

    A. 校方规定   B. 自己开发

    C. 参考市场上的教材   D. 以上三种方式结合

12. 您对学校特色课程实施的满意度（   ）

    A. 很好   B. 好   C. 比较好   D. 不好

13. 您身边特色课程实施过程中任课教师的态度是（   ）

    A. 比较积极   B. 不积极

    C. 积极   D. 很积极

14. 您在实施特色课程中采取的措施（   ）

    A. 注重学生发展需要   B. 注重彰显学科特色

    C. 注重知识技能的传授   D. 注重其他方面

15. 您在实施特色课程时遇到的困难（   ）

    A. 缺乏课程资源   B. 缺乏课程建设理论指导

    C. 难以将课程理论与实践结合   D. 特色课程内容难以被学生掌握

    E. 特色课程难以引起学生的兴趣   F. 应试教育严重影响

    G. 难以兼顾学生的个别差异

16. 学校对特色课程实施的监控情况（   ）

A. 没有标准　　　　　　　　B. 有粗略标准

C. 评价，有完善标准

17. 学校特色课程评价的参与对象（　　）

A. 任课教师　　B. 学生　　C. 课程评价专家

D. 学生家长以及社区代表　　E. 学校特色课程负责人

18. 特色课程建设的政策制度是否完善（　　）

A. 完善　　B. 不完善　　C. 比较完善

19. 您对学校特色课程建设的资金投入是否满意（　　）

A. 满意　　B. 不满意　　C. 一般

20. 您对本校的特色课程管理制度完善程度认识（　　）

A. 非常完善　　B. 比较完善　　C. 一般　　D. 不完善

21. 学校特色课程的开发的主导者（　　）

A. 校长与学校管理层　　　　B. 教师个人或团队

C. 课程专家　　　　　　　　D. 骨干教师

22. 您认为学校的特色课程建设给教师自身带来的变化（　　）

A. 教师真正成为教学研究者、课程开发者

B. 教师由传授者变为了引导者

C. 赋予教师更多的课程权力　　D. 为教师的专业发展提供了平台

23. 学校特色课程给教师带来的挑战（　　）

A. 专业知识缺乏　　　　　　B. 师资问题，特色教师配备少

C. 缺乏课程建设的相应支持　　D. 评价机制与特色课程建设不相容

24. 你对学校特色课程建设培训方式和内容的满意度（　　）

A. 感到不满意　　　　　　　B. 比较满意

C. 一般　　　　　　　　　　D. 非常满意

25. 学校的特色课程资源包括哪些（　　）

A. 校内资源　　　　　　　　B. 家长资源

C. 专家资源　　　　　　　　D. 社区资源

26. 您认为特色课程建设面临的最大困难是（　　）

A. 师资问题，特色教师配备少　　B. 评价机制与特色课程建设不相容

C. 地方课程和校本课程很难展开　　D. 缺乏课程建设的相应支持

E. 难以兼顾学生的个性差异　　　　F. 缺乏上级教育部门的支持

27. 您认为影响学校特色课程建设最重要的因素是（　　　）

A. 学校的经费、场地及物质资源　　B. 学生的个性化差异

C. 学校教师的综合素质和水平　　　D. 学校课程结构

E. 应试化教育　　　　　　　　　　F. 学校文化

附录2：延安市普通高中特色课程建设问卷调查（学生卷）

亲爱的同学：

您好！感谢您在紧张的学习之余接受我的问卷调查。这次调查主要是想了解您校特色课程建设的现状，为论文研究提供资料。本表填写采取不记名的形式，希望您不要有任何顾虑，实事求是地填写下列问题。谢谢您的合作与支持。祝您学业有成！

以下问题，请您根据实际情况，在括号内写下选项。（除有说明外，都是单选题）

1. 您今年读高几（　　　）

A. 高一　　　　B. 高二　　　　C. 高三　　　　D. 补习班

2. 您对新高考改革的认识（　　　）

A. 不了解　　　　　　　　　B. 了解，但不太能适应

C. 了解，但不是很理解　　　D. 了解，能很好地理解与接受

3. 您对特色课程的认识（　　　）

A. 不了解　　　B. 不太了解　　　C. 了解　　　D. 没听说过

4. 您认为新高考制度下高中教育培养的目标是（　　　）

A. 就业　　　　　　　　　　B. 升学

C. 升学与就业　　　　　　　D. 升学、就业与合格公民

5. 针对上述培养目标，您认为有必要实施高中特色课程建设吗（　　　）

A. 没必要，反正高考不考

· 77 ·

B. 有必要，有利于学生的个性化、全方位、多角度发展

6. 您最感兴趣的特色课程（　　）

A. 艺术、体育课程　　　　　　　B. 信息技术类课程

C. 人文文化类　　　　　　　　　D. 地方特色类

7. 假如您选择了自己喜欢的特色课程，您父母的态度可能是（　　）

A. 反对，担心影响高考　　　　　B. 无所谓

C. 支持　　　　　　　　　　　　D. 父母提出自己意见去选择

8. 学校特色课程实施过程中您的态度（　　）

A. 不喜欢　　　　　　　　　　　B. 比较喜欢

C. 喜欢　　　　　　　　　　　　D. 很喜欢

9. 学校特色课程实施的总体效果（　　）

A. 不好　　　B. 比较好　　　C. 好　　　D. 很好

10. 您对本校现行课程的评价（　　）

A. 不满意，课程目标和内容过于单一，无法满足自己的兴趣

B. 满意，符合高考的要求

C. 没感觉，选修、校本课程在实施中走过场

11. 您是否参与学校特色课程教学的评价（　　）

A. 有　　　　　　　　　　　　　B. 没有

12. 新高考制度下的高中特色课程给您带来的变化（　　）

A. 根据自己的兴趣，选择适合自己的课程

B. 提高了综合素质，个性化得到了发展

C. 加强了学习的自主性　　　　　D. 丰富了课余生活，提升了自身素质

13. 您认为影响学校特色课程建设最重要的因素是（　　）

A. 学校的经费、场地及物质资源　B. 学生的个性化差异

C. 学校教师的综合素质和水平　　D. 学校课程结构

14. 高中毕业后，您的人生规划是（　　）

A. 读专业技术学校，学习一门社会需求的技术，养活自己

B. 放弃继续读书，根据自己的兴趣找一份工作，减轻家里生活负担

C. 根据父母的安排规划　　　　　D. 继续读大学深造

附录3：访谈提纲（主要访谈校长及中层干部）

1. 您认为新高考制度下高中课程建设有什么重大意义？

2. 作为学校主要领导，您心目中的高中特色课程建设应该是什么样的？贵校特色课程的教学目标？贵校的特色课程内容是怎么设计的？

3. 您认为本校的特色课程管理制度是否完善？学校对特色课程的教学效果有哪些评价方式？

4. 贵校进行特色课程建设的主要动因？贵校在实施特色课程时采取的措施？

贵校对高中特色课程的建设有什么建议？

第三章　新高考视域下普通高中教学组织形式改革

第一节　选课走班教学是新高考下普通高中的必然选择

新高考方案允许和尊重学生的自主选择权,这对现有的高中教学组织形式提出了巨大的挑战。由于选考科目制的实行,不同学生学习的科目不同,加之学生在考试时间、参考次数上的自主选择性,我国中小学长期普遍实行的行政班级制将难以适应,这就迫使学校必须推行新的教学组织形式,以此配合课程的多样化实施,满足学生的个性化需求。[①] "选课走班"教学模式应运而生,成为新高考改革背景下教学组织形式变革与调试的重要选项,选课走班教学是指学生由于选修科目不同而到不同班级上课的教学组织形式。

选课走班教学在具体的实施过程中具有多种模式,按照走班开展的程度可以分为四种。第一,"不走班"模式。"不走班"模式是指学校决定选修课程的组合,将提前决定好的组合提供给学生选择。学生选定组合后,将选择相同组合的学生组成班级,在固定班级进行授课。该种模式与传统的授课模式相似,有利于教师更快地投入教学工作中,进行教学班级的管理并提升教学效率。但是该种模式选修课程组合较少,不利于满足学生的需求与学生个性化的发展。第二,"小走班"模式。"小走班"模式是指对

---

① 文东茅、刘玉波:《高考改革何以"牵一发而动全身"》,《中国高等教育》2014年第24期。

部分学生或部分科目实行走班。学校将选择两门或三门科目相同的学生组成新的班级，对选择其他科目的学生进行走班教学。在具体的实施过程中主要有两种形式：一是优先将选择三门相同选修课程的学生编入同一行政班，此外将选择两门相同选修课程的学生编入同一行政班，然后将选择剩余科目的学生编入同一行政班。这种模式首先满足了选择课目最多学生的需求，固定不需走班的班级，有利于统一管理。但该模式不能满足学生所有选课组合的要求，在选课时并没有完全体现公平公正。二是将选择两门选考科目相同的学生组成行政班，另外一门科目实行走班。该模式下，学生仅有一门课程需要进行走班，有利于减少教学混乱现象。但该模式不利于该科目教师教学工作的开展，课下辅导较为困难。第三，"大走班"模式。"大走班"模式是指语文、数学、英语三门必考科目学生仍在原有行政班进行学习，而三门选考科目均通过走班教学的模式开展。该模式可以满足学生选课的所有需求，按照科目的不同进行走班，有利于学校对高考必考科目的统一管理与评价。但该模式下学生需到三个不同的班级进行选修课的学习，不利于学校班级管理工作，不能有效地保障教学质量，增加了学校选修课程安排的难度。第四，"全走班"模式。"全走班"模式是指学生的高考必考科目和选修科目均通过走班的模式完成。该模式的实施可以满足全部学生针对所有科目的选择进行走班，给学生提供最大自由的选择权，让学生选择老师，符合学生个性化、分层次的选课需求。学生可依据自己的特长选择自己感兴趣的科目，有利于学生个性的发展。但该模式使教学管理难度加大，对学科教师的教学质量较难评价。学校课程安排也较为复杂，需要较完善的软硬件系统支持。①

  选课走班教学过程中，分层走班已成为大势所趋。分层走班是选课走班的核心所在，分层走班制是根据学生在不同学科上的认知水平、学习潜能和学习兴趣等方面的差异，将学科分成多个层次水平，并设置与之相应的学科层次教学班，学生按照自主选择和师生协作认同的原则去不同层次

---

① 成硕、赵海勇、冯国明：《从"不走"到"全走"：走班教学模式及保障策略研究》，《中小学管理》2016年第12期。

的班级上课，是一种不固定班级、流动性较强的学习模式。① 分层走班教学充分承认并尊重学生的个体性和差异性，在具体的教育教学过程中分层走班教学具体应包括以下四个方面。第一，学校应安排科学、合理的选课。选课秉持"以生为本"的理念，分层的依据主要是学生的学习水平、学习能力与学生的学习兴趣。一般情况下，将学生划分为A、B、C三层，A层为拔高层，B层为普通层，C层为基础层。层次的划分有助于因材施教理念的落实，使教学更好地为学生服务。学校的选课一般安排在开学前的一个月进行，学生在专业指导教师的指引下选择适合自己的学科及层次。学生所选择的学科及层次允许变动，学生在开始走班后如发现自己所选科目和层次不适合自己，可以在班主任和专业指导教师的帮助下申请改变自己的学科及层次。第二，教师应分层备课、分层授课。将学生分层使教师授课的对象多变，传统的统一授课模式已不能满足学生需求。分层走班教学模式下，不同层次的学生接受程度不同，教师针对不同层次的班级应进行分层备课。在教学过程中，教师应使用灵活多变的教学方法，以满足不同层次学生的需要。学生的上课地点成为固定的学科教室，学科教师不用到具体的班级去上课，而是在固定教室等着学生来上课。该模式下，教师的课前准备工作时间就更为充分，教师可精心布置教室的格局。教师应创设自由民主的教学氛围，使学生更好地投入学习中，更好地发挥学习的积极性、主动性，以此提升学习效率。第三，任课教师应严格管理走班学生。走班的学生来自不同的行政班，任课教师在课前应严格考勤。教师应在门口放置考勤表，要求学生上课、下课均要签名，以此减少学生迟到早退现象。任课教师应加强与行政班班主任的交流，了解学生的表现，及时调整教学策略，从而适应学生的发展。此外，条件允许的情况下，在教室为学生建立储物柜，方便学生存寄所携带的学习资料与随身物品。第四，注重学分制的评价方式。学分制是伴随着选课走班制的产生而产生的，是对学习效果的一种评价模式，它以量化的方式记录学生在相应的学科领域所达到的

---

① 韩艳玲、毕宪顺：《高考改革背景下高中分层走班制实施路径探析》，《考试研究》2016年第3期。

学习程度。① 学校在进行教学评价时，针对不同的层次应具有不同的标准。在教学目标、教学内容、单元测试等方面对教师和学生应采取多样化的评价方式。

　　选课走班教学是高中教学改革的必然趋势，其实施有助于学生的全面发展。为了使选课走班教学顺利开展，学校应当做好相应准备工作。第一，加强公众对走班教学的认同，增强走班教学开展的信心。首先，学校应当建立学生发展指导机制。为了更好地了解学生，学校可采取面对面交流、纸笔测验等形式加强与学生的交流。此外，学校可加强对学生的职业教育，使学生树立正确的职业观。其次，加强对任课教师的培训，使教师对选课走班具有正确的认识与解读。在实践中加强对教师的专业指导，帮助教师以饱满的热情投入走班教学当中。最后，促进公众对走班教学的认同。一方面学校应进行理念上的宣传。通过家长会、专题讲座等形式使家长了解走班教学的价值所在，了解走班教学在促进学生核心素养发展中的重要作用，从而接受走班教学；另一方面学校应在实践层面有所作为，在课程建设、学校管理、学校环境等方面做出努力，将走班教学落到实处。第二，采取多种活动构建具有归属感的行政班。走班教学模式下学生在行政班的归属感对学生来说相当重要，学生在自习课或举办晚会时仍以统一的行政班为集体。在此过程中，教师应注重培养学生的集体主义意识与团队协作能力。此外，学生可依据自己兴趣参加不同的社团，以增强自身社交能力。第三，突破思想桎梏，促进学生核心素养发展。首先，学校应发挥课程的导向作用，注重学生的全面发展。学校应当构建有利于学生核心素养发展的课程，教师在教学过程中也应更加关注学生各项能力的提升。其次，综合运用多种教育资源，促进学生主动学习。走班教学模式下，学生学习的主动性显得尤为重要，学校应提供各种网络课程促进学生学习的主动性，以此改变学生的学习观念，促进学生的全面发展。

---

　　① 杨琴：《美国普通高中"走班制"教学模式研究》，硕士学位论文，重庆师范大学，2013年，第43页。

第二节　新高考视域下普通高中选课走班教学调查[①]

一　调研概述

(一) 调研背景及意义

1. 调研背景

素质教育是通过一系列适当的教育教学活动，以全面提高每个学生的基本素质为目的，最大限度地促使学生的各项潜能得到发挥，也使他们获得当今社会所需要的各种品质。新课程改革与素质教育是相互促进、相互影响的一个整体。素质教育是新课改的导向，新课改贯彻素质教育的内涵，二者缺一不可。2001年6月8日，教育部印发了新的《基础教育课程改革纲要（试行）》的通知，明确提出新一轮课程改革的基本理念和要求，其理念在于让每位学生获得发展。它指出高中教育的目的在于使学生综合素质得到发展、形成完整的人格。新一轮课程改革正式进入实施阶段以来，在国内产生了很大的反响。它真正实现了学生在学习中的主体地位，尊重学生的学习兴趣，从教学目标、教学方法、评价方式以及管理方式上都发生了巨大改变，也取得了很大的成就。但在取得成就的同时也遇到了很大的阻碍。其中教师的教育观念、教师对选课分层走班教学的具体实施过程中的做法都阻碍了新课程理念的落实。目前的教育环境、教育评价制度、教育管理、督导制度或惯例对许多改革的具体措施而言，都是难以逾越的障碍。

2013年11月，《中共中央关于全面深化改革若干重大问题的决定》进一步明确指出："逐步推行普通高校基于统一高考和高中学业水平考试成绩的综合评价、多元录取，探索全国统考减少科目，不分文理、外语等科目社会化考试一年多考。"2014年国务院颁布《国务院关于深化考试招生制度改革的实施意见》，其中明确指出：从2017年开始全国陆续进行高考综合改革，即

[①] 武丹：《宝鸡市普通高中分层走班教学现状及改进策略研究》，硕士学位论文，延安大学，2017年，第24—36页。

在高考中实施语文、数学、外语三门学科全国统考，政治、历史、地理、物理、化学、生物六门学科任选三科的考试成绩。新高考招生制度改革对基础教育教学提出新需求：首先要转变教育理念。尊重并承认学生间的个体差异，充分发挥学生的自主权利，让学生独立地参与到选课分层走班教学之中。其次要改变评价体系。将传统的偏向于成绩评价转为综合评价。丰富评价内容、制定科学的评价体系，科学而全面地评价学生各方面素质的发展，同时促进教师的学科能力的提高，改进教学效果。此外，还应创新人才培养方案和教学组织形式，积极学习并应对新高考招生制度所提出的新要求。

2. 调研意义

随着素质教育、新课改以及高考招生制度变革的进一步深化，越来越重视学生的主体地位，强调"自主、合作、探究"的教学方式，它呼唤新的教学组织形式与其相适应。学生间客观存在的个体差异和社会日益对多样化综合性人才的需求使我们的教学组织形式也应相应地发生改变。新时期，我们实践了分组教学、自主学习、小组合作学习、分层递进教学、选课分层走班教学等教学组织形式，改变了传统班级授课制所暴露出的弊端，构建了积极和谐的课堂学习，真正践行了素质教育、新课改和新高考招生制度的新理念。

新高考招生制度采取了全新的理念，蕴含了我国素质教育改革与新课改中的教育观点与教育理念。本调研以新的高考招生制度的改革为调研视角，以新高考的新要求为依据来改革我国普通高中基础教育阶段的学生培养模式，调研了我国普通高中的选课分层走班教学，有利于我国普通高中素质教育和新课改的深化。

学科分层走班教学的提出符合新高考招生制度中分类考试、多元录取、综合评价的新诉求，更好地促进了学生全方面的发展，注重以学生为本，注重学生的全面发展，关注个体的兴趣爱好、培养个体的学习与实践能力、养成良好的学习习惯、建立正确的世界观、人生观与价值观，并促进学生个性化与社会化协调发展，进而使学生更好地适应新高考招生制度的改革，利于高考招生制度改革的实践推进。

选课分层走班教学是按照个体的兴趣、爱好以及个性差异对学生分层来组织教育教学活动，符合学生差异化发展规律，符合我国素质教育的新理念，最大限度地使我们的学生得到了个体成长，最大化地促使学生的素质得到全面发展。

（二）调研目标及内容

1. 调研目标

通过对相关资料分析和样本的调研，发现普通高中在选课分层走班教学实施方面存在的问题及其成因，并在此基础上尝试性地提出新高考下普通高中有效实施选课分层走班教学的策略，从而为普通高中深入贯彻素质教育理念、深化新课改和适应高考招生制度改革做出一定贡献。

2. 调研内容

（1）通过文献调研，厘清选课分层走班教学组织形式有效运行的本质及其特点和条件。

（2）通过实地调研、访谈了解选课分层走班教学现状，分析数据，剖析选课分层走班制教学目前存在的问题和产生的原因。

（3）在探明原因的基础上，借鉴国内外已有的选课分层走班制教学方法及相关理论基础，结合实际提出如何改进选课分层走班教学实施现状的可行性策略及建议。

（三）调研思路与方法

1. 调研的基本思路

首先通过文献调研，把握有关调研与实践的主要成果和成就，在此基础上，深入样本学校调研普通高中选课分层走班教学的实施现状。其次，分析调查结果，探明存在问题并分析原因。最后，结合实证调研结果和理论分析法提出新高考下普通高中选课分层走班教学的有效性策略与建议。

2. 调研的主要方法

本调研需要综合采用多种调研方法，主要有以下几种。

（1）文献分析法。采用文献检索手段，从国内外有关书籍、报刊、文献中收集相关资料，借鉴前人的调研成果，了解选课分层走班教学的相关问题。

（2）调查调研法。通过设计访谈计划和调查问卷，主要针对样本学校发放调查问卷并对样本中学部分教师进行访谈，充分收集关于选课分层走班教学实施现状数据，进而了解选课分层走班教学实施情况。

（3）统计分析法。在问卷调查的基础上，统计调查数据，结合访谈结果用数据来表示分析调研的结果，进一步分析样本普通高中选课分层走班教学实施现状，提高调研结果的信度和效度。

（4）理论分析法。通过学习调研针对学生差异提出的各类理论，理解掌握目前调研选课分层走班教学的理论基础，为制定选课分层走班分析框架、设计调查问题和制定改进措施提供理论支撑。该方法是通过理论学习与调研，对选课分层走班教学的本质加以界定，充分把握选课分层走班教学的规律。

（四）选课分层走班教学与班级授课制的对比

1. 学生群体

班级授课制教学中以年龄为主要依据，同一班级里学生的年龄基本相同，学习同样的课程，进行统一的教育活动。这种教学组织形式虽然极大地提高了教育效率，但却忽视了学生间固有的差异性，并没有使每个学生得到自身最大限度的发展。部分学校虽有分班教学，但也只是单一地以学生的学习成绩为依据划分层次，分为快、慢班，这种做法不仅挫伤了学生的学习积极性，也不利于各类学生更好发展。

选课分层走班教学承认与尊重学生间存在的差异，从个体差异性出发，按学生在某门或某些学科上的学习基础、潜在能力以及学习习惯等方面的差异，将学科分为不同的层级，让学生自主选择自己适合的层次班，为他们选择最适合自己的学科与层级，从而使自身得到最大限度的发展与提高。

2. 教学目标

班级授课制中所有学生"齐步走"，面对大多数的学生需求，教师只能以所有学生的平均水平为依据，统一教授相同内容，这样很难照顾到不同层次的学生需求，往往产生"差生听不懂，优生不够听"的结果。

选课分层走班教学根据科学的分层标准确定层次后，根据每个层次的学生特点与学习基础，从各层次的学生特点及各自的最近发展区出发，科学制定教学目标，促使每个学生都能得到自身最好的成长，也使教师教学目标更加明确，教学效果更佳。

3. 教学环节

（1）教学内容

班级授课制中，学生众多，教师在备课时往往采取中庸思想，以班级平均水平为主要依据来选择和确定每节课的教学内容，无法照顾到各个学习水平的学生，并没有使他们得到应有的提高。教师在一节课中基础知识讲解占据课堂时间20—25分钟，而思维拓展型题目的讲解所占比例少之又少，往往造成"优生觉得太简单，差生觉得太难"的局面。选课分层走班教学中，教学目标清晰明确，教师可以准确地选择教学内容，更有针对性地进行教学，从而使教学效率和教学效果得到进一步的改善与提高。

（2）教学方法

班级授课制中，由于所教授的知识是以全班平均基础为依据来制定的，每个学生的学习基础、学习能力、学习风格各有不同，但面对全体学生整体授课，传统教学中老师只能采取一致的教学方法。

选课分层走班教学实施后由于每个层次的学生学习水平、学习倾向以及学生兴趣等特点基本相似，分层后学生特点更易被把握，教师可以更好地确定自己所要采取的教学方法，使所教授的知识更易被学生所接受、课堂气氛也越发积极活跃，使全体学生得到最大的发挥，并先后达到大纲的要求，很大程度上提高了教学效率和教学效果。

（3）教学效果和效率

班级授课制中教师面对层次不同的学生讲授相同的知识，无法顾及各个层次学生的需求，此外，教师也无法因材施教采用适当的教学方法，久而久之，学生厌倦课堂，课堂气氛沉闷，学习的效率也不高。

选课分层走班教学后学生确定的课程与层次是自己合适并喜欢的，因此教师教学目标明确，教学方法恰当，课堂教学针对性更强，教学效率也大大提高，学生都能在自己的最近发展区内得到发展，课堂气氛良好，教学效率和教学效果好。

（4）作业布置和辅导

班级授课制中教师往往统一布置作业，常常出现优生不够做、差生不会做的现象，同样在作业辅导方面也往往是一堂讲，忽视了两极学生的需求。

选课分层走班教学中实行分层作业，各个层次有其相对应的作业，这使各层次学生能够掌握不同层次知识，有针对性地复习和巩固可以使学生进步更快。同时教师对各个层次的学生进行针对性辅导，因材施教使其得到进步。

（5）师资力量

班级授课制中，教师的安排或是随机安排，或是根据教师的教学能力，能力高的教好的班级，能力差的教不好的班级，对教师的教学风格、教学特点以及教师自身的性格特点等其他因素往往都直接忽视，在师资安排时也没有从学生的角度来考虑学生需要哪类教师来授课，往往出现教师与学生不匹配的现象。

选课分层走班教学中，教师的安排一般是在广泛调查了解学生的学习特点及学习需求之后，再根据教师的教学风格、教学特点、教学侧重点以及教师自身性格特点来安排师资，从而达到学生的需求与教师的能力相匹配，使教学目标更易达成。

4. 评价方法

在传统班级授课中，在评价方面教师在课堂教学中往往会忽略过程性评价，偏重结果性评价，以考试成绩来评价学生和考核老师的教学效果。

选课分层走班教学在评价方面，采取了多元化的评价方式，多角度地综合评价学生和老师，做到科学评价。

5. 学校管理

传统班级授课制中学校以单一行政班为主，实行教务处、德育处、班主任以及班委会共同管理的方法。在班级管理方面主要依靠班主任进行各项事务的管理。

实施选课分层走班教学之后，由于打破了传统的教学模式，行政班与教学班共存，学生和教师都处于流动状态，难以管理，学校一般采取了教育处、德育处、班主任、导师以及各个教学班内所选的课代表及其他班干部组成的教学班班委会共同管理的方法。[①] 同时学生管理也采取了严谨的管理制度、考勤制度以及导师制度来规范管理我们的教学秩序。

[①] 杜婷婷：《"走班制"分层教学实践调研——重庆滨江实验学校初2016级英语教学实证研究》，《科学咨询（科技·管理）》2016年第2期。

综上,选课分层走班教学较传统班级授课制有着很明显的优势,充分考虑到学生间的差异和各自的需求,使每个层次的学生都得到最大的提高与发展。

(五) 选课分层走班教学有效性的分析框架

在充分阅读大量现有的选课分层走班教学调研文献的基础上,并结合实际,课题组确定从师生对选课分层走班一般认知、目标确立、施教过程、评价、管理五个角度来分析选课分层走班教学的有效性,具体如表3-1所示。

表3-1　　　　　　　　选课分层走班教学有效性分析框架

分析角度	分析要点	基本标准	
^	^	教师	学生
对选课分层走班的一般认知	正确认识分层	个体差异导致需要设定不同教学目标,采用不同教学方法,使全体学生得到发展,并先后达到教学大纲要求。老师对此认识要正确,不能给不同层次学生贴标签	选课分层走班是适合自己发展的一个平台,不是将学生区别对待
^	正确对待分层影响	教师充分发挥自己主观能动性,大胆整合教学内容,工作积极性高涨	学生更加喜欢上课,更会安排时间,作业完成情况更好
^	分层依据	成绩与过程表现结合、学科知识与综合素质结合,综合各个方面的因素来考察每位学生,同时要给予学生自主选择权,不能霸权	学生有自主选择权并且要主动行使该权利,主动选择意识要加强,同时要有客观准确的自评交给老师做参考
^	分层范围	学科、年级要科学区分,覆盖学生要全面	所涉学科年级的所有学生都应该在分层范围内
^	动态调整	学生层次动态调整要制定科学合理的流程。严格按照制定的分层标准执行,不能依据老师个人喜好	层次升降都要正确对待,不自满不气馁

续 表

分析角度	分析要点	基本标准	
		教师	学生
选课分层走班目标确立	目标设计	教学目标制定要匹配各个层次特点,符合学生的最近发展区	学生要对教学目标理解和把握,并及时给老师反馈自己的学习情况
	目标实施	教师明确表达教学目标。实施一段时间要及时动态调整	
选课分层走班施教过程	教学内容和方法	设计教学内容要达到不同层次学生的最近发展区,教学方法应根据不同层次学生特点选择施教方法	上课内容能理解掌握。老师授课方法让自己一目了然,易懂,并轻松幽默,心态放松
	教学效果和效率	各层次学生考试成绩同比上升,上升程度和上升数量都显著提高,老师完成教学目标效率显著提升	成绩同比上升,课堂表现、作业完成质量等方面都有显著提高。学习任务完成效率明显提升
	作业和辅导	针对不同层次学生布置的作业内容和作业量也要分层,与教学内容分层保持一致性。课后辅导要主动去培优补差,通过建立合作学习小组和专时答疑等方式对学生问题进行答疑	学生要对老师作业及时反馈,并将问题闭环,及时解决。课后辅导要主动去找老师解决问题。完成作业质量有显著提高,作业及时完成
选课分层走班评价	评价主体	个人评价、小组评价和教师评价相结合,学校评价、家庭评价和社会评价相结合,以教师评价为主,校长、任课教师、学生自评以及家长评价共同作用	学生要提供一个合理准确的自评报告,覆盖自己取得的收获和不足,以及改进措施,以供老师参考
	评价内容	应包含学生的学科考试成绩、情感态度、习惯改变、实践能力、逻辑思维能力、创新精神以及学生的心理素质等方面。教师的教学态度,不同层级所达到的教学目标以及教师作业批改和作业辅导程度等因素	应包含学生的学科考试成绩、情感态度、习惯改变、实践能力、逻辑思维能力、创新精神以及学生的心理素质等方面

续　表

分析角度	分析要点	基本标准	
		教师	学生
选课分层走班评价	评价方法	试卷要有基础题和拔高题,试题分层才能分层评价。采用定性评价和定量评价相结合。采用动态进步情况评价,同时参考老师过程性评价(教案、学案、作业批改、学生课堂表现、学习态度的反馈等)	学生自主选择不同层次的试题,通过不同层次试题的结果自检,提高自己
选课分层走班管理	学生管理	建立双班主任制、配备齐全的教学班干部以及实行学生导师制。建立完整且明细化的班务管理制度才能保证教学班的出勤、作业收缴以及学生的课后辅导清晰化	建立教学班学科代表,教学班班干部
	课堂管理	严格考勤制度,采用智能考勤。树立教师威信,营造良好学习氛围	提高自主学习能力和自我管控能力
	教师管理	提高教师教学水平,合理安排老师任务和层次,以避免出现消极情绪。小组互补或单独辅导,培优辅差,做好学生的课后辅导	提高自己的学习自主性,主动寻找老师同学解决学习中的困难
	资源管理	学校提供充足的教室资源、储物柜、完善多媒体以及实验室资源。建立学生信息管理系统	自我管理能力提高

二　调查设计

（一）调查内容框架

本次调研主要从选课分层走班教学的五个主要方面展开调查,即选课分层走班基本状况、目标确立、施教过程、评价、管理五个方面。通过调查学生和教师在对选课分层走班教学认识正确性、学生分层判断依据科学性、教学目标、教学内容和方法、教学效果和效率、作业与辅导、学生和教师评价、学生和教师管理等实施阶段具体内容中的表现来分析选课分层走班教学的具体问题。

（二）调查问卷与访谈提纲设计

调查问卷主要是从师生对选课分层走班一般认知、目标确立、施教过程、评价、管理五方面入手，针对教师和学生两大主体做了调查，运用了问卷调查和深度访谈两种方式，对于选课分层走班一般认知主要调查老师和学生对选课分层走班教学模式的认识是否正确、学生分层判断依据是否科学、选课分层走班所实施的年级和科目、如何进行动态调整以及层级调整的影响。关于选课分层走班目标确立情况主要调查了分层教学目标设计是否合理、教师的教学经验对教学的影响、教师对教学目标能否陈述清楚。选课分层走班施教过程主要强调了教学内容层次能否界定到位、教学方法是否推陈出新、课堂效率如何、作业完成情况和课后辅导情况。关于选课分层走班教学评价主要调查了学生评价内容和教师评价方案是否完整、科学。关于选课分层走班管理主要调查了组织管理是否健全、课堂出勤率和纪律如何、学生的学习自主性和心理问题如何解决、配套资源是否完善。

访谈主要针对教师分层标准的依据、教学目标、教学方法和效果、作业与辅导、学生评价和管理这几方面的问题做了进一步的调查。通过面对面的访问，更能深入了解他们对某个问题的态度，补充问卷调查的不足。

（三）样本选取与问卷回收

本调研选取宝鸡市H中学、E中学和Y中学为调查样本学校，发放学生问卷和教师问卷，并对样本中学部分教师进行了访谈。

本次调查共发放学生调查问卷600份，调查学科层次有A、B、C（基础层、发展层、拔高层）三个层次，其中每个层次各200份，共回收576份，各层次回收192份，问卷回收率96%，其中有效问卷558份，各层次有效问卷186份，有效率93%。共发放教师调查问卷100份，回收100份，问卷回收率100%，其中有效问卷96份，有效率96%。回收率高，从教师和学生的角度反映了选课分层走班教学的实施现状。

(四) 数据统计

通过发放与回收调查问卷,对数据进行了统计,针对每个题目,计算出各个选项所占的人数的相对百分比,以图或表格的形式呈现出来。

三 调查结果与存在问题

通过对样本学校师生的抽样调查发现其师生在对选课分层走班教学一般认知、教学目标确定、施教过程、评价和管理等方面还是存在着众多问题,需要解决与改善。

(一) 对选课分层走班教学的一般认知及其问题

1. 师生对选课分层走班教学认识有偏差

调查发现,大部分学生对选课分层走班教学存在一定程度的误解,尤其在实施初期,由于学生认识不准确造成了一些不良影响,这一点尤其是在基础层班级最为明显。如表3-2所示,在选课分层走班初期67.38%的学生认为选课分层走班教学是将学生划分为三六九等、区别对待的一种不公平的上课方式,尤其是基础层学生对选课分层走班教学认识误解占比达到86.02%。经过一段时间之后,76.34%的学生认为选课分层走班是适合自己学习且是一个发展平台,尤其是基础层的学生,67.74%的学生认识得到了很大改善,这说明学生在新的教学模式下慢慢适应了,也渐渐认同了选课分层走班教学这种新的教学组织形式。但是到目前为止仍然有23.66%的学生对选课分层走班教学的认识观念存在误解。

表3-2　　　　　　学生对选课分层走班教学的认识　　　　　　单位:%

调查对象:学生		不公平划分等级	公平的发展平台
基础层	走班初期	86.02	13.98
	目前	32.26	67.74
发展层	走班初期	69.89	30.11
	目前	23.66	76.34

续　表

调查对象:学生		不公平划分等级	公平的发展平台
拔高层	走班初期	46.24	53.76
	目前	15.05	84.95
总数	走班初期	67.38	32.62
	目前	23.66	76.34

在调查中发现部分教师在初期实施阶段对选课分层走班教学认识不清，访谈中有位老师这样说道："在我看来，选课分层走班教学和传统快慢班并没有多大差别，基本上还是按照成绩来区别对待学生，我们在教学内容和方法上也一样是按照优生差生来设定的。"部分老师认为分到低层次班级的学生就是些学习差的，所以在授课态度上易轻视这些学生，也不好好讲课，回答学生提问态度较差，导致学生都不敢再去问，形成了一种恶性循环。如表 3-3 所示，实施初期有 29.17% 的老师对基础层学生存在一些看法的现象，经过一段选课分层走班教学后，老师中对基础层学习的偏见已经下降到 12.50%，这说明选课分层走班教学已出现效果，让老师改变了一些偏见。

表 3-3　　　　老师对选课分层走班教学的认识　　　　单位:%

调查对象:学生		存在偏见	不存在,公平对待
经验丰富教师	走班初期	20.83	79.17
	目前	8.33	91.67
普通教师	走班初期	37.50	62.50
	目前	16.67	83.33
总数	走班初期	29.17	70.83
	目前	12.50	87.50

2. 分层依据、标准较单一

在调查对学生如何进行分层时发现主要以上次期末考试成绩为依据，并未考虑到学生的其他表现。通过一次考试成绩对学生进行分层，没有考虑学生的其他因素，评价标准有些单一。如图3-1所示，三个层次学生中64.87%的学生认为分层依据不全面，其中基础层学生占比更高为79.57%，这说明学生心目中尤其是基础层学生认为把他们分到基础班是对自己的不公平对待，依据的标准较单一，未考虑到动手能力、观察分析问题能力等其他综合因素。

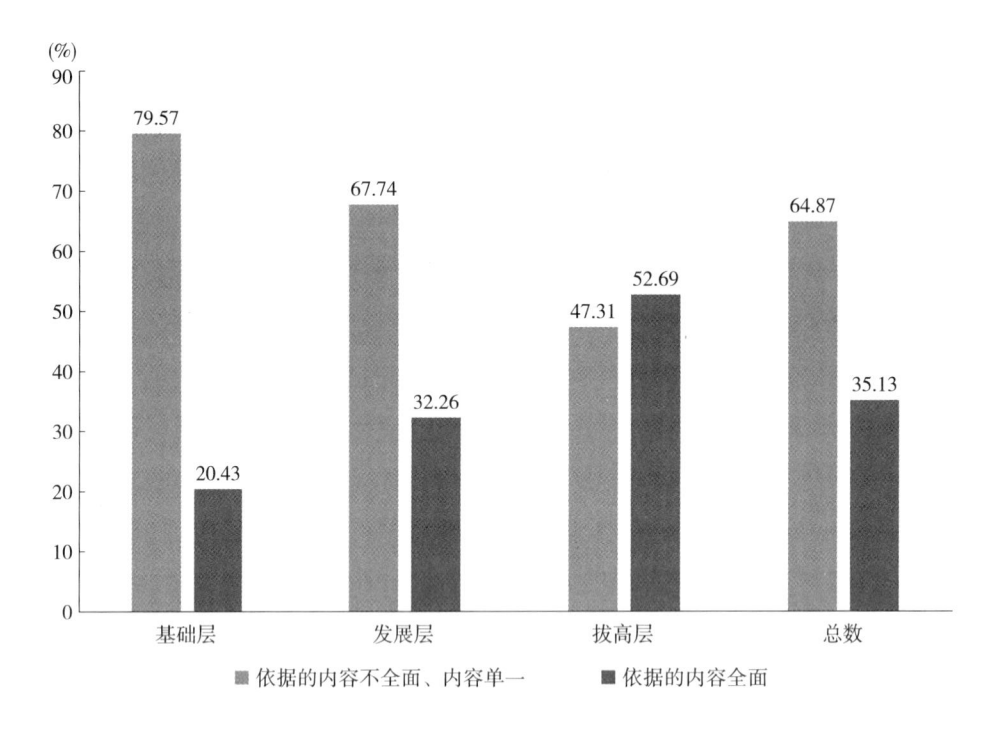

图3-1 学生的分层依据是否全面

3. 学生自主选择意识不强

调查结果如图3-2所示，73.12%的拔高层学生会对自己所在的层级进行自主选择，总体上58.06%的学生所在的层级是由老师确定好后告知自己的，自己被动接受的。由此可以看出，学生的自主选择意识不强，并不知道自己该选择什么，往往由老师帮他来确定。

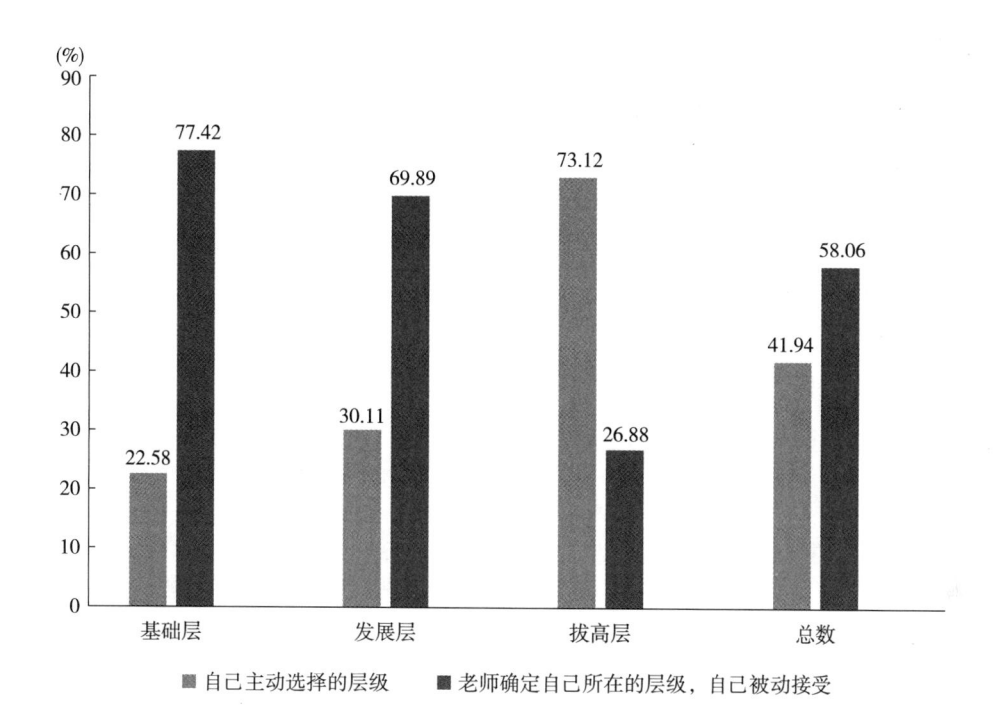

图 3-2　学生所在层级确定情况

（柱状图数据：基础层 自己主动选择的层级 22.58，老师确定自己所在的层级，自己被动接受 77.42；发展层 30.11，69.89；拔高层 73.12，26.88；总数 41.94，58.06）

4. 选课分层走班科目和年级以试点为主

在访谈中了解到，目前实施主要是从体育课选课分层走班试点开始，检验相比实施前是否利大于弊，再推行到外语、数学、语文学科。由于这些学科知识间的关联性强，所学知识直接影响后新知识的学习的学科更适合于分层教学。也有学校是在这三门学科中选一科单独来实施分层教学。此外，主要面向对学校升学率影响较小的年级，大多从高中一年级开始实行，其理由是高中一年级是一个人思想和智力奠定基础的关键时期。

以下为访谈实录。

访谈者：您好，贵校在实施选课分层走班教学中，都对哪些学科实行了选课分层走班教学？

教师 A：我们学校最初从体育课开始，以体育课为试点，在实施一段时间初见成效后推行到语、数、外三科。

访谈者：为什么选择语、数、外三科来实行选课分层走班教学呢？

教师 A：怎么说呢，从小学开始语、数、外就是主课，高中阶段参加高考必须考语、数、外三门学科，而这三大科中，学生间的差异较大，偏科严重的现象普遍存在，所以，我们最初选择了语、数、外三门学科。

教师 B：我们在选择选课分层走班教学实施科目时往往会考虑到学科知识所具有的特点，例如数学学科中，对学生的学习基础要求偏高，知识间的逻辑思维要求高，学生间的差异较大，有的学生基础好对所学知识掌握得快，但有些学生却连最基本的习题都不会做，因而我们选择该学科作为分层科目。

访谈者：那你们学校是全校所有年级都实行选课分层走班教学吗？还是部分年级在实施？

教师 C：我们学校是从高一开始的，因为高三要参加高考，学习任务重，往往不采用选课分层走班教学。而高一和高二的学生正处于思想形成和智力高速发展的阶段，对于该阶段的学生他们往往都具有一定的思维可塑性，同时也对自己的未来学业有所期待。

5. 有限的选课分层走班动态调整范围影响学生积极性

调查结果如图 3-3 所示，59.86% 的学生认为每次层级调整的范围较小，基础层学生中认为动态调整范围小的占比 78.49%，且部分老师在调整层级时也夹杂个人情感因素，这严重影响了学生主动学习的兴趣，学习动力与积极性都受到影响。

(二) 选课分层走班教学目标确立及其问题

1. 分层教学目标设计不合理

调查中发现选课分层走班教学中老师制定的教学目标设计不科学。老师在设计教学目标时未考虑每个学生的学习情况和水平，所制定的目标存在超出或低于学生学习能力的现象。如图 3-4 所示，基础层 64.52% 学生认为课堂讲解内容大部分仍听不懂，课后也不知道如何学习，这说明教学目标制定得过高，导致授课内容较难，而拔高层中 69.89% 的学生认为讲解内容都是课本上最基础的，很容易理解，说明拔高层班级老师制定的教学目标过低，学习好的学生存在"吃不饱"的情况。

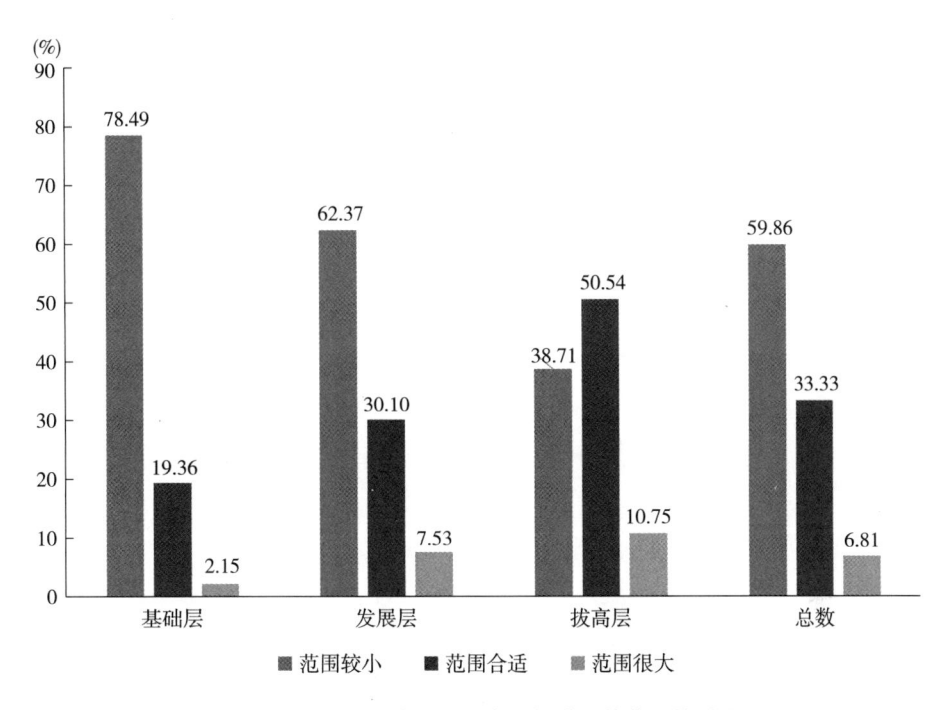

图 3-3 学生对选课分层走班教学调整范围的看法

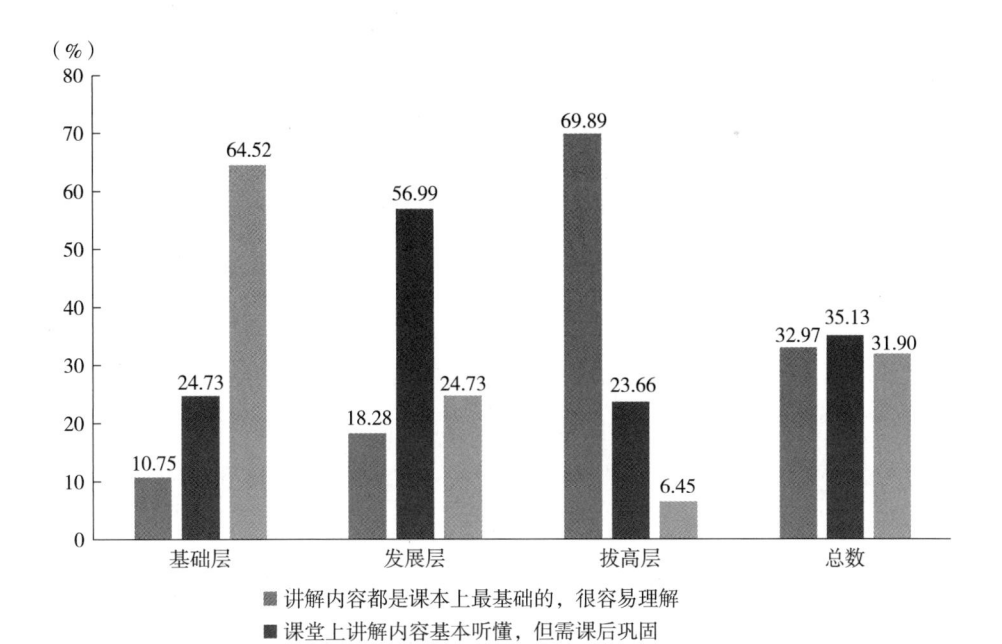

图 3-4 学生对老师课堂讲解内容的认识

另外如图3-5所示，在基础层中72.04%学生认为考试卷上所有知识点都讲了，拔高层24.73%学生认为有10%知识点在上课中没有讲过，基础层老师在上课时不仅把该层次学生所要学的内容讲了，也同时将知识点扩展开来讲，而拔高层班级老师覆盖范围小了，这就说明了教师的教学目标设计不合理。

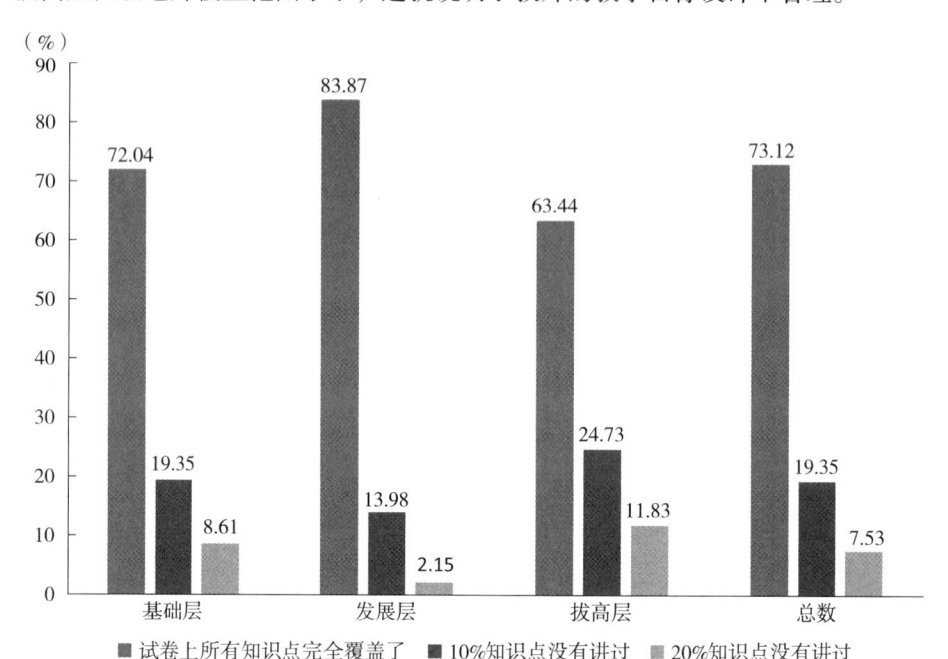

图3-5　老师课堂讲解内容是否覆盖考试知识点

2. 教师的教学经验水平导致教学目标执行不一

如图3-6所示，老师实际授课内容多少与教学目标相比，经验丰富老师全部完成教学目标课时占总课时在95%以上的人数比例为66.67%，普通老师能全部完成教学目标课时占总课时在95%以上的人数比例只有58.33%，普通老师能全部完成教学目标课时占总课时在90%以上的人数比例为20.83%，这说明在相同教学时间内，经验丰富的老师相比普通老师在执行制定的教学目标内容上是有一定优势的。

如图3-7所示，87.81%的学生认为经验丰富的老师在课堂教学中从授课内容覆盖率、知识讲解深度、学生接受程度、按时完成授课等方面完成情况都要比经验一般的老师完成得好，而且学生层次级别越高，认同该观点的占比越大，说明老师的教学经验不同对教学目标执行情况有一定差距。

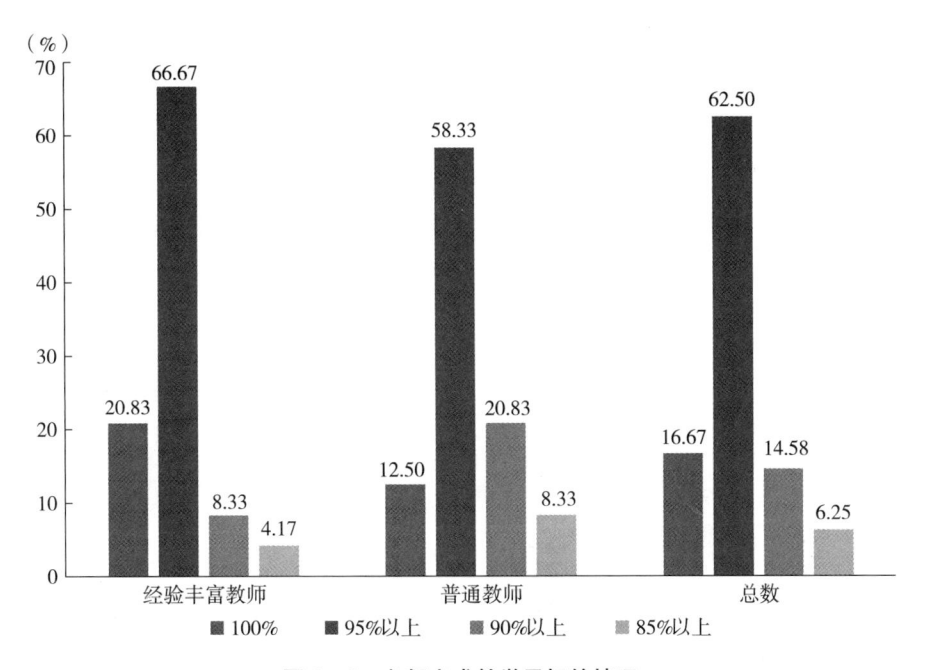

图3-6 老师完成教学目标的情况

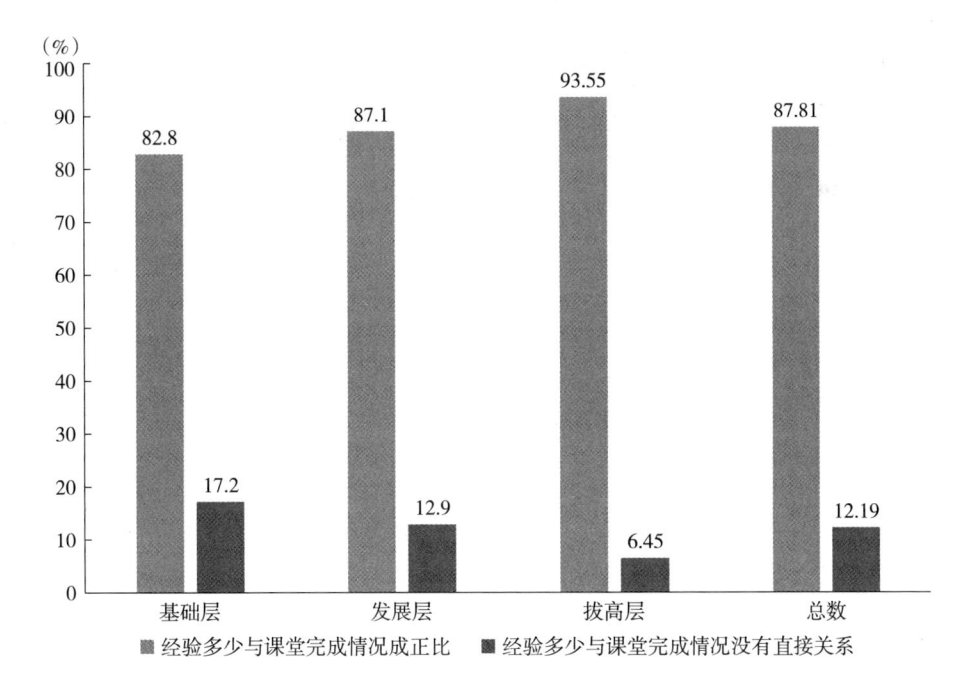

图3-7 学生对教师教学经验多少与课堂教学完成情况关系的认识情况

3. 教师教学目标陈述不清影响学生对重点知识把握

调查显示（见图3-8），基础层有55.91%学生认为教师在陈述教学目标时只会偶尔讲一下，没有重点突出教学目标。发展层中52.69%学生认为有时会说清楚但有时也不讲，这说明在基础层和发展层中存在大部分学生对老师讲的重点内容不清楚的情况，也就表明了教师对教学目标陈述不清会影响到学生对重点知识的把握。

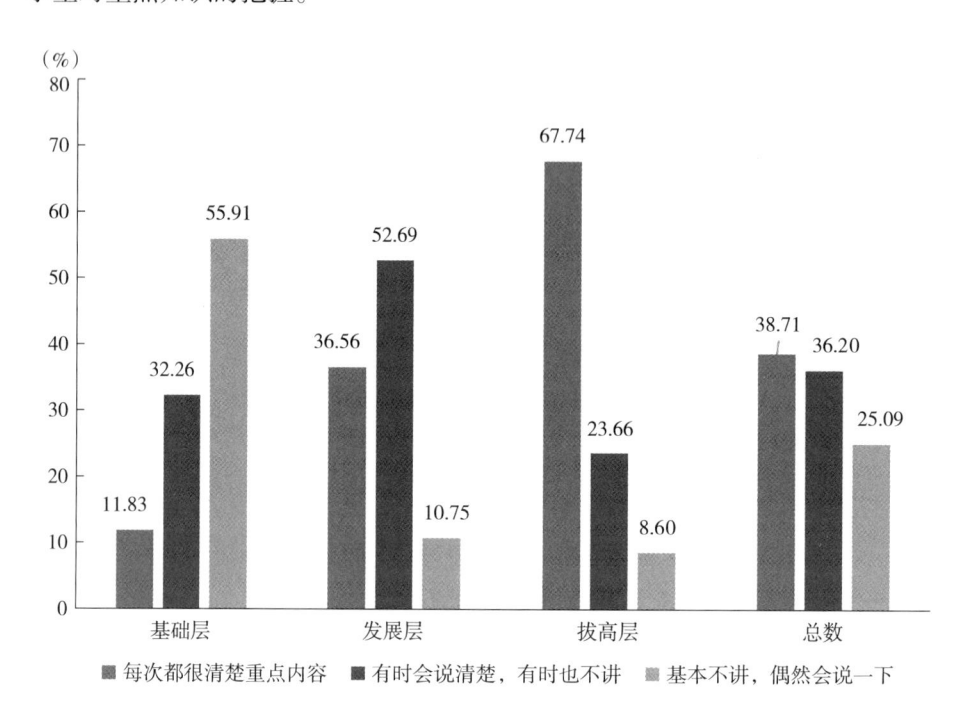

图3-8 学生对教师课堂是否清楚说明重点内容的情况

（三）选课分层走班施教过程及其问题

1. 教学内容层次界定不到位

调查中发现教师对拔高层班课外知识的拓展和基础层班基础知识的界定都存在偏差。如图3-9数据所示，54.17%的老师中能准确判定教学内容范围，经验丰富的老师能准确判定范围的占比更高为66.67%，有58.33%的普通老师认为在给不同层次班级上同一节课时不能准确界定上课内容，这说明普通老师和经验丰富的老师在教学内容的确定上相比能力稍有欠缺，不能准确地拿捏教学内容范围。

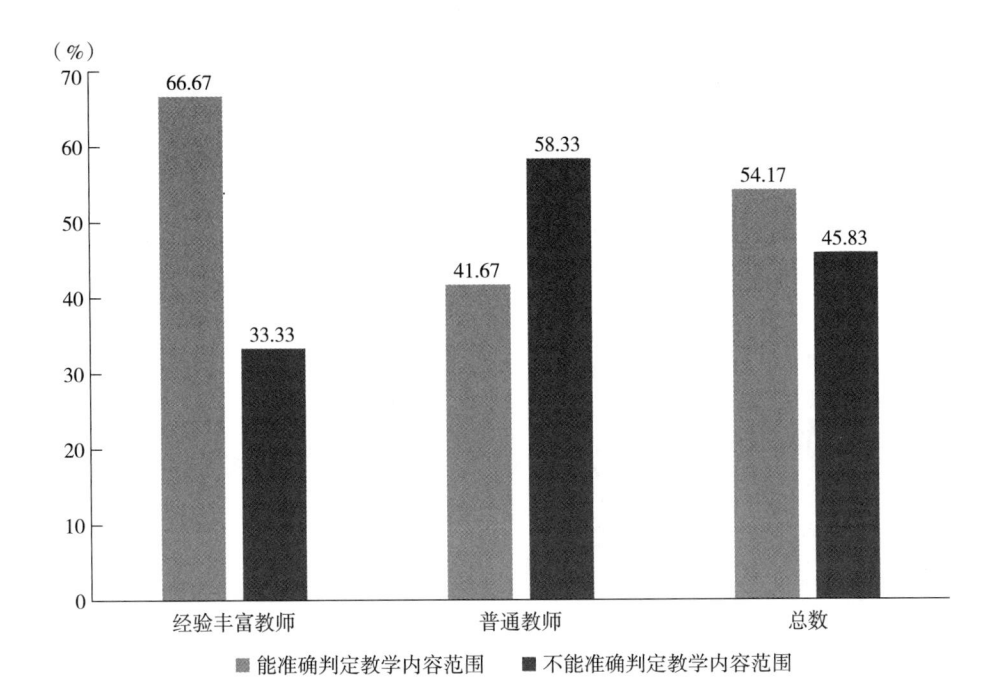

图 3-9　老师在不同层次班级授课内容的情况

此外，教师在给学生讲解知识点时，往往知识混淆、跨级讲授，如图3-10所示，71.68%的学生认为拔高层的知识点也会在基础层学生中讲授，并没有做到知识的分层讲授。这表明老师在不同层次上课教学内容上的差距其实并不是很大。

如图3-11所示，基础层班级中82.80%学生没有提出授课内容更深层一些，拔高层班级中有73.12%的学生认为应该多讲些更深一点的内容，拔高层存在学生"不够吃"的情况；而基础层教学目标较高，大部分同学基本没有提出需要加深学习内容，但是在基础层也有17.20%的学生认为需要将上课内容讲深一点，表明同一层中学生有分层需要。

2. 教学方法不敢推陈出新

如图3-12所示，没有调研过一种或者一些教学方法在学生中是否适用的老师占很大比例，经验丰富老师占比为54.17%，普通老师占比为70.83%，这表明老师没有通过科研理论指导教学，教学方法没能推陈出新。

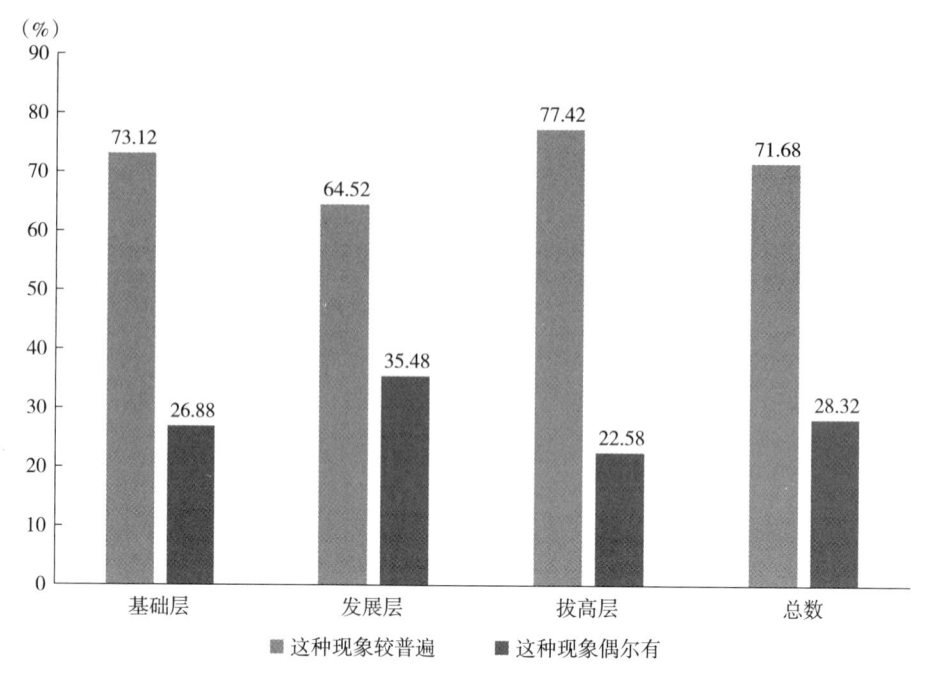

图 3-10 拔高层知识点在基础层授课中出现的情况

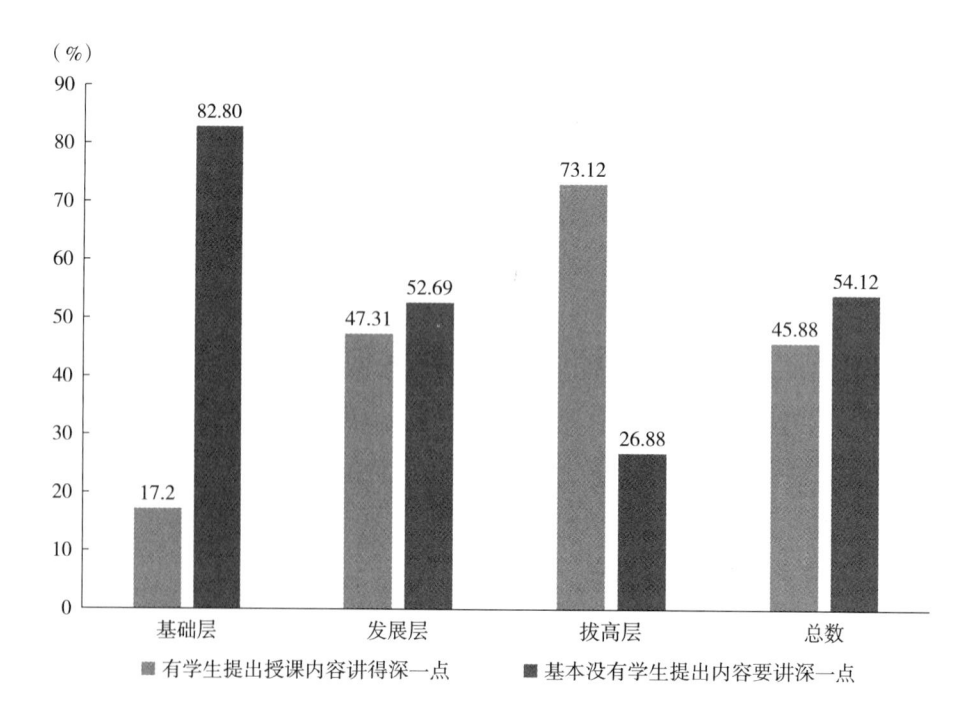

图 3-11 每一层班级中学生对授课内容是否要讲得更深的情况

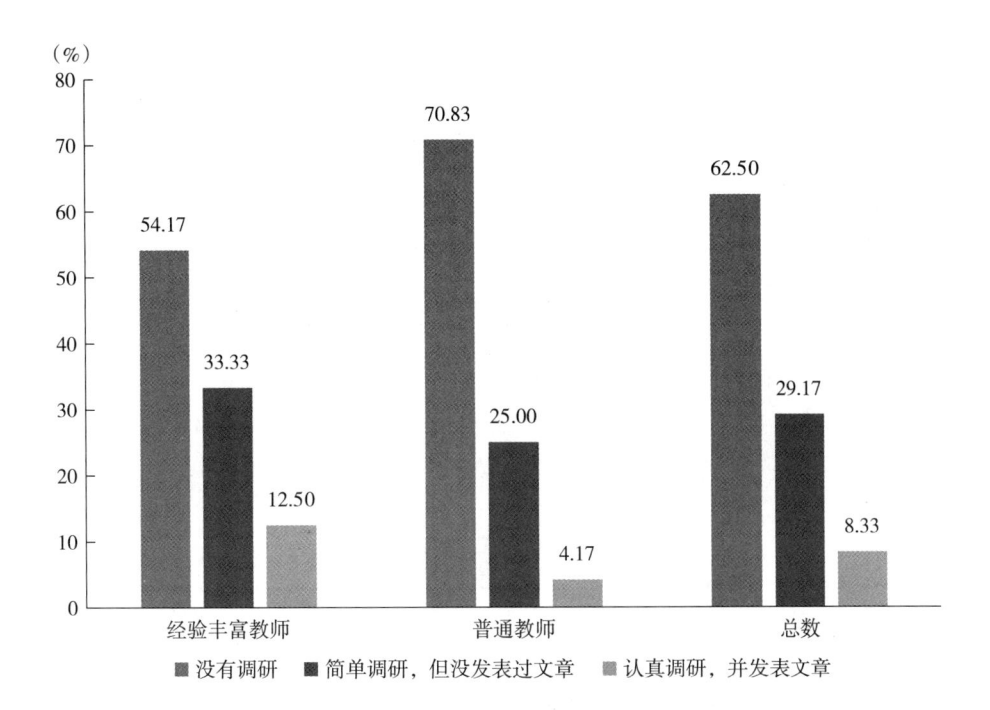

图 3-12　老师对教学方法的调查与调研

3. 课堂效率存在分化现象

在不同层次班级，讲解同一问题时，不同层级的反应是不一样的。如图 3-13 所示，83.33% 的老师认为拔高层班级反应快，基础层班级反应慢。这说明不同层级的学生的课堂听课效率是不同的，存在分化的现象。

另外的调查结果如图 3-14 所示，74.55% 的学生认为经验丰富的老师讲解简单易懂，幽默风趣，学生理解知识较快，课堂效率会有明显提高。普通老师则讲解起来比较费劲，学生接受效果较差。

4. 作业质量提高的同时出现课后辅导困难

调查如图 3-15 所示，老师根据学生特点对作业分层布置，基础层学生作业量中等，发展层相对较多，拔高层较少。调查显示，70.83% 的老师认为学生作业完成质量提高明显，75% 的经验丰富的老师认为学生作业质量大幅提高，这说明在选课分层走班以后，由于学生的课堂表现发生积极变化，学习态度转变，作业完成质量也得到有效提高。

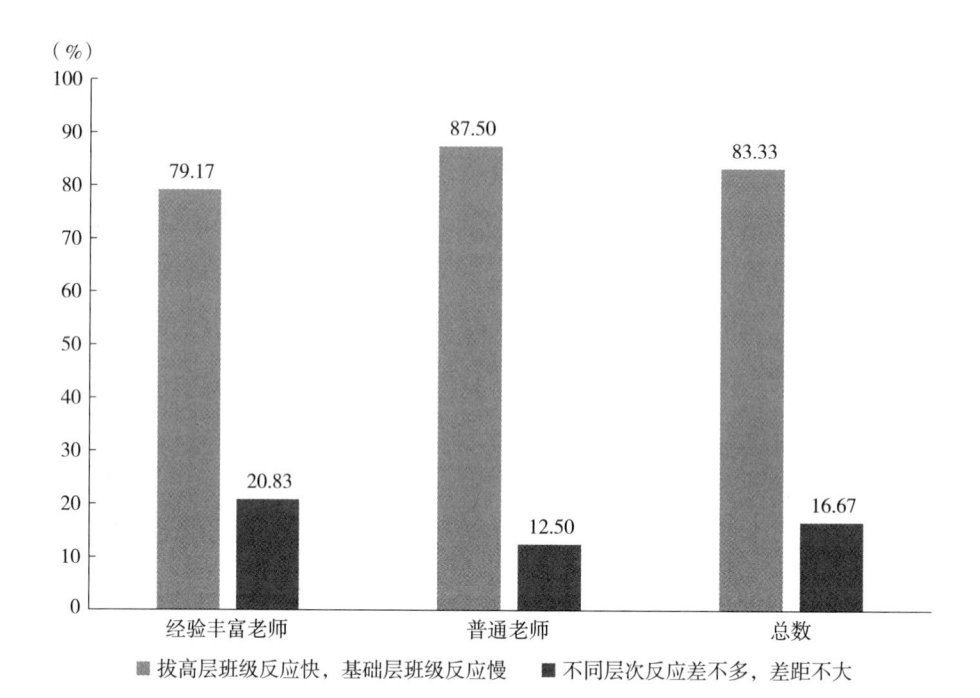

图 3-13 讲解同一问题不同层级学生的反应

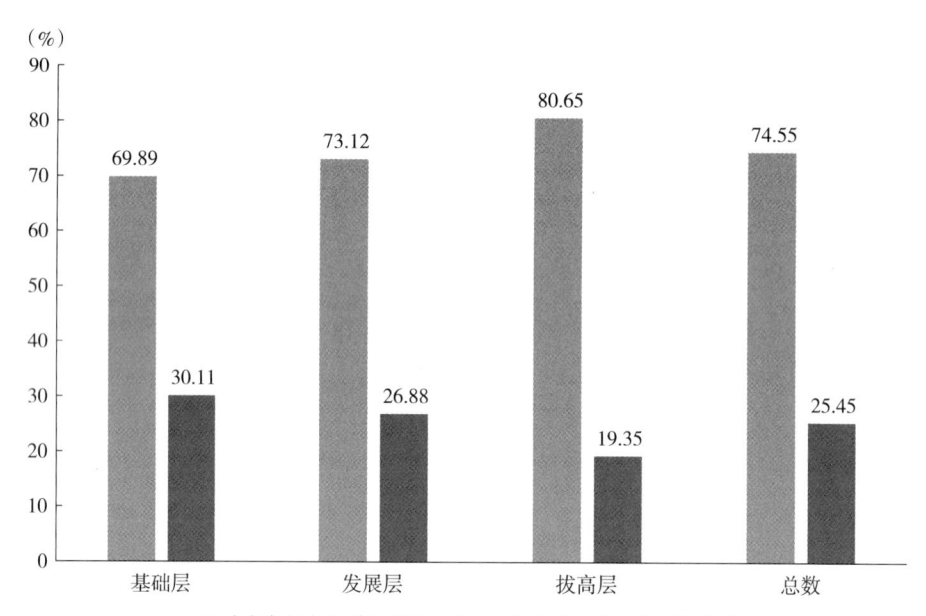

图 3-14 同一个问题不同老师的讲解情况

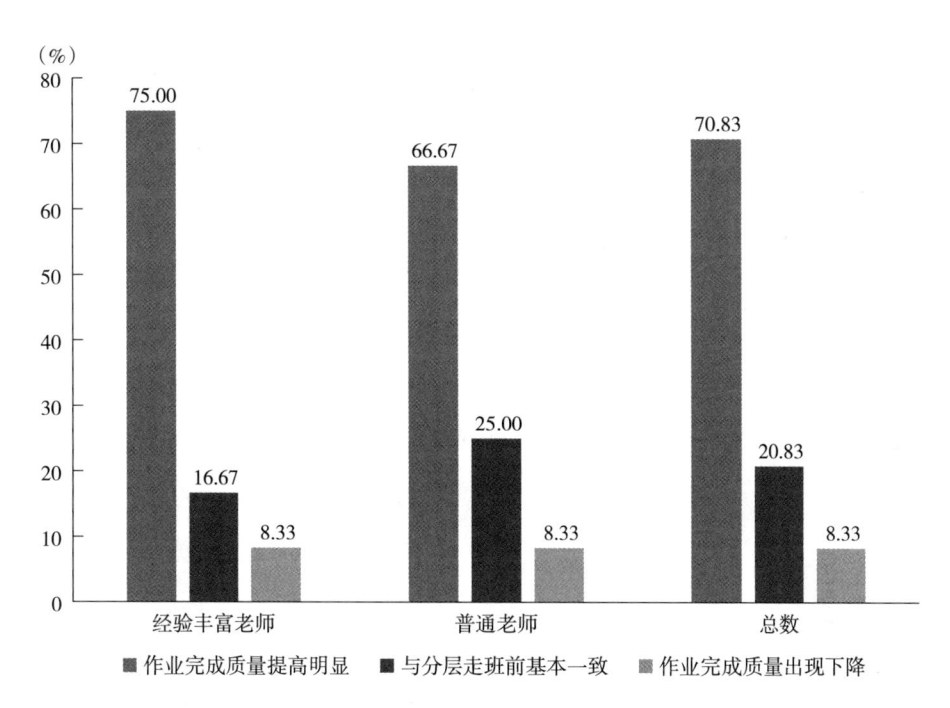

图 3-15 选课分层走班后学生作业完成质量情况

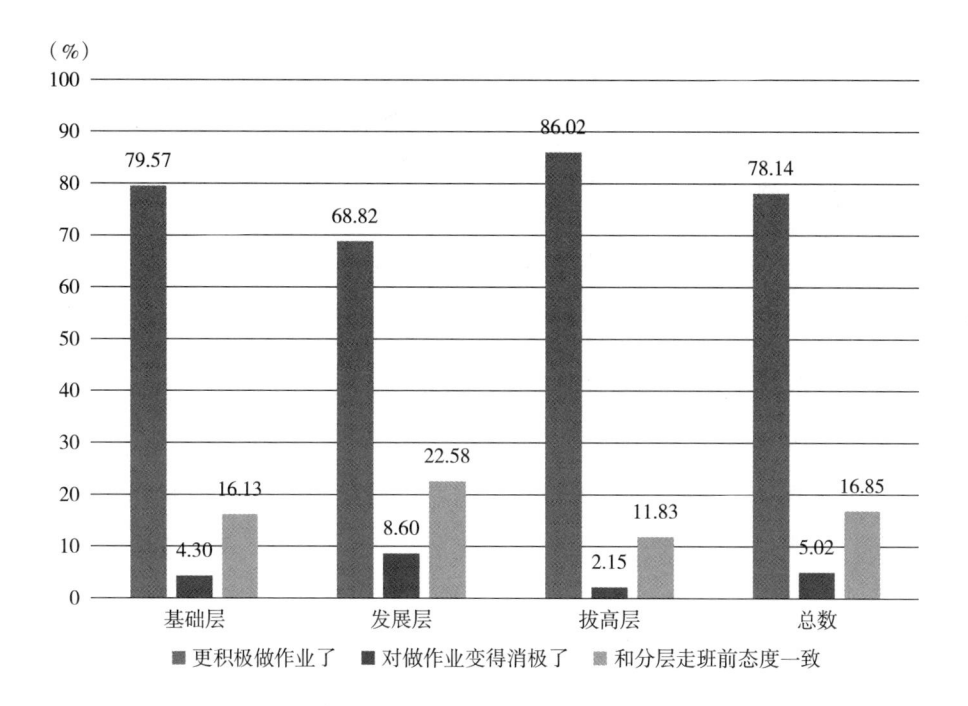

图 3-16 选课分层走班后学生对课后作业态度的变化情况

另外调查发现在不同层次学生中，如图3-16所示，78.14%的学生表示做作业更加积极了，这表明作业分层布置使作业更有针对性，作业完成质量得到改善，学生学习积极性显著增强。

调查结果如图3-17所示，81.36%的学生认为老师辅导的时间和次数减少了，这说明选课分层走班后的课后辅导确实存在困难。从老师角度了解到，由于课后教学班学生分散到各个行政班中，不同层次老师无法统一进行辅导，这也是选课分层走班面临的一个困难。

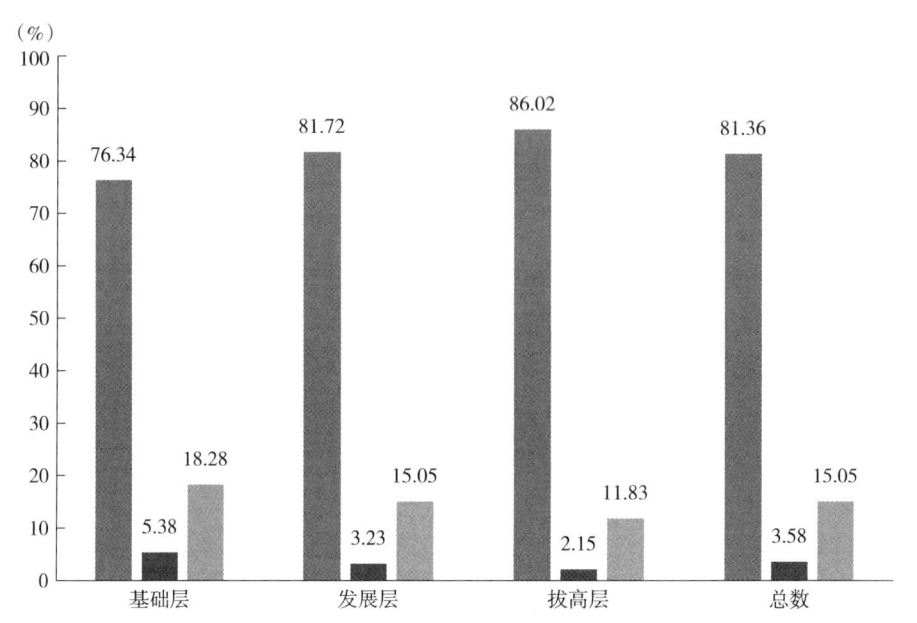

图3-17 选课分层走班后学生对课后辅导的看法

（四）选课分层走班教学评价及其问题

1. 学生评价内容不完整

实际调查中发现学生评价内容不完整。老师对学生的评价内容过多侧重于学科考试成绩，忽略学生在各个阶段学习态度、学习习惯、课堂表现等综合素质的考查，没有形成真正意义上的过程评价。如表3-4所示，教师在对学生进行评价时所考虑的五个因素排在前五的是考试成绩、作业完成情况、教学老师评价、行政老师评价、上课表现这几个因素，而考试成绩占据首位，其他因素的考虑就显得较轻，这就造成了学生评价内容不完整。

表3-4　　　　　　　　　　　　教师评价学生的因素

	第一因素	第二因素	第三因素	第四因素	第五因素
经验丰富的老师	考试成绩	作业完成情况	教学老师评价	上课表现	行政老师评价
普通老师	考试成绩	作业完成情况	行政老师评价	教学老师评价	上课表现

另外在调查时发现，如图3-18所示，70.25%的学生认为评价是老师一个人说了算，只以考试成绩为标准，很少考虑到其他因素，导致学生认为老师没有看到自己努力的一面，久而久之会使学生失去学习的动力。

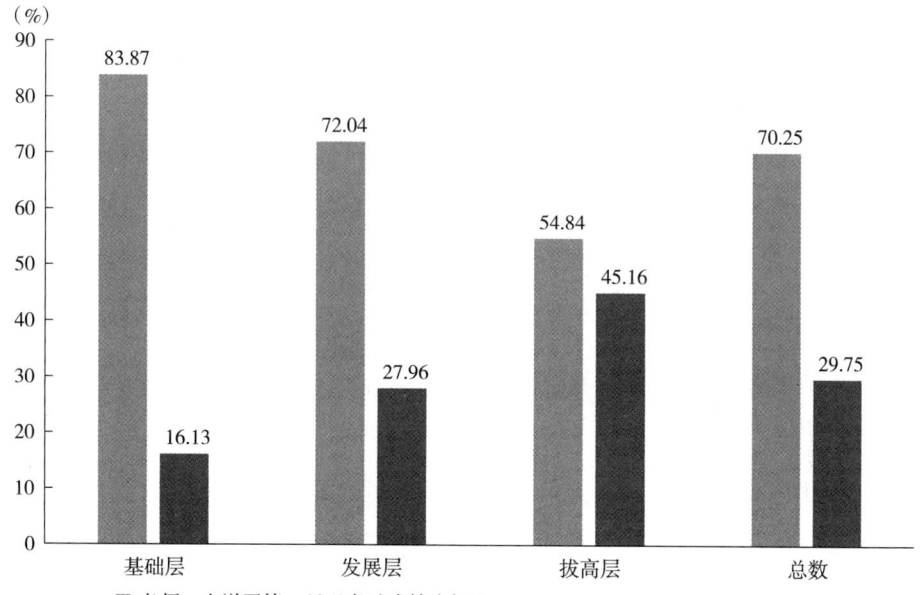

图3-18　老师对学生评价方式的学生观点

2. 教师评价方案不科学

在实际调查中发现目前实行的评价体系只将硬性指标考试成绩作为衡量因素，并没有将学生和家长对老师的评价纳入评价内容中，没有进行多元评价，没有全面考虑教师的实际贡献。如图3-19所示，58.33%的老师对目前实施的评价方案不满意，认为付出辛勤劳动的老师，应该得到合理公平的回报。

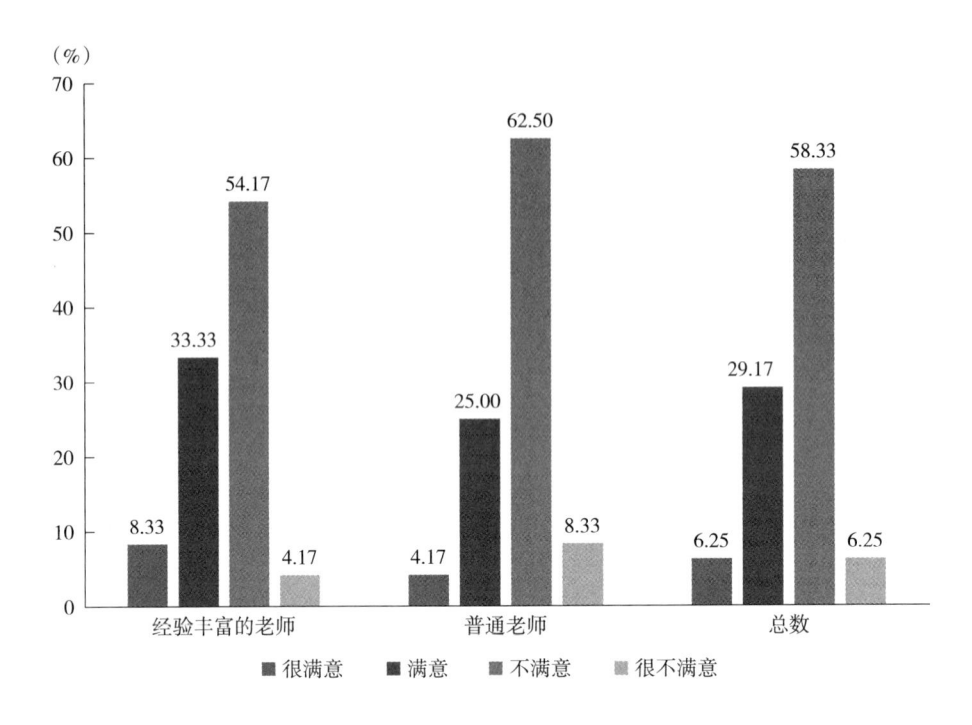

图 3-19 教师对评价方案的态度

(五) 选课分层走班管理及其问题

1. 选课分层走班管理组织不健全

调查中发现，选课分层走班之后，出现了无人考勤、作业无人收集、卫生无人打扫、各项通知、消息无人传递与反馈等问题。究其原因在于没有统一的班级管理组织，责任不明确。如图 3-20 所示，62.37% 的学生认为目前在教学班级中存在遇到事情不知道找班级中哪位负责人的情况，这说明在教学班级中缺少管理班级事务的学生，老师在教学班的管理组织建设中没有积极响应，导致管理组织不健全。

2. 基础层教学班出勤率和纪律有待改善

调查显示基础层教学班学生出勤人数相比拔高层班级的出勤人数较低。如图 3-21 数据表明，基础层的平均出勤率最低仅 93%，经验丰富的老师相比普通老师，学生出勤率会较高。这说明选课分层走班后，尤其基础层学生存在管理难度大、自主控制能力较差的问题。

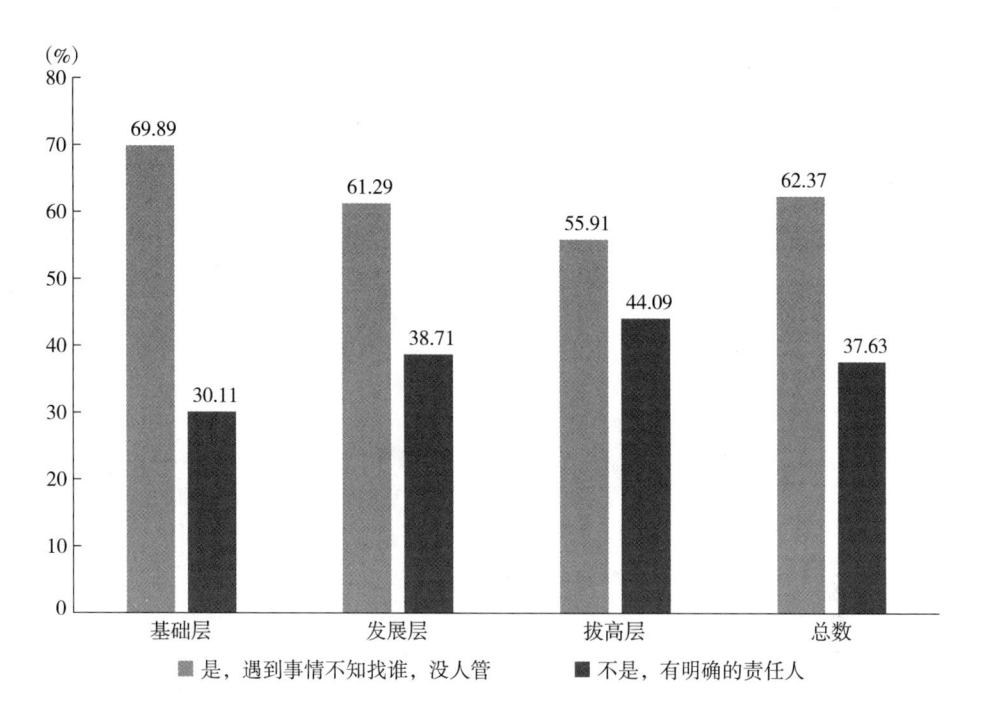

图 3-20　教学班各项事务是否责任人明确

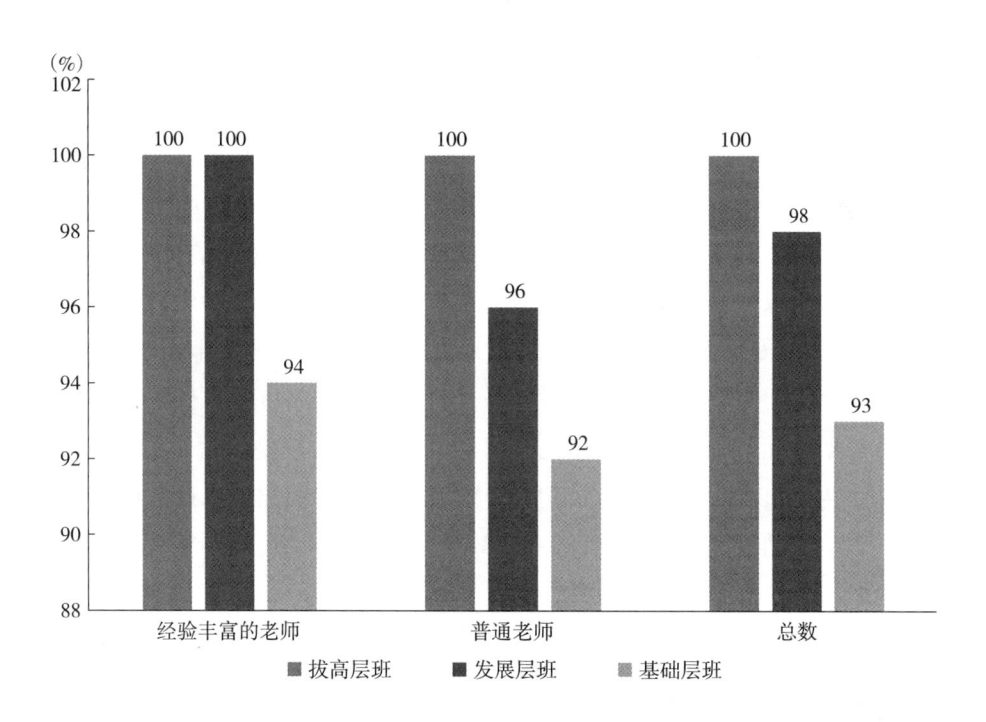

图 3-21　不同层次班在不同老师课堂的出勤情况

另外调查结果如图3-22所示，基础层有65.59%的学生认为课堂纪律变差了，相反发展层和拔高层学生认为课堂纪律变好了的占比分别为54.84%和76.34%，这说明选课分层走班会将基础差的学生不良影响放大，臭味相投效应会更加明显，散沙效应会滋长，纪律培养更困难。

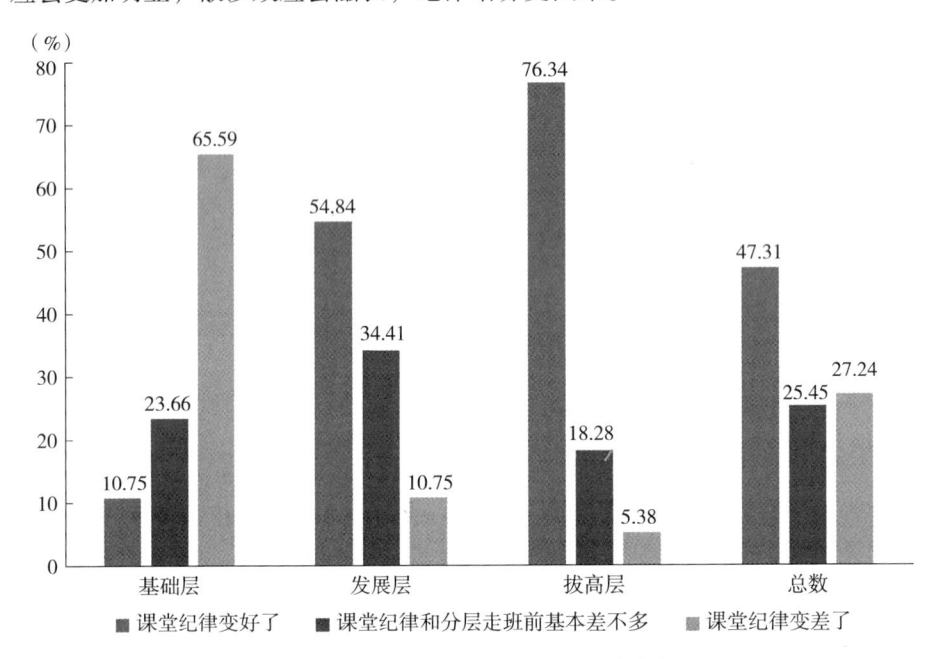

图3-22 选课分层走班后课堂纪律变化

3. 学生学习自主性和心理问题需要调适

调查结果如图3-23所示，基础层77.42%的学生认为自己在一天的学习任务安排中总感觉没干什么时间就过完了，学习任务堆积了一大堆。发展层中也有55.91%的学生任务安排比较乱，拔高层68.82%的学生由于基础好、觉悟高等个人因素，在一天的学习任务安排上条理清晰，学习任务会按时完成，这说明基础层和发展层学生的学习独立自主能力较差。此外，被分到基础层的学生易出现自卑、心理负担过重、心理偏激等现象。选课分层走班教学后，学生流动性大，学生班级认同感与归属感较差，致使一些自控能力差的学生学习成绩越来越差。

另外的调查结果如图3-24所示，有52.08%的老师认为相比分层前学生的独立完成学习任务的情况有所退步，这也表明学生没有较强的自主学习和自我管理能力。

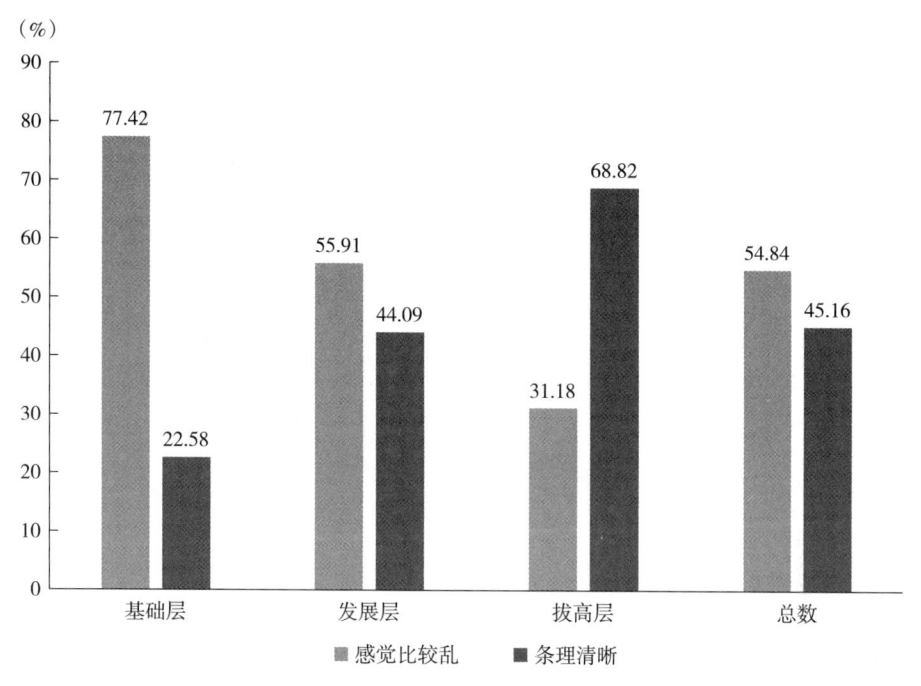

图 3-23 学生对自己一天的学习任务安排情况

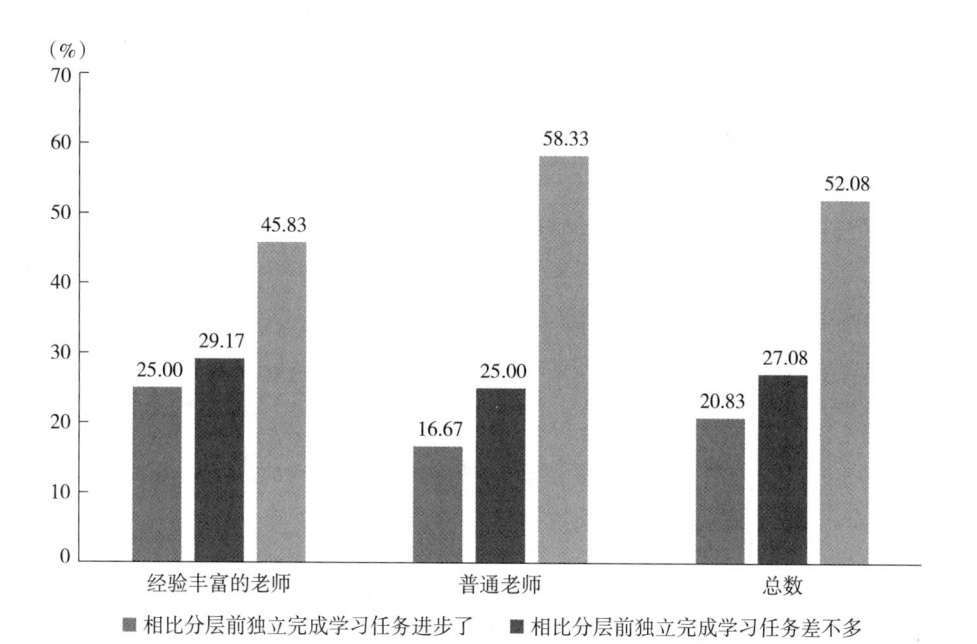

图 3-24 选课分层走班教学后学生独立自主学习能力

4. 师资分配与层级分配不匹配

调查结果如图 3-25 所示，给拔高层班级授课时间最多的是普通老师，达到 68.76%；给基础层班级授课时间最多是经验丰富的老师，达到 62.50%。经验丰富的老师创新意识强，解决问题的能力强，思维活跃，所以应该将更多的课时安排到拔高层班级；相反，普通老师细心，有耐心，热情高，但在解决创新问题时经验欠缺，所以应该将更多的课时安排到基础层，但实际中在分配老师教学班级时，并没有考虑老师特点和班级层次之间的特点，出现了两者之间不匹配的问题。

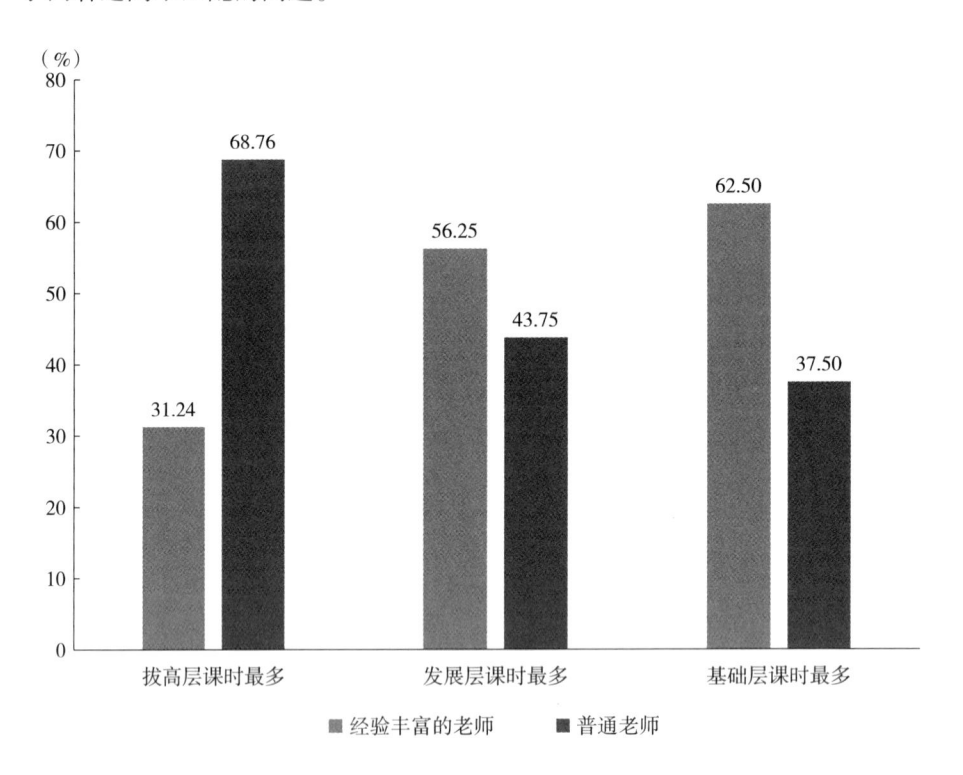

图 3-25 老师在三个层级被安排授课课时情况

5. 选课分层走班教学配套资源不完善

在调查中发现，实施中公共财物与教学物品的维护与管理都成了问题，出现教室资源不够，多媒体资源不够，学生选课系统和信息管理系统不先进，学生储物柜不够，并且有些公物被破坏后长期没有修复，教学配套资源不完善，难以保障教学顺利开展。

调查组就选课分层走班教学中所遇到的困难对调查学校的教师进行了访谈，以下是访谈记录。

访谈者：请问老师贵校在实施选课分层走班教学过程中所遇到的困难有哪些？

教师 A：自从实施了选课分层走班教学之后，学生走班时往往东西没地方放，学生总是拿很多东西去教室，但又是在教学班上课，来不及换课本，总是出现杂乱无章的情况。

教师 B：实施选课分层走班教学后，最大的感受就是需要的教室太多，而学校没有足够的教室作为教学班教室。

教师 C：学生在选课时程序烦琐，学校的管理系统不能呈现最完整的选课运行状态，往往在学生选课时出现系统崩溃，导致学生不能按时准确地进行选课。

教师 D：学生在出勤方面我们无法做到检查，太多学生了，课间乱哄哄的，老师哪里记得住一个班的所有学生，要想去检查这节课到底来齐人数了没有，实在是太难了。

四　问题成因分析

影响选课分层走班教学的因素是多方面的，既有学生方面的因素，也有教师方面的因素和管理方面的因素，以及学校硬件设备等因素。

（一）学生自我认知力和能动性需要培养

1. 自我认知能力

实施选课分层走班教学，首先需要对其本质和内涵准确认识，只有真正理解它的本质，才能促使其顺利开展和实施。学生的自我认知能力关系到学生能否对其本质有正确认识和对自身能否有个清楚的定位。自我认识能力高的学生可以对选课分层走班教学的目的和实施影响有个准确认识，他们会认为选课分层走班教学就是从自身的差异出发，在尊重自己的现有差异基础上会使自己得到最大的成长与提高。他们也可以从自身的学习基础、学习能力以及学习兴趣出发对自己有个较准确的认识与定位，清楚地知道自己实际处于怎样的水平和适合哪一个层级，从而选择最适合自己的层级进行学习，使自己成为受益者。相反，若是自我认识能力差，再加上学校宣传力度不够，学生就会认为选课分层走班教学就是差别对待学生，把自己分为好坏、优差来区别对待。

2. 自主选择能力

在选课分层走班教学实施过程中学生自身也要具有一定的自我选择能力，这样才能在教师的指导下结合自身的具体情况，综合考虑、自主选择最适合自己的学科和层级，使自己达到最优化的学习。学生的自主选择能力关系到选课分层走班教学的实施对象能否更加明确，内容是否准确。若是学生自主选择意识强，会自己经过自我评估后做出相对应的选择，若是自主选择意识差，他们往往在遇到选择时只能被动地接受。

3. 自我管控能力

学生的自我管控能力关系到学生能否自觉地进行学习。选课分层走班教学中，学生动态变化，班主任角色淡化，因此单纯依靠教师来管理学生的效率逐渐减弱，这就要求我们的学生要实现自我管理。自我管控能力强的学生可以自觉学习，自行完成学习任务。他们自觉地出勤上课，遵守纪律，自觉学习，保证自己的课程学习和学习效果。相反，自我管控能力差的，往往学习不自觉，易出现逃课、早退、上课不听讲等不良的学习行为，造成课堂教学纪律差，从而影响教学效果。

4. 自主学习能力

学生的自主学习能力关系到学生知识的巩固程度和课外学习效果。选课分层走班教学中由于学生走班、教师流动，导致教师无法统一辅导，除课堂外基本都需自主学习，因而自主学习能力至关重要。自主学习能力强的学生在教师上课前已做好了预习工作，学习效率较高，在教师的引导下可以自主进行学习，自主探索，有问题主动去找老师，而且也不仅仅局限于自己的科任老师，极大地提高了学习效果。相反，自主学习能力差的学生，往往只是跟着教师的步伐进行，若是教师没有及时关注与督促，他们就不会自主进行学习，在课外作业遇到问题也不会自主解决或者主动请教同学和老师，这就使他们的学习效果较差。

（二）教师综合素养与教学能力有待提升

1. 教师个人素养

教师的个人素养关系到选课分层走班教学能否正确地实施。若是师爱生，尊重学生间的差异，真正从每个学生的个体差异出发，培养学生的兴趣爱好，便会使学生得到最大限度的成长。在对学生进行分层和层次调整时也会根据学生的各方面综合因素来考虑分层选课，真正做到为学生考虑，促进他们的个性发展。相反，教师个人素质低则会认为学生间本来就是存在好坏、优差之别，给学生贴标签，在对学生进行分层和层次调整的时候不按照分层标准来执行，那就与选课分层走班教学的本质相违背。

选课分层走班后，教师在课堂上应给予低层级学生更多情感关注，课下随时关注学生变化。选课分层走班后由于学生来自不同的行政班，科任教师的课后辅导难度加大，这时更需要教师主动地去行政班内对学生进行课业辅导，给予他们更多的关心。

2. 教师的教学能力

（1）教师认知能力

教师认知能力包括了解学生特点的能力、领会教材大纲的能力和分析教材的能力。认知能力直接影响着教师对选课分层走班教学的内涵的理解、对学生个体差异了解程度、对分层标准的制定、对各层次学生需求的把握以及对教学目标的确定这几方面的实施。认知能力强，便会正确认识与理解选课分层走班教学的内涵，科学确定分层依据与动态调整，同时也能在分析调研教材和课程标准的基础上准确把握各层次学生的学习特点来制定各层级的教学目标和选择正确的教学方法。[1] 认知能力低的教师不能准确把握选课分层走班教学的内涵，分层依据不科学。他们也无法准确理解课程标准和学生需求，导致教学目标设计不合理。

（2）教学设计能力

教学设计包括确定教学目标、选择教学内容和教学方法。教师的教学设计能力关系到能否准确把握教学目标，能否依据各层次学生的学习需求确定

---

[1] 周常稳：《普通高中走班制模式中存在的问题及对策》，《教学与管理》2015年第6期。

适合学生的教学内容，能否根据各层次学生的学习风格和学习特点选择最适合的教学方法来展现所教授的内容。教学设计能力高的教师对课程标准、教材、学生情况等因素有清楚准确的了解和掌握，可以准确把握教学目标，使各个层次的学生都可以达到自身的"最近发展区"。同时也可以根据不同的学生及个体目标选择恰当的教学内容和教学方法。相反，教学设计能力差的教师常常在教学目标的确定、教学内容的确定以及教学方法的选择上都存在一定的缺陷，往往造成教学目标设计差异大，教学内容与学生层次需求不匹配，教学方法不符合本层级学生的学习特点，同时也不能根据反馈适时调整。

(3) 教学实施能力

教学实施能力是指教师将教案变为真实的课堂，解决实际教学问题从而达到实现教学目标的能力。它包括课堂调控能力和实施教案能力。能力高的教师可以准确地根据学习变化来随时调整内容和方法，激发学习兴趣，高效把控课堂，提高课堂效率。相反，若是教师的教学实施能力低，则无法根据学生变化及时做出正确的调整，往往各个层级的学生又出现分化现象，课堂效率降低。

(4) 教学科研能力

教学科研能力指的是教师具有在教育过程中发现存在问题的敏锐性，同时也包括具有将已有成果运用到教育实践之中的能力。教学科研能力高的教师可以准确地认识选课分层走班教学的本质特征、分层实施的具体环节和实施中存在的问题，他们通过调研可以将学习到的相关理论运用到自己的教学实践之中，根据自己班学生的具体情况改变教学策略，采用最适合学生的教学方法，解决自己在教学活动中所遇到的实际问题，从而使选课分层走班教学顺利实施。相反，教育科研能力较低的教师由于教育理论调研较少、认识不太透彻，不能敏锐地发现教学过程中存在的问题并及时解决，不能通过教育理论来指导教学，同时也不能根据动态变化着的学生来推陈出新他们的教学方法。

(三) 学校管理及资源亟须优化

1. 评价制度

(1) 评价主体

评价主体包括学生、教师、家长及管理者。评价主体多元化可以及时有效地反馈学情,以便适时调整教学促进教学高效开展。选课分层走班教学打破了传统以行政班班主任评价为主的评价模式,因此需要丰富我们的评价主体,让学生、家长、教师和学校一起来评价我们的教学。此外也可以使教师通过多种渠道,对学生和教学活动有一个充分全面的认识与评价,进一步提高自己的教学质量和效率。相反,若是评价主体单一,学生对自己没有清楚的认识,教师也无法全面地去了解学生,得不到有效的学情反馈,直接影响我们的教学效果。

(2)评价内容

学生评价内容应包含学生的学科考试成绩、情感态度、习惯改变、实践能力、逻辑思维能力、创新精神以及学生的心理素质等方面。教师评价内容除了包括学生评价的内容以外还应包括教师的教学态度,不同层级所达到的教学目标以及教师作业批改和作业辅导程度等因素。全面科学地进行教师评价可以全方位地了解到学习过程中的动态变化,对自己的教学做出有效的调整,提高工作积极性和工作热情。实行选课分层走班教学后,由于各个层级学生的学习基础和学习能力不同,因而所要达到的教学目标也是不同的,针对不同层级的学生所进行的评价标准也应该相应地调整。评价内容若只偏重于学科成绩,则会严重影响基础层学生的学习自信心,挫伤学习积极性。

(3)评价方法

评价方法有形成性评价和结果性评价、定量和定性相结合的评价、相对评价发展和注重个人差异评价等。全面地评价学生,用发展的眼光看待每个学生,将形成性评价和结果性评价相结合,定量和定性评价形结合,相对评价和注重个人差异评价相结合,科学地评价学生,利于了解学生各个阶段的变化,改善教学工作。同时在对教师进行评价时也应关注教师的实际教学付出,而不应只通过关注学生的成绩来评教。选课分层走班教学中,学生动态走班,各层级学生的教学目标也不同,因而我们要全面地评价学生,注重过程性变化,在教学中要将学习成绩和学生其他方面的变化都纳入评价之中。相反,若是在评价时只关注学生的学业成绩,忽视学生学习习惯、学习态度、平时掌握知识的情况等,则会影响学生的学习积极性,阻碍选课分层走班教学的实施。

2. 管理制度

(1) 学生教学管理组织体系

学生教学管理组织体系应包含班主任、班干部、导师等。选课分层走班教学中行政班与教学班分离，教师无法做到准确了解每个学生的学习情况、个性特征，导致学情无法及时反馈，行政班班主任的管理工作难度增大，作业收发难度大，学生出勤情况考查困难，无法顺利地开展学生的日常考勤和作业收发工作。班主任无法顾及每个学生可能出现的学习问题和心理困惑，因而需要为学生配备各自的学习导师帮助他们解决和指导学习上的问题。因此，建立健全的选课分层走班教学管理组织体系，如建立双班主任制、配备齐全的教学班班干部以及配备学生导师制，解决行政班与教学班无法及时反馈和管理以及指导学生学业等方面的问题，就显得尤为重要。

(2) 班务日常活动管理制度

班级日常活动管理制度主要包括出勤情况、课堂纪律、作业的收交等方面。选课分层走班教学实施中由于学生流动走班，经常性出现缺勤、早退迟到甚至逃课，低层次班级课堂纪律混乱，学生作业收交困难等现象。这些都是缘于教学班没有制定具体明确的教学班班务日常管理制度，或是班务管理制度存在但内容不明晰执行力度不强，学生会产生一种不知道自己该怎么办才好或是认为自己不按照制度来也不会有什么后果的心理。因此需要制定教学班班务管理制度并将内容明细化，同时也要严格执行制度内容。只有建立一个完整且明细化的班务管理制度才能保证教学班的出勤、作业收交以及学生的课后辅导清晰化，进而保证教学顺利高效开展。

(3) 课堂管理

① 对老师的期望

不同层级的学生对教师的期望各有不同，例如基础层的学生希望教师课堂上讲慢些，更注重基础性知识的讲解，而高层次的学生则期望教师可以在基础性知识的基础上多关注于逻辑思维能力的培养，使他们可以更加优秀。当学生的期望达到他们既定目标时，那就证明这节课是高效完美成功的，相反，学生的期望与教师的实际教学产生出入，那这节课就是失败的。

② 班级的层次

选课分层走班后，学生在教学班上课，仅早读和自习在行政班，教学班又是由各个行政班的学生组成的，学生的班级概念较弱，集体荣誉感淡薄，同时，选课分层走班后学生的交际范围由一个班的学生扩大到了整个年级，交际范围扩大，交往模式也发生变化。例如，基础层的学生大多存在学习习惯差，学习态度存在问题，因而将这类学生集中在一起所组成的班级在管理时往往难度较大。相反，拔高层的学生往往都自我管控能力、自主学习能力强，他们所组成的班级则管理难度小。因此班级的层级与班级管理有着直接的联系。

③ 课堂气氛

课堂气氛影响教学效果。和谐的课堂氛围可以降低教师对班级的管理难度，学生也可以在一个好的课堂气氛的班级里更加高效地进行学习。相反，不好的课堂气氛会影响教师的授课，降低教学效果，同时也增加了班级管理的难度。

④ 教师的行为方式

教师的严肃、威信以及教师的教学机智影响着教师的课堂效果。教师如果严肃有威慑力，那么课堂上学生就会信服他，同时教师若是具有一定的亲和力，博学多才，具有较强的人格魅力，学生也会对其信服，更有利于教师对课堂进行管理。此外，教师机智也是一个很重要的因素，教学机智高的教师可以更好地把控课堂，随时处理课堂中的意外情况，保证课堂有序进行，进而使教学活动顺利开展。相反，若是教师不严肃，没有威慑力，不能很好地把控课堂，那课堂管理将会遇到很大的问题。

（4）教师管理制度

教师管理制度包括师资的分配、作业布置与批改和课后辅导等。安排时要从学生出发综合考虑教师特点与能力合理安排使教学高效进行。在布置作业时，若是按照各层级的教学内容和教学目标来布置的，可以更高效地完成，教师在批改作业时也可以轻松高效地完成批改任务。同时，针对课堂中以及课后作业中出现的问题与疑惑不知道该找谁去解答这一问题，制定具体措施安排教师进行课后作业辅导显得尤为重要。

3. 配套资源

选课分层走班教学实施后由于每个学生的选择不同，学生所选择的方案较多，这就要求学校具备一定的教室数量，同时在多媒体、实验器材等硬件设施上有强大的配套能力。同时由于学生走班，学生的学习用品和书籍无法合理安排，课间无处休息，所以需要学校设置各种储物柜等硬件设施。此外，学生选课以及考勤都需要在网络上开展，因此一个强大的信息管理系统显得尤为重要。

第三节 新高考视域下普通高中选课走班教学改进策略[1]

选课分层走班教学为学生打开认识世界的大门，体验世界的丰富多彩，建构起自己的知识体系和经验世界。但目前普通高中选课分层走班教学在实施过程中仍存在不少问题，并且这种新的教学组织形式并没有被广泛实践起来，如何解决这些问题以及如何将这种教学组织形式有效地大范围推广起来，还需要进一步探讨分析。本调研从选课分层走班实施中存在的问题及影响因素出发，尝试性地提出选课分层走班教学实施改进策略，以期为改进当下的教学组织形式和选课分层走班教学的推广实践提供一些建议和参考。

一 多管齐下，提高学生自我认知力与学习能动性

（一）加强宣传和培训，提高学生自我认知能力

通过主题班会的形式对学生进行学习宣传，向学生阐明选课分层走班教学是从自身的学习水平、学习能力、兴趣爱好以及自己的职业规划出发自主选科选层，使自身达到最大发展的教学组织形式。帮助学生正确理解选课分层走班教学的内涵，消除误解，使学生调整好心态，从心理层面上接受选课分层走班教学。[2] 此外，在走班前把具体的各个层级教学老师、教学目标与内容、教学方法等要求予以公布，使学生参照以上内容再结合各自实际情况做出自我选择，这是学生选好学习层次的前提，也是我们确保选课分层走班教学顺利实施的前提。

---

[1] 武丹：《宝鸡市普通高中分层走班教学现状及改进策略研究》，硕士学位论文，延安大学，2017年，第37—43页。

[2] 彭勇：《选课分层走班及其教师评价方法探究》，《改革与探索》2015年第6期。

（二）强化培养和训练，增强学生自主选择意识

1. 注重家庭教育，培养孩子的独立思考能力

选课分层走班教学需要学生对自身有一个准确的认识以及对自己的人生发展有一个清晰的规划，这需要学生具有一定的自我判断能力和独立思考能力。而中国家庭中，对孩子的溺爱、包办，导致他们缺乏独立思考和自我判断能力，这在很大程度上影响了我们选课分层走班教学的顺利开展。因此我们要注重家庭教育，家长要有意识地让孩子做一些力所能及的家务，锻炼独立思考能力。要教育孩子自己的事情自己做，自己的事情自己拿主意，我们家长和老师会给予你们意见，能独立解决的事情，绝不依靠他人。只有时时处处注重孩子独立意识的培养，才能让孩子养成良好的习惯，对自己也有一个清楚的了解与定位，才能使孩子做一个果断自信的决策者。这样孩子在学习中就可以在对自己有清楚定位的基础上更好地选择最适合自己的学科和层级进行学习，使自己得到最优发展。

2. 培养学生独立意识和自我意识

从思想上培养学生的责任意识，让他们自觉承担一些应该并且能够承担的责任，对自己发生的过错要自觉承担责任。在生活中培养学生的劳动观念，在学习上培养独立思考的能力。在教育中我们要教学生排除表面东西，挖掘深层实质，使学生独立思考能力得到锻炼。只有学生具有独立思考的意识与能力，才能在选课分层走班教学中从自身出发，对自己现有的学习水平、自己的学习兴趣、自身的个性发展和发展潜力及人生规划有一个充分的全面了解，从而科学地选择相对应的层次进行有针对性的查漏补缺与提高，从而以一种积极的态度与情绪进行学习。此外，学生要根据自身的发展潜力选择自己具有发展空间的学科，从而使自身在某一学科有一个好的提高与突破。[①]

（三）明确学生行为规范和奖惩制度，提升自我管控能力

选课分层走班教学中打破了传统行政班的教学管理方式，学生处于流动状态，教师也处于流动状态，对班级的管理也就略有疏忽，这时就需要学生自觉遵守班级各项制度，提升自我管控能力。

---

① 孙守国：《如何加强选课分层走班教学的管理保障》，《文教资料》2011年第1期。

行政班班主任应该制定详细的班务管理制度，其中应该包括：建立班级管理组织体系，负责行政班的一切活动，同时也应分配教学班的班务管理人员，明确责任，规范学生的行为，明确他们的各自职责与任务，同时建立明确的奖惩制度，以激励方式来规范学生的学习行为，促使其自觉地遵守班级纪律。

（四）营造主动和竞争学习氛围，强化学生自主学习能力

选课分层走班教学后教学班内都是同一层次的学生群体，学习缺乏榜样与竞争，同时行政班学生班集体概念较弱，学生在学习中遇到疑问时需要自己主动去寻求同学或老师来帮助答疑解惑。这就需要我们树立学习榜样，在不同层级间设置不同的目标，采取小组评价方式、积分制，并将个人积分奖励与小组评价奖励相结合，营造一种竞争氛围，同时营造出一种人人主动学习的良好班级学习气氛，以此来增强学生的自主学习能力。

二 多措并举，提升教师选课分层走班教学综合素养

（一）提高教师的个人素养，形成科学分层观

通过专题讲座与教研培训活动等形式，对教师进行宣传与培训，使教师真正理解选课分层走班教学内涵与本质，科学制定分层标准，真正从学生的个体差异出发，把握学生学习特点、学习兴趣、学习能力等因素，指导学生科学选择最适合自己的层级，使自身才能得到最大限度发挥。教师在层级的动态调整时根据学生的学习变化情况以及学生意愿进行调整，不得加入任何个人情感，同时对不同层级的学生都应给予更多关心与指导，不仅做他们的学科教师也要做他们的人生导师，在实践中践行素质教育理念，发挥选课分层走班教学特征，真正地做到关注学生的学习成绩、个性特征、兴趣爱好、学习能力及风格等方面，进而更好地投身到选课分层走班教学的实践中。

（二）提前充分准备，知学生知教材熟透于心

教师在授课前需要做好充分的准备工作，了解学生，把握每位学生的个体差异，知晓他们的学习风格与学习方法，从而可以有针对性地进行教学。同时教师在备课前研读所对应的新的课程标准，清楚地知道本年级学生本学科所要达到的课程目标，此外应该熟悉所教教材，研读教师用书，把课程标准和每节课的重难点相结合，准确把握重难点，做到学生在心中、课标在心

中、教材在心中。

（三）集体备课和二次备课相结合，科学设计教学目标

新课标要求三维目标的实现，每节课要准确把握好三个目标：知识与技能、过程与方法以及情感态度与价值观。选课分层走班教学中，教学目标的制定需根据各个层级的学生特点以及学生的学习水平来具体确定。

任课老师要对学科的课程目标和层次目标十分清楚，在集体备课的基础上针对本班学生的个体认知水平和学习能力，确立不同的教学目标以及教学侧重点，同时针对不同的学生、不同层次的要求，提出不同的教学内容和教学方法，引导不同层次的学生在各自的"最近发展区"中得到提高与进步，使教学在实际中有针对性，保证分层教学目标的切实落实。[①]

针对各层次的学生特点，我们将教学目标设定为表3-5所列几种类型。

表3-5　　　　　　　　教学目标分层设计

	学生特点	教学目标
基础层	学生学习基础弱、自我管理与约束能力差、学习不主动、动力与学习兴趣不足；学习习惯差，学习态度不端正。在学习过程中容易产生畏难情绪，学习能力差，基础知识掌握薄弱	学习习惯改变，学习兴趣增强，掌握基础知识，能够识记、理解和简单运用教材中要求的内容，适合基础层次学生，但也是发展层、拔高层次学生必须要掌握的知识
发展层	学生能按照规定完成作业，学习兴趣较高，课堂上基本可以跟上老师的思路与节奏，但学习进取心不高，学习动力不足，成绩不够稳定，容易受到外界因素影响	充分调动学生的非智力因素，培养学生的良好学习习惯，带领并指导其落实，掌握基础知识，熟练运用基础知识及规律解决有关实际问题，能够分析、总结相关规律
拔高层	学生学习能力强、学习兴趣浓、学习欲望足，非常刻苦努力，各学科基础知识都能扎实掌握，在学习中勇于挑战遇到的各种困难，有着良好的学习态度和学习习惯，在学习方面较其他两个层次更加主动，也更加独立	注重培养学生的创新思维能力，既要横向拓宽，又要纵向加深；既要夯实基础，又要鼓励创新，重在培养学生的知识迁移能力与创新调研能力、探究能力，促进其知识、思维、能力的综合提升

---

① 章全武、王润：《高考改革背景下普通高中落实走班制教学的挑战与超越》，《湖北招生考试》2016年第2期。

总之，在教学过程中要切实落实好教学目标，一定要注意做到：第一，考虑不同层次学生间个体差异性，综合考虑实际情况，在实际制定学习目标和教学目标时要体现学生间的差异，使每个学生都吃饱、吃好。第二，从学生的最近发展区出发，确保学生"够一够就能摘到"。第三，不能单纯地只要求学生停留在基础知识的记忆、了解与积累的层面，对基础层学生也要适当进行思维训练。

（四）主动听评课和参加培训，丰富选课分层走班教学经验

教师的教学经验影响教师在教学时对具体的教学目标执行力度，因而丰富教师的教学经验、甄选各层级的教学内容、选择适当的教学方法来开展教学工作尤为重要。教师应多听优秀教师的示范课与公开课，参与评课活动，借鉴他山之石，准确把握教材重难点，明确各层次教学目标，选择合适的教学方法，在讲授教学内容与教学目标时做到讲清、讲透、讲全，进而提高自己的教学效果。

1. 教学内容的选择

选课分层走班教学中，教学内容要根据不同层次学生基础以及各层所要达到的教学目标来进行选择与设定。如对基础层学生要降低起点，教学内容以课程目标中要求的识记目标为基础，学习最基础的知识点，以保证完成大纲中的最基本要求。拔高层学生除要完成教学大纲规定的要求以外，还需增加其他学习内容，主要以重点知识和难点知识为突破，培养学生的学习思维和学习创造力为教学目标。在设置教学内容时拔高层学生的学习内容应该以该课的重难点知识为主，在题型设置上也应该难度系数偏高一些。

2. 教学方法的选择

在教学方法上，基础层底子薄弱，学习习惯差，若要强行让他们去合作与探究，很多时候学生是无法达到效果的，相反则会严重挫伤他们的学习积极性，所以对于他们来说以"多灌少引"为好。[①] 在教学内容上注重基础知识的掌握，在教学上选择"拉"的方式，注意培养良好的学习习惯与独立思考的能力，并鼓励其尝试性解决问题，帮助他们树立自信心。拔高层的学生

---

① 韩艳玲、毕宪顺：《高考改革背景下高中选课分层走班制实施路径探析》，《考试研究》2016年第3期。

学习基础扎实、习惯良好、学习能力较强,许多问题通过老师的引导之后可以通过自己探究获得结果,因此对拔高层学生应注重"激",培养创新意识,激励他们努力探索和调研问题。此类学生主要以思维引导,自主合作探究为主。[①] 而对大多数发展层的学生则要根据具体情况采取方法,突出一个"推"字,推他一把,让他在学习上尽快上路,老师可以在他们掌握了基础知识之后,尝试启发他们新旧知识间的联系,积极引导他们参与到合作探究中去,及时发现与解决他们在学习中遇到的困难,积极鼓励他们,从而减少他们的畏难情绪,树立学习自信心。

(五)做好教育调研,增强教学实践的理性水平

教师要做好教育调研,使自己具有在教学中发现问题、分析问题和解决问题的能力。学校要聘请教育科研专家,使他们了解并学习最新的教育理念,并学会如何进行学术调研。教师要通过研读最新的教育观念,更新与加深认识,准确把握选课分层走班教学的理念与实施方法,在调研中积累教育理论。[②] 教师通过订购有关教育科研的书籍杂志扩大自己的视野,积累一定的教育理论和调研方法,学习调研最新的教育理念和教育方法,培养和锻炼自己发现问题的敏锐性,将所学习到的教学方法适时运用到自己所带的班级,将教学方法推陈出新,提高自身的教学素养。

三 多环共抓,优化选课分层走班教学管理及资源

(一)实行多元化选课分层走班教学评价

1. 评价主体多元化

选课分层走班教学中,评价主体多元化,由传统的以教师为主体转变为由学生、家长、学校和教师共同参与的评价体系,充分调动学生参与评价的积极性,改变评价主体的单一性,将个人评价、小组评价和教师评价相结合,学校评价、家庭评价和社会评价相结合,以教师评价为主,校长、任课教师、学生自评以及家长评价共同参与、交互作用,让教师从多种角度获得学生的

---

① 郑海莲:《杭州市 D 学校语文选课分层走班教学调查研究》,硕士学位论文,杭州师范大学,2016 年,第 35 页。
② 邱瑶:《学科选课分层走班教学调查研究》,《教学与管理》2015 年第 6 期。

表现，对教育活动进行更全面、更科学、更客观的评价，同时使学生这一被评价者处于一种主动积极参与状态，充分体现学生在教育评价活动中的主体地位，这更利于教师、学生在教学中时刻进行自我反思与自我完善，进而提高教学质量。[①]

在教师评价中，评价主体要多元，站在不同主体的不同角度来评价教师的教学工作和教育工作，如领导评价、学生评价、教师自评、同行评价与专家评价等方式，多角度地进行评价更利于发现问题并及时解决问题，促进教师的教育教学能力的提高。

2. 评价内容多元化

学生的评价不能仅以课本知识、考试成绩为标准，还应通过不同阶段和平时的课堂提问、谈话、作业等评价信息以及学生的学习兴趣、自信心、主动性以及学生的实践能力、创新精神、心理素质以及情感态度和习惯等综合素质来进行评价。通过对学生在各个时期的进步状况、努力程度等信息进行纵向比较，其中学习过程的评价包括日常考勤、课堂表现、作业完成情况、阶段性调研成绩、考试成绩、课外活动与实验参与程度等。

教师评价内容除了包括学生评价的内容以外还应关注教师的实际教学付出，而不应只依据学生的成绩来评教。例如，教师的教学态度，不同层级所达到的教学目标以及教师作业批改和作业辅导程度等因素。全面科学地进行教师评价不仅可以全面了解到学习过程中的动态变化，使其对自己的教学做出有效的调整，而且合理评价教师可以提高教师的工作积极性和工作热情。

3. 评价方法多元化

（1）学生评价

① 考试分层评价。家长和学生最关心和最敏感的就是学生的考试成绩。选课分层走班教学考试中我们将试题也相应地分为：基础层、发展层、拔高层三类。其中基础层要求对基本知识进行识记和简单的运用；发展层要求对基本知识达到识记、理解并能对课本中的例题变式进行解答；拔高层要求学生在理解与运用的基础上，学会用知识解决实际问题，考查学生的

---

① 李慧：《山东省普通高中科学领域走班制调查研究》，硕士学位论文，海南师范大学，2011年，第63页。

综合运用所学知识的能力和综合思维能力。所以设置试题时，要充分考虑好不同层次试题的数量和难易程度。基础层的试题整体上难度稍微偏低一些，要让这部分学生体验到成功的喜悦，对自己产生信心，获得自我效能感，对学习产生兴趣，爱学习，进而转变学习态度。发展层的试题数量应该适当增加，让层级间的部分学生产生经过努力可以获得成功的体验。拔高层的试题要控制难度，让中高层学生都能体验到挑战的感觉，切忌不可过难过偏，挫伤学习积极性。在设计试卷时将题目类型分为基础题和拔高题，拔高题根据难度再分三个层次，争取让每个层级的学生都有施展的空间，从而提高学习积极性。在试卷批改时，一般要求拔高层学生完成基础题和拔高题；发展层学生完成基础题和拔高题中的中等难度的题；基础层的学生要求其完成基础题即可，若是完成了要求之外的试题则可以额外获得分数。

② 定量和定性相结合的评价。定量和定性相结合，采用"分数＋等级＋评语"相结合的方式进行评价。在评价时关注学生考试成绩的同时也应关注学生的学习习惯、学习态度是否发生了变化，改变课程过于偏重课本知识的讲授，重视学生其他因素的变化，使学生形成积极主动的学习态度，养成良好的学习习惯。例如，评价可以从加德纳的多元智能理论的八种智能出发，来判定一个学生的发展变化情况，将定量评价与定性评价相结合，通过沟通谈话在不同的层面去看待每一个学生，使其每种智力都得到发展。

（2）教师评价

我们对教师的评价应该是出于帮助教师在原有基础上得到成长和发展，因此要把激励教师评价作为主要评价，使教师获得职业成就感。由于教师工作的特殊性，教师的教学行为不仅仅体现在课堂45分钟，还有课前备课、课后辅导等环节，因而对教师的评价还应包括教师教学过程的评价，如教师的思想素质、教学技能、教学绩效以及教师的教学科研等因素。

（二）优化选课分层走班教学管理制度

1. 完善教学管理组织体系

（1）建立与完善教学班的管理体系，并制定详细实用的管理制度

实行学校教务处、行政班班主任、教学班任课教师以及教学班班干部共

同管理的管理体系，制定详细实用的管理制度，明确各自职责，相互交流，及时反馈，并做好记录工作，实行多方共同管理。

(2) 班主任应充分发挥学生干部作用

配备一支能力高、效率高、执行力强的学生干部队伍，分学科、分层次地组织本班学生有秩序地走班教学。每个教学班安排各自的教学班班长、学习委员、卫生委员各一名，负责教学班的日常班级事务。学习委员管理来自不同行政班的各学科课代表，他们由每个行政班班主任与任课教师共同确定，作为沟通班主任与任课教师间的桥梁，负责收发每天的作业以及课后与教学任务的及时反馈。

(3) 实施导师制

导师制是指在一个教学班里为每3—5名学生安排一名导师，导师们结合学生的学习和心理成长特点，深入了解与发现学生在学习和生活中的问题，对学生进行个别化的引导与培养，在思想上引导、学业上辅导、心理上疏导、生活上指导，帮助学生体验成功，学会自我管理、自我规划，使教师的角色从"管理"转向"辅导"。导师可以给予学生们更高的关注度，在学生选课走班的过程中发挥导师的辅导作用，及时并有针对性地调整不同学生的培养方案。在实施导师制的时候，学校应制订相应的导师制实施方案，明确导师职责，建立相应的导师工作制度，形成基本的考核制度。[①] 在导师的选拔过程中鼓励教师自主申报与学生自主选择相结合，这样导师与学生的关系就会更加亲密，更易于师生间的交流与指导。

2. 明确班级日常例行活动准则

(1) 实行严格的考勤制度

在教室的进口处放有考勤表，学生上下课均需签到，杜绝学生不上课或早退、迟到现象的发生。在座位安排时采用实名制，任课教师安排好座位后，每个学生将各自所属班级和姓名贴于对应处，贴好之后就不得变更，课堂上寻号入座，同时在教室张贴座次实名表，方便考勤与管理。考勤事宜由教学班班长负责，任课老师课后及时上报考勤结果，教务处及时汇总与公布。

[①] 万小龙：《高中物理走班制分层教学实践探索》，硕士学位论文，华中师范大学，2015年，第38—39页。

(2) 智能考勤

学校可以在教室门口安装门禁管理系统，采用刷卡考勤的方式，快速、便捷、一目了然地在后台看到学生的出勤情况。智能考勤所产生的数据，教师可将此作为学生课程学习评价的内容之一，明确规定考勤分数占学业成绩的10%（10分），把个人出勤情况作为个人学业成绩的考核项目，同时也作为班级考核的重要内容，以此来规范与管理学生的出勤情况，让学生更加重视考勤，不随意迟到、旷课、早退。[①]

3. 树立教师威信，维护课堂管理

不同层级的班级管理需要制定不同的管理制度，适用于不同层级的学生特点，营造一种自主学习能力强，全员学习的良好学习氛围，同时要树立起教师威信，以一种严肃的威慑力影响学生，使学生自觉并严格遵守制定的班级管理制度。此外，教师也应发挥自身的教育机智，灵活地处理班级事务，维持一种正常有序的教学环境。

4. 优化课后答疑与科学定师

(1) 小组互补和单独开灶，答疑解惑课后问题

在教学班结束学习学生分散到各个行政班后，任课教师很难进行课后辅导，因此我们可以建立"合作学习小组"，学习好的和需要帮助的学生组成一个学习小组，起到一个相互学习共同进步的效果。学校安排每周1—2节课任课老师进班辅导作业，以此来解决作业中遇到的问题。此外也可以设置学科基础班与特长班，约定好辅导时间和地点，从而完成作业的辅导工作。

(2) 做好培优辅差工作，分层辅导

对优等生的培养侧重于培养学生创新思维与综合能力，增强学生对学科知识的整体掌握能力与问题解决能力；辅差上则主要强调的是端正学习态度，提高学习兴趣和对基础知识的掌握。科任老师首先确定培优辅差名单，利用自习时间和下午放学后的时间重点辅导。

(3) 科学定师

在给教学班安排任课教师时要综合思考，要能充分调动每位教师的教学

[①] 郁寅寅：《初中选课分层走班制背景下导师制的案例研究》，硕士学位论文，上海师范大学，2016年，第27页。

积极性。教师可自主申请、学校按照教师的教学风格教学特点和教学侧重点来安排师资,或者教师由学生公投选择。

(三)加强选课分层走班教学软硬件建设

1. 硬件资源上要有强大的支持

在硬件资源上要有强大的支持。选课分层走班教学需要充足的教室资源,除了充分利用原有教室资源之外,需投入资金建一批新的教室,教室的数量可以以任课教师的数量为参照,基本上做到一个任课教师拥有一个固定教室。除教室数量的保证之外,要不断更新完善多媒体、实验仪器设备等设施。在走廊设置电子储物柜,解决学生学习用品无处存放的问题。

2. 在软件资源上需建立学生信息管理系统

在软件资源上需建立学生信息管理系统。运用该系统,教师可以随时了解学生的学习情况及出勤情况,便于学生管理。家长也可以第一时间了解学生在学校的表现,并能及时与教师沟通交流,共同促进学生发展。

附录1:选课分层走班教学实施情况调查问卷(学生卷)

亲爱的同学:

您好!感谢您在紧张的学习之余接受我的问卷调查。这次调查主要是想了解你校选课分层走班教学实施现状,为论文调研提供资料。本表填写采取不记名的形式,希望你不要有任何顾虑,实事求是地填写下列问题。谢谢您的合作与支持。祝您学业有成!

性别:　　　　年级:　　　　层次:□A　□B　□C

1. 您在走班初期对选课分层走班教学是如何看待的?目前是如何看待的(　　)

　A. 是一个利于自己学习提高的上课模式

　B. 是将同学划分三六九等,区别对待,是一种不公平的上课方式

2. 您所在的层级是怎样确定的(　　)

A. 自己选择的　　　　　　　B. 老师帮我们选择的

3. 您对分层时老师依据的分层标准内容有什么看法（　　）

A. 依据的内容不全面，内容单一　　B. 依据的内容全面

4. 您对目前实施的选课分层走班调整范围有什么看法（　　）

A. 范围较小　　　　　　　B. 范围合适

C. 范围很大

5. 老师课堂上讲解的内容，您觉得是（　　）

A. 讲解内容都是课本上最基础的，很容易理解

B. 课堂上讲解内容基本听懂，但需要课后巩固

C. 课堂讲解内容大部分听不懂，课后也不知道如何学习

6. 您觉得考试卷上面的知识点是否将老师上课讲的内容都覆盖全了（　　）

A. 试卷上所有知识点完全覆盖了　　B. 10%知识点没有讲过

C. 20%知识点没有讲过

7. 您认为老师教学经验强弱与课堂教学完成情况（授课内容覆盖率、知识讲解深度、学生接受程度等教学质量、教学效率）是怎样的关系（　　）

A. 经验多少与课堂完成情况成正比

B. 经验多少与课堂完成情况没有直接关系

8. 一节课上完，你在课后对老师上课内容是什么感觉（　　）

A. 每次都很清楚重点内容　　　　B. 有时会说清楚，有时也不讲

C. 基本不讲，偶然会说一下

9. 在行政班中，与其他层次同学交流问题时，是否会发现拔高层的知识点问题，基础层同学也说老师讲过（　　）

A. 这种现象较普遍　　　　　　B. 这种现象偶尔有

10. 选课分层走班后，一个层级班中是否有学生要求老师应该多讲些更深一点的内容（　　）

A. 有学生提出要求　　　　　　B. 基本没有学生提出

11. 您觉得不同老师（经验非常多的老师和经验一般的老师）上课时，讲解同一个问题，不同老师的讲解给你的印象是什么（　　）

A. 经验非常多的老师讲解简单易懂，幽默风趣，一般老师比较费劲

B. 不同老师讲得差不多，差别不大

12. 选课分层走班后，您对课后作业的态度发生了什么变化（　　）

A. 更积极做作业了　　　　　　　B. 对做作业变得消极了

C. 和选课分层走班前态度一致

13. 选课分层走班教学后，课后辅导发生了什么变化（　　）

A. 老师辅导时间和次数减少了　　B. 老师辅导时间和次数增多了

C. 和选课分层走班前基本一致

14. 您认为老师对您的评价是怎样的（　　）

A. 老师一个人说了算，只以考试成绩为标准

B. 老师会了解其他渠道的评价信息，会结合平时的表现和成绩综合评判

15. 在选课分层走班教学之后，您是否遇到过教学班里面出现某个事情没有负责人的情况（　　）

A. 是，遇到事情不知找谁，没人管　B. 不是，有明确的责任人

16. 您认为选课分层走班后课堂纪律发生了哪些变化（　　）

A. 课堂纪律变好了　　　　　　　B. 和以前基本差不多

C. 课堂纪律变差了

17. 选课分层走班教学以后您对自己一天的学习任务安排得怎么样（　　）

A. 感觉比较乱，没干什么时间就过完了，学习任务堆积了一大堆

B. 学习安排条理清晰，学习任务会按时完成

18. 你们学校的层级是怎么调整的？多久调整一次呢？

19. 您如何看待你们学校实施的选课分层走班教学？

附录2：选课分层走班教学实施情况调查问卷（教师卷）

尊敬的各位老师：

您好！感谢您在紧张的工作之余接受我的问卷调查。本问卷仅供学术调研之用，旨在优化选课分层走班教学，不作为对您工作的评价。请您根据实际情况，真实地填写。您的答案将对我们的教学调研有十分重要的参考价值。

谢谢您的支持与合作！祝您工作顺利！

您的性别：　　　　　您的年龄：　　　　您教的年级：

1. 您怎么样看待你们学校实施的选课分层走班教学（　　）

　A. 和以前的快慢班差不多　　　B. 尊重学生差异、适合学生发展

2. 您觉得实际授课内容与教学目标相比，能全部完成教学目标的课时占总课时的多少（　　）

　A. 100%　　　　　　　　　　B. 95% 以上

　C. 90% 以上　　　　　　　　 D. 85% 以上

3. 您在给不同层次班级上同一节课时，在上课内容上是否能准确判断范围（　　）

　A. 是能准确判定教学内容范围　　B. 不能准确判定内容范围

4. 您是否调研过一种或者一些教学方法是否在学生中适用（　　）

　A. 没有调研　　　　　　　　　B. 简单调研，但没发表过文章

　C. 认真调研，并发表文章

5. 选课分层走班后学生在课堂上有哪些变化（　　）

　A. 课堂气氛更加活跃，学生回答问题变得更主动

　B. 课堂气氛变得死气沉沉，回答问题变得更被动

6. 您觉得分层以后不同层次的学生完成作业质量有什么变化（　　）

　A. 作业完成质量提高明显

　B. 完成质量与选课分层走班前基本一致

　C. 作业完成质量出现下降

7. 选课分层走班后，您对学生评价时会考虑哪些方面（排列前五）

　A. 考试成绩　　　　　　　　　B. 学生自评

　C. 家长评价　　　　　　　　　D. 教学老师评价

　E. 上课表现　　　　　　　　　F. 作业完成情况

　G. 自信心　　　　　　　　　　H. 创新能力

　I. 实践能力　　　　　　　　　J. 行政老师评价

　K. 进步程度

8. 选课分层走班后,您对教师的评价方案是否满意（　　）

A. 很满意　　B. 满意　　C. 不满意　　D. 很不满意

9. 不同层次班的出勤率分别为多少（填空）

A. 拔高层班：_____

B. 中层次班：_____

C. 基础层班：_____

10. 您观察的相比传统教学班老师监管的方式,选课分层走班教学以后学生独立自主能力有什么变化（　　）

A. 相比分层前独立自主能力提高了

B. 相比分层前独立自主能力差不多

C. 相比分层前独立自主能力退步了

11. 您的课时在三个层级中被安排的哪个层级最多（　　）

A. 拔高层课时最多　　　　　　B. 发展层课时最多

C. 基础层课时最多

12. 您觉得对老师评价方案中存在哪些问题?

附录3：实施选课分层走班教学的教师访谈提纲

1. 贵校在实施选课分层走班教学的学科和年级是什么？为什么选择这门学科进行选课分层走班教学呢？

2. 贵校实施选课分层走班教学的年级是哪些？是全校范围内所有年级都参加吗？（不是的话又是怎么实施的呢）

3. 在实施选课分层走班教学的过程中是依据什么分层？如何进行分层的呢？

4. 您是怎样设置教学目标的？各层次的教学方法是怎么选择的？

5. 您在对学生进行评价时会采用哪些评价方法呢？

6. 贵校有没有实施选课分层走班教学的相关管理制度呢？具体内容包括哪几方面？

7. 您认为学校在实施选课分层走班教学中都遇到了哪些困难？

第四章　新高考视域下普通高中职业生涯教育重塑

第一节　新高考下普通高中职业生涯教育及其意义

一　职业生涯与普通高中职业生涯教育

(一) 职业生涯

"生"字义为生活、维持生命的东西,"涯"字义为边际、限度,因此,"生涯"便可被理解为整个生活阶段、一个人的整个人生轨迹。[①] 在英语中与生涯相对应的词语为 career,同时 career 也可译为生计,该词原义为古代的战车,在希腊语中 career 的意思为疯狂竞赛的精神,后被引申为道路,即人生的发展道路或发展过程,现又指个体一生中的一系列角色和职位。[②]

生涯是个不断发展的概念,由于研究角度与年代的不同,生涯的内涵不断扩展,由最开始所特指的职业生涯发展到人整个一生的所有活动。沙特尔在1952年认为生涯是一个人在工作生活中所经历的职业或职位的总称。舒伯在1957年将生涯定义为一个人终生经历的所有职位的整体历程,经过不断的完善后又在1976年将生涯的概念丰富为生活中各种事件的演进方向和历程,是统合人一生中的各种职业和生活角色,由此表现出个人独特的自我发展特

---

① 张翠、陈遇春:《试析职业生涯教育的核心观及相关概念》,《继续教育研究》2012年第10期。
② 刘勇:《职业生涯管理与辅导》,科学出版社2008年版,第46页。

性。霍德和班那兹认为，生涯包括个人对工作世界职业的选择与发展，对非职业性或休闲活动的选择与追求，以及在社交活动中参与的满足感。[1] 韦伯斯特则认为生涯是指个人终生发展的历程。沙因还将职业生涯分为内职业生涯与外职业生涯。所谓内职业生涯是指"在职业生涯发展中通过提升自身素质与职业技能而获取的个人综合能力、社会地位及荣誉的总和"，所谓外职业生涯是指"在职业生涯过程中经历的职业角色及获取的物质财富总和"。[2]

生涯这一概念经历了由职业历程到整个生命活动，由静态到动态的发展过程，包含了人的职业活动以及休闲活动的整体生活历程，并且更加强调了个人的主体选择性。随着学者对生涯概念的不断泛化，生涯的内涵与外延也不断模糊。总而言之，广义上的生涯涵盖人的一生，即指人一生所有活动的总和，而狭义上的生涯则是指一个人的职业生涯，由职业意识的产生到最终退休的整个过程。

笔者认为，英文中的"career"不仅有着人的一生的意思，也可以译为"职业、生计"，比中文中的"生涯"一词更加强调了人生与职业的关系，同时也突出了在人的一生中职业的重要性。因此，本文采用含义更加明确具体的"职业生涯"一词来解释英文中的"career"。

在国外职业生涯研究的基础之上，郭兆年等人总结了个人职业生涯发展过程中的五个主要步骤，包括自我认知、职业认知、生涯抉择、生涯定向以及教育认知。[3] 自我认知指的是对自己兴趣的爱好、特长、能力以及个性等方面的了解；职业认知是指对社会职业的种类、有关职业内容与特点的认知；生涯抉择是指根据自身条件、社会政治和经济条件、国家需要和职业特点选择职业的能力；生涯定向是指对自己感兴趣的职业进行了解、确定职业发展方向；教育认知则是指对教育价值、教育与职业的关系的认识。而笔者根据调查，在普通高中生的职业生涯发展过程中，生涯定向与生涯抉择并没有明确的界限，学生总是在职业认知与自我认知的基础上对自己的职业生涯做出

---

[1] 邱美华、董华欣：《职业生涯发展与辅导》，心理出版社1997年版，第11页。
[2] 赵楠、施晨越：《职业生涯开发与管理操作手册》，经济出版社2006年版，第21页。
[3] 郭兆年等：《高中生涯发展指导》，华东师范大学出版社2010年版，第30页。

一定的决策。

一个人职业生涯发展过程中的每一步骤都会受到来自家庭和社会的影响。家庭因素主要指家庭的经济水平、父母职业及受教育水平、亲子依恋程度、父母支持度等。社会因素主要指宏观政治、经济环境和社会文化环境等，如政府的政策导向、社会舆论、用人单位的用人观念倾向等。这里需要特别指出的是随着互联网技术的不断改进，网络在个人的职业生涯发展过程中起到了越来越大的作用。而针对学生这一特殊群体，学校教育在职业生涯发展的过程中肩负着重要责任，如学校的课程设置、社团活动和社会实践以及教师的授课和言行举止等都会影响到学生的自我认知、职业认知、生涯决策和教育认知的各个方面。因此，影响普通高中学生职业生涯发展的因素则主要包括家庭、社会和学校三个方面。

综合职业生涯发展的主要步骤及其影响因素，我们可知，学生的职业生涯发展并不是简单的线性发展模式。普通高中生职业生涯发展的每一个步骤都会不断受到来自家庭、社会以及学校教育这三方面的影响，从而不断纠正普通高中学生职业生涯发展的各步骤。因此，学生在对其职业生涯进行设计的过程不仅仅要对自我、职业有清晰的认识，充分考虑个人和家庭状况，同时也应将国家的需求、政策、宏观经济状况以及社会文化舆论对于未来职业生涯的影响纳入生涯决策的过程之中，将自己的职业生涯与国家需求有机地结合起来。

职业生涯包含了人一生中所有与职业相关的行为与活动，以及相应的态度、价值观、目标等，并不与个人的工作经历完全同步。一个人的职业生涯并不是自步入或将要步入职场的那一刻开始的，我们所接受的所有教育在很大程度上都是为了个人的职业生涯做准备的，同样是职业生涯的一部分。因此，职业生涯的相关认识、价值观、技能等训练应开始于高中教育阶段，甚至是初中和小学教育阶段。只有合理地认识自我、认识社会、认识职业，才能够更好地展开其职业生涯。

（二）职业生涯教育

生涯教育起源于帕森斯的职业指导理论，并于1971年由美国教育总署署长马兰正式提出。与生涯的含义一样，生涯教育也并没有确切统一的概念。

各国学者及社会各界都对生涯教育做出了界定。美国教育总署认为，生涯教育是一种综合性的教育计划，从幼儿园直到成年，按照生涯认知、生涯探索、生涯定向、生涯准备以及生涯熟练等步骤逐一实施，使学生获得谋生的技能和形成个人生活方式。[1] 最早提出生涯教育的赫尔认为生涯教育是围绕生涯教育而进行的所有正规教育，霍伊特则认为生涯教育是公立教育和社区教育的共同努力，以便帮助所有个人熟悉以工作为导向的社会价值，把这些价值纳入个人的价值体系中，并应用到生活中去，使工作对每一个人都变得有可能、有意义和感到满意。[2] 马兰认为，生涯教育是为使学生能在未来的职业方面实现自己的愿望，在初等、中等、高等以及成人教育所有阶段中按照每个发展阶段的特点所进行的有组织的综合性的教育，且教育、劳动、商业、工业、家庭、社区、政府等均有实施生涯教育的责任。[3]

在日本 2004 年发布的一份报告中将职业生涯教育定义为培养中小学生勤劳观、职业观的教育，具体来说就是指在使学生具有勤劳观、职业观及相应职业知识和技能的同时，培养学生了解自己，积极主动地选择人生道路的能力和态度。[4]

我国有学者认为生涯教育与生涯的概念类似，有广义与狭义之分。广义上的生涯教育是指个体一生各个阶段的一切教育经历和教育内容的总和；而狭义上的生涯教育，也就是职业生涯教育，是指在职业生涯发展相关理论基础上，根据教育内外部规律，有目的、有计划、有组织地引导个体正确认识自我与职业环境，培养与提高个体职业生涯规划的意识与技能，提升个体职业素养，以促进个体职业生涯教育内化及职业生涯可持续发展为最终目的的综合性教育活动。[5]

职业指导与职业生涯教育则是指类似教育的不同发展阶段，可以将职业指导看作职业生涯教育的前身。随着相关理论的不断发展，以解决就业

---

[1] 顾明远、梁忠义：《世界教育大系——职业教育》，吉林教育出版社 2002 年版，第 360 页。
[2] 韩瑞莲：《生涯教育与职业教育及其相关概念内涵解析》，《职业技术教育》2008 年第 31 期。
[3] 日本文部省：《五国普通教育》，教育科学出版社 1982 年版，第 165 页。
[4] 谷峪、姚树伟：《职业教育·生涯教育·终身教育——转型期日本职业教育发展及其启示》，高等教育出版社 2010 年版，第 116 页。
[5] 张翠、陈遇春：《试析职业生涯教育的核心观及相关概念》，《继续教育研究》2012 年第 10 期。

率、帮助学生找工作的职业指导已经不符合现如今的教育理念和社会发展状况，社会、政府和学校更加倾向于培养学生职业生涯发展能力的职业生涯教育。但目前我国对于这两个概念并没有明确的区分，部分情况下可以互换。

华东师范大学的金一鸣教授指出："应该将职业指导渗透到整个教育过程，要有意识地培养学生的职业意识、职业能力和职业兴趣，使学生在毕业时能根据社会需要和个人特点自觉地选择生活目标，确定升学和就业方向，以便适应未来的工作。"[①]

由此可见，职业指导与职业生涯教育相比其目的更加明确，是为了解决职业选择、就业及职业适应等问题所存在的，强调对职业的选择以及人职匹配，是短期的、局限在一定范围内的指导，适合职业目标明确的大学与职业教育阶段。而职业生涯教育则是强调个人能力的培养，着眼于人的终身发展，是长期的、范围广阔的教育，更加适合未确定具体目标的高中阶段。

（三）普通高中的职业生涯教育

本书所研究的重点则是普通高中内的职业生涯教育。职业生涯教育不等同于就业指导，并不仅仅局限于大学和职业学校。美国、日本、英国等国的职业生涯教育都开始于小学阶段，与义务教育和高中教育彻底融合。而受我国目前现实条件的限制，各地区小学和初中阶段的教育条件差距较大，开展职业生涯教育仍然具有很大的难度。因此，更为集中，同时也具备更好教育条件的高中教育阶段则是率先全面开展职业生涯教育的绝佳选择。

普通高中的职业生涯教育指的是在普通高中教育阶段，通过专门课程、团体辅导、讲座、社会实践等方式，利用学校及社会资源，集中培养学生的自我认知能力、职业认知能力、生涯决策能力和教育认知能力，以有益学生终身发展的一种教育类型。

在普通高中内所开展的职业生涯教育会受到社会、家庭以及政府的影响

---

① 金一鸣：《中学开展职业指导的探索》，《中国教育学刊》1990年第6期。

与制约（见图 4-1）。

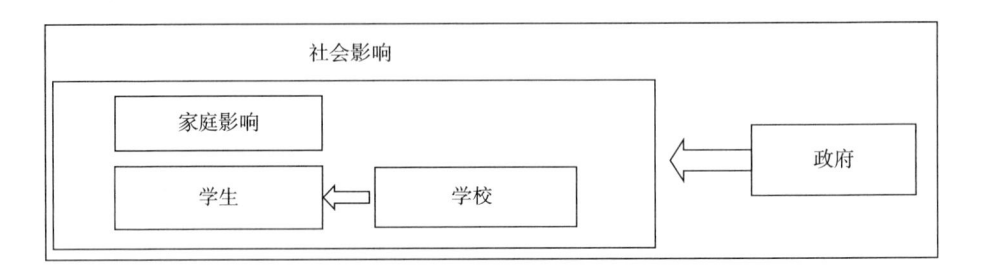

图 4-1 普通高中内职业生涯教育的影响因素

学生作为职业生涯教育的接受者，大多处于被动地位，单方面地接收来自学校、家庭和社会的职业生涯信息，而较少主动地进行反馈。而学校作为教育行政机关的最基层机构，接受上级教育部门的管理，受到政府政策和资金的制约，同时来自学生家长和社会舆论等方面的压力也会影响学校的职业生涯教育活动。而社会作为一个开放的系统，它在影响学生、家庭和学校教育的同时，也影响了政府的政策制定与资金流向。

受社会舆论、企业用人需求、政府政策和家长的影响以及学校和学生自身的需要，目前我国的高校都已经开展了不同形式的职业生涯教育，而大部分的普通高中内也都已经结合各地的高考特点开展了升学指导和高考志愿指导。但是，高校职业生涯教育、高中内的升学指导和高考志愿指导并不能发挥普通高中阶段职业生涯教育的作用。

1. 普通高中职业生涯教育与升学指导和高考志愿指导

目前，我国各普通高中内部指导体系除了基本固定的心理辅导外，还有关于如何选择大学专业的升学指导和指导家长与学生合理填报高考志愿的高考志愿指导。

升学指导是指学生在老师或是其他工具的帮助下，了解自己专业能力倾向，选择适合的大学专业或社会职业的指导。教育部考试中心于 2004 年研发公布了一个旨在指导学生进行升学与就业规划的"升学指导测验"。这是针对高中阶段学生设计的一个心理测验，其目的是了解高中学生的兴趣爱好、能力倾向及人格特征等，通过专家测评，指导高中学生选报适合自己发展的大学专业，为高中毕业生合理选报大学专业和职业提供科学依据。

高考志愿指导则是指通过统计学分析各高校和各专业的历年招生情况，把握高考招生政策，正确评价学生高考成绩所处层次，谨慎填报各项志愿的指导。高考志愿指导更倾向于向家长与学生介绍填报高考志愿的原则、方法与技巧，等等，并不涉及学生的职业生涯规划以及自我认知与决策能力的培养。

升学指导和高考志愿指导往往带有很强的目的性和功利性，是为了帮助学生和家长解决高考当下"如何填报""填报什么"的问题而进行的指导。而职业生涯教育所关注的不仅仅是指导学生选择适合自己的专业或学习高考志愿的填报技巧，其更侧重于关注每一个学生的发展，帮助学生发现自己、发现职业、发现社会，使其具备独立学习、工作和生活的能力。

2. 普通高中职业生涯教育与大学职业生涯教育

现如今，职业生涯教育在我国已经不断得到重视，随着就业形势逐步严峻，许多大学已经开展了职业生涯教育。普通高中职业生涯教育与大学内的职业生涯教育都是为了培养学生自我认知、职业认知、生涯决策和教育认知等方面的能力，使学生能够更好地在社会中发展。两者是密切相关的连续体关系，分别有着不同的教育目标与内容。

普通高中内的职业生涯教育是基础。在这一阶段，学生正处于世界观、价值观、人生观、个性形成以及创新能力和实践能力发展的关键阶段。职业生涯教育的重点是培育学生职业生涯规划的意识，培养其搜集相关信息并进行决策的能力。而大学职业生涯教育则是在高中职业生涯教育的基础上的进一步发展，也是学生职业生涯发展的抉择阶段。在进入大学之后，学生的性格、兴趣相对稳定，心理也更为成熟，其文理分科及高考专业填报时的思考与选择也使学生对于未来职业生涯的走向也更为明确。因此，在高等教育阶段，学生职业生涯教育的基本目标是"引导学生通过兴趣爱好和个性特点、能力素质、职业愿望，以及社会职业的分类和特点等因素的自我综合分析，选择适合自身发展的职业定向，为未来的职业生涯发展确定更明确的目标"。同时，高等教育阶段职业生涯教育的教学内容和重点与普通高中阶段相比也更具有针对性，更加侧重于对学生就业和创业知识与技能的培养，以使学生在毕业后能够直接走向社会、适应职场生活。

二 新高考改革对普通高中职业生涯教育的影响

（一）新高考下普通高中职业生涯规划的认知

新高考让学生通过自我探索，把刻板的学习活动转变为主动选择、充满意义的生动体验，将生涯规划问题前置，倒逼普通高中学校自我审视，探寻学生发展路径，重塑生涯规划教育。新高考秉持"以人为本"理念，以"两依据一参考"和"3+3"考试科目为主要内容，尊重学生的主体性和自主选择权，让学生根据自己的兴趣特长与个性发展，将自主选择的三门高中学业水平考试科目与"语、数、外"三门统考科目相结合，外语实行一年两考，同时将学生综合素质测评信息作为录取的重要参考，扩大了学生的考试选择权、科目选择权、专业选择权，学生不但可以自由选择在什么时间完成考试，也可以自由选择哪些科目计入高考成绩。显然，让学生学会对自己的学业、生活负责，是对教育本真的回归。教育的最终目的是关注个体生命成长，学习不仅在于知识的获得，更在于学生的生命体验、情感、态度、价值观等的发展。新高考背景下，考试科目、考试类型可以组合，考试时间、考试次数可以选择，学生必须要充分认识自己，了解自己的兴趣、爱好、特长，选择能让自己"动起来"的科目进行学习，这既尊重了学生的主体性，又符合全面发展教育的要求，实现了学生的自主选择权，给学生提供更多自主发展的空间。

（二）高考改革对普通高中职业生涯教育的影响

教育改革一直是最受社会关注的，尤其是对普通高中学生最重要的高考改革，2014年教育部出台高考改革方案后，越来越多的教育学者开始对普通高中职业生涯进行探索。

1. 高考改革对普通高中职业生涯教育模式的影响

高考改革背景下普通高中职业生涯教育问题研究是为了学生发展的需要和个性化的需要。以往的应试教育已经开始向以人为本、注重开发学生潜能、激发学生学习兴趣上发展了，普通高中学生在高考改革下将会拥有更多的自主选择权。

2. 高考改革对普通高中职业生涯课程设计的影响

普通高中职业生涯教育课程在高考改革背景下开始更加注重实践。首先，在高考改革背景下普通高中职业生涯教育要对课程重新审视，优化设计，做出合理的安排，通过实践课程中不断出现的问题来改进职业生涯教育。其次，高考改革更加有利于普通高中学生的自主选择，所以就要求普通高中职业生涯教育同样要满足学生的差异化要求，设置职业生涯课程体系。最后，高考改革改变了人才培养机制，要求普通高中职业生涯课程让学生自主选择，根据自己感兴趣的课程进行学习。

3. 对普通高中学生个性化的影响

高考改革背景下普通高中职业生涯教育问题研究，也是为了学生的个性化发展需要。通过职业生涯教育，让学生能够对自己有所了解，并随时关注学习及日常生活的变化，在平时的教育课程中，把权力交给学生，更大限度地满足学生个性化发展的需要，尽可能让学生在主动中发展，在探究中创新。

三　普通高中职业生涯教育的意义

职业生涯教育的初衷是让高中生通过学习把"我想做的事情"与"我能做的事情"有机结合起来，在客观分析自身和外界环境之后，制订出科学可行的、个性化的方案，而实施这个方案，开展职业生涯教育的最终目的就是使学生的优势得到最大限度的发挥，满足学生的需求。因此，全面开展职业生涯教育意义深远。

（一）职业生涯规划教育适应学生身心发展的需要

高中阶段学生身体的主要器官趋于成熟，心理上具有进一步发展的要求。同时又面临新的矛盾和冲突，形成探索和解决矛盾的过程，这是高中生身心发展的特点。这些矛盾主要是理想自我与现实自我的矛盾；学校理想化教育与社会所带来的真实挑战的矛盾；自我与社会的矛盾；自我过高评价与现实社会对他们实际要求差距的矛盾；职业理想与自我发展的矛盾。这些矛盾反映在职业理想与现实的差距上，就容易产生一种挫折感，具体地反映在对未来的选择上存在失望和挫折感。普通高中的职业生涯教育可以给予解决这种矛盾以必要的关注。

根据舒伯生涯教育发展阶段的划分，我国普通高中学生处于探索阶段，生涯发展任务是使职业偏好逐渐具体化、特定化，并实现职业偏好。个体在高中阶段的发展中，心理上开始萌发对职业的需求和对未来的方向感，具有进一步发展的要求。在这个特殊的年龄是进行职业生涯教育的最好时机，如果缺失有关职业信息和职业意识培养的教育，那么学生心理的发展是不健全的，未来步入专业学习和职业世界，就会存在心理上的不适应感，引发更多的问题。

"职业指导应使每一个人的就业能力和个性完善得到最充分的发展"[①]，既能引导学生了解、发展自己的职业兴趣，并可以根据自己的兴趣来规划职业生涯，争取最大限度地人尽其才；同时可以培养学生规划职业、适应职业、科学决策的能力，适应社会日益激烈的竞争和迅速更迭的岗位，以真正实现"最充分的发展"。

（二）职业生涯规划教育有利于学生自我潜能的激发

自我潜能即人本身蕴含发展的最大可能性。罗杰斯人本主义学习理论认为，人类生来就有学习的潜能，人天生就对世界充满好奇心，学生能够进行自主学习，这是渴望发展的表现。职业生涯规划教育正是满足了学生自我发展与实现的需要，因为这种教育的最大优势恰恰在于立足现实，让学生全面深刻地认识自己、了解自己。无论什么形式的生涯规划课程，都要回答三个最基本的问题："我是谁""我想干什么""我能干什么"，对这三个问题进行解答的过程，正是对自身独有特质与闪光点冷静分析的过程，在生涯规划教育中，这种解答往往带有全面性、系统性、整体性，不再是以往碎片化、片面化、直白化的简答。这就培养了学生乐于追问的品行，鼓励其去探寻、去创造正确的心向，并在不断的探寻、追问、创造的过程中展现自己的生命力量、获得生命的存在感、价值感、满足感。

人的潜能属于先天素质，是生来就贮藏于人体内部的，其本身无任何价值，却是创造价值的引线，如同被深埋在地表下的宝藏，需要待人发掘。苏霍姆林斯基有过一句经典的论述："（教育）最主要的是在每一个孩子身上发

---

① 中国社会科学院语言研究所词典编辑室编：《现代汉语词典》，商务印书馆1980年版，第1468页。

现最强的一面,找出他作为人发展根源的'机灵点',做到使孩子能够充分地显示和发挥他的天赋素质,达到他年龄能达到的卓越成绩。"[①] 生涯规划教育的最大优势就在于善于察觉"学生的天赋",善于确定足以使其施展智力和创造力的专业与职业领域。

(三)职业生涯规划教育弥补了学校教育的缺陷

职业生涯教育可以促进学校教育改革,弥补学校教育形式缺陷,体现教育本质。职业生涯教育与学校教育工作有着密切的联系,是适应从应试教育转向素质教育,沟通学校与社会、职业准备与未来就业的桥梁,属于学校教育内容的有机部分,对促进学校教育的改革有着十分积极的作用,是对中学教育学的补充和完善。普通高中开展职业生涯的起点教育,可以全面提高普通高中学生的综合能力,引领学生认识自己和职业前途,弥补学生在传统的知识教育中的缺陷。普通高中学生是进入高等教育的预备军,高等教育又是国家建设发展的栋梁,普通高中学生若表现出职业意识淡薄,缺乏社会分工和社会职业方面的知识,没有任何选择专业和就业的准备,那么我们的高等教育成果将很难保证。不难看出,符合社会要求是学校教育的大方向,为了适合社会新形势的发展,学校要帮助学生做好成为社会人的准备。

我国目前普通高中普遍存在着教育目标迷失的问题。教育者到底要把受教育者铸塑成什么样的人?"全面发展"的教育方针与升学率是什么关系?学生不知道每天的学习生活是为了什么。这就是学校教育目标的缺失。职业生涯教育恰恰能弥补学校教育的这个缺陷,给予学生一个直观务实的学习目标,照顾到大多数中学生的实际需要,真正落实教育方针。为了让学生更好地在社会上生存,学校不仅要为学生提供学业上的支持,更重要的是进行生存教育,也就是职业生涯教育。使学生的学习状态转变为自我选择、自我管理、自我负责的自主学习,通过了解自己的个性、兴趣和能力、职业倾向等,及早做好准备适应社会,促使学生不断适应变革、多样化的社会要求,获得个人成就感,与社会需要相匹配。如果缺少职业生涯教育,学生会对自己未来职业发展及职业准备茫然不知,就业或升学后的生涯发展必将面临许多尴尬

---

① [苏]苏霍姆林斯基:《帕夫雷什中学》,教育科学出版社1983年版,第125页。

与问题。

普通高中全面开展职业生涯教育可以沟通职业教育与普通教育的理论与实践，顺应未来学制的发展趋势。职业生涯教育目前在职业学校比普通学校更被认可和广泛接受，由于长期以来只有职业教育重视，也理所当然地被认为职业生涯教育是职业教育的事，而学术界的正确导向不能被社会广泛了解。通过全面的实践和良好的效果可以使大众更为客观地看待职业生涯教育，进而了解职业教育，促进普通教育与职业教育大力协作，建立良好的联系。

(四) 职业生涯教育连接着高中生的当下学习与未来发展

高中阶段是基础教育的最后阶段，而加强基础知识、基本技能的学习是高中教育的主要任务，对于高中生毕业后面临着两条道路的选择，一是参加高考后进入大学接受高等教育，二是直接进入社会，面临就业。而无论选择哪条道路，最终的目的都是择业、就业，为社会创造财富，实现自身价值。职业生涯教育是否在高中阶段传授直接影响高中生未来职业选择。并且高中阶段还是学生未来专业选择、职业选择的起始，为学生选择适合的出路是高中教育义不容辞的责任和使命。

高中阶段所有学生都需要参加高考，大部分的高中生最终也将进入大学接受高等教育，而在这时候，学生就面临选择专业。随着社会不断发展，职业种类越来越多，大学里开设的专业也相继增多，专业与专业之间、职业与职业之间的相通性不断增强。

在对高中生进行访谈的过程中，笔者发现，很多高中生虽然了解不同大学的所在地区及其排名，但对学校的优势专业、师资水平和教学设备并不了解。对职业的认知程度也仅限于极为普遍的医生、老师、公务员以及律师等，而轻视农民、技术工人等职业。此外，学生对于职业的认知主要来自家庭、电视或者互联网等，了解水平普遍过于片面和表面。有调查表明高中毕业生在决策专业选择时往往受外部压力较大。最主要的一个表现就是学生在选择职业时主要受限于父母和长辈的要求和期待，外界的评价和激烈的竞争也使学生在选择时极为功利。如何选择合适的专业不仅是高中也是社会的普遍问题，很多研究都表示，学生在选择专业时需要职业规划等相关教育，以帮助其进行更好的决策。

第二节 新高考视域下普通高中职业生涯教育调查

王雅文对上海市6所普通高中职业生涯教育现状进行了调查研究，其研究结论较好地反映了有关问题。[①]

一 调查方案设计

（一）调查概述

本研究分别对上海6所普通高中学生职业生涯教育水平、课程开展情况、高中内领导与教师对职业生涯教育的认识现状以及社会支持进行了调查，发现普通高中内的职业生涯教育缺乏来自社会各界的支持，教师难以胜任职业生涯指导师的角色，职业生涯教育开展形式过于死板，同时学生的自我认知能力与决策能力不高。

通过对于所发现的问题进行分析，发现产生这些问题的原因在于我国社会各界并未认识到在普通高中开展职业生涯教育的重要性，并且普通高中缺乏必要的政策与财政支持，对职业生涯教育执行力欠佳，缺少必要的网络支持、社会服务机构以及相对应的研究。

针对这些问题，本研究提出了具有针对性的改进意见。首先要让全社会认识到职业生涯教育的重要性，其次需要完善普通高中职业生涯教育的政策与制度建设，并且要增强普通高中职业生涯教育的实施力度，最后还要加强普通高中职业生涯教育的社会支持建设。最终将形成一个政府、学校与社会相互促进的职业生涯教育保障系统。

（二）采取的研究方法

本研究综合使用文献研究法、问卷调查法与访谈调查法，对普通高中的职业生涯教育现状进行定性与定量分析，以展现出其普通高中职业生涯教育

[①] 王雅文：《普通高中职业生涯教育现状和对策研究——基于上海市6所高中的调查》，硕士学位论文，华东师范大学，2014年，第18—37页。

的真实现状，并以此为基础分析原因并提出改进对策。

1. 文献研究法

文献研究法是通过对已有相关文献的搜集、整理、分析，从而对所研究问题有着更为全面和正确的了解。文献研究法处于科学研究的基础地位，被广泛用于各种研究之中。只有对相关文献进行彻底的了解与分析，才能够清楚有关问题的研究现状，掌握所研究问题的实质和背景，并发现其中存在的问题与不足。

通过对相关文章、书籍及政策的搜集、分析与整理，研究者对职业生涯教育相关理论、国外职业生涯教育研究和我国普通高中职业生涯教育研究的现状有整体了解，可以从中总结出目前国外职业生涯教育的开展现状以及我国目前研究所存在的缺失。在论述过程中，研究者利用他人的研究为自己的研究结论做引证，以证实本文研究的科学性与准确性。

2. 调查研究方法

本研究对6所普通高中的学生、老师、学校领导及家长进行问卷及访谈调查。课题组根据被试的属性，编写了调查问卷。问卷采用浅显易懂语言以及较为直接的问题对学生职业生涯中所需具备的四方面能力——"自我认知水平""职业认知水平""生涯决策能力"和"教育认知水平"进行了调查，并咨询了普通高中学生对在学校内开展职业生涯教育的看法和建议，如表4-1所示。

表4-1　　　　　　　　学生问卷内容构成

问卷结构		涉及题目	题目类型
个人信息		1、2、3、4	
普通高中生职业生涯能力	自我认知水平	5、6、8、9	选择题
	职业认知水平	12、13、14	选择题
	生涯决策能力	7、10、11、15	选择题
	教育认知水平	17、18、19	选择题

续 表

问卷结构		涉及题目	题目类型
普通高中生眼中的职业生涯教育	学校开展状况	16、20、21	选择题
	对职业生涯教育开展的建议	22、23、24、25、26	选择题和简答题

利用编制好的调查问卷,课题组在6所高中共计发放学生问卷572份,有效问卷540份,问卷有效率94.40%,其中被调查学生的基本情况如表4-2所示。

表4-2　　　　　　被调查学生的基本情况（n=540）　　　　单位:%

调查对象		频数	比例
性别	男	247	45.74
	女	293	54.26
年级	高一	165	30.56
	高二	233	43.15
	高三	142	26.29

访谈法的优点在于可以直接地与被访谈者进行面对面的交流与互动,更能够了解被访谈者的态度与情感,材料更为真实、可靠。本研究对学校领导、教师、学生以及家长进行了小规模的访谈调查,以了解不同对象在普通高中开展职业生涯教育更为直接的感受以及开展所面临的问题与困难。

二　普通高中职业生涯教育现状

通过对这6所普通高中的学生、家长、教师以及教育管理者进行问卷调查和访谈,进一步探究职业生涯教育在6所案例学校的实施状况。通过对问卷和访谈的整理和分析发现,如今普通高中职业生涯教育现状不容乐观,存在种种问题:如学生虽渴望认识自我、大学、职业和社会,但自身职业生涯发展能力不足;教育管理者和教师已认识到职业生涯教育的重要性,但普遍认为开展过程中困难重重;同时,社会各界对于职业生涯教育认识不足,普通高中职业生涯教育缺乏社会支持。

(一)高中生渴望认识自我、大学、职业和社会

随着身心的不断发育,高中生的认知能力、感知能力、注意力、记忆力以及思维都逐步成熟,自控能力以及自主能力都得到了充分的发展。学生的世界观、人生观与价值观都在这一阶段趋于稳定,进入人一生中最佳的发展时期。同时,高中阶段的学生自我概念逐渐清晰,自我意识不断提升,对于学校和家庭之外的世界都充满求知欲,并且已经逐步形成对未来文理分科、专业和大学选择等方面的职业生涯发展意识。因此,在这一阶段,帮助学生认识自我、认识职业、认识教育的重要性和意义,培养决策规划能力的职业生涯教育是急需的。

自我认知、职业认知、生涯决策和教育认知是普通高中学生职业生涯发展中的四大步骤,同时也是学生职业生涯发展所需具备的四大能力。因此,为了解普通高中学生职业生涯的发展现状,笔者围绕"自我认知水平""职业认知水平""生涯决策能力"和"教育认知水平"四个方面对学生展开了调查与研究,向6所普通高中的540名学生发放了《普通高中职业生涯教育开展现状调查问卷(学生版)》,并对18名高中生进行了访谈。调查发现,高中生渴望认识自我、大学、职业和社会,而目前学校所进行的职业生涯教育并不能够满足学生的需要。

1. 普通高中生自我认知能力状况

只有准确地认识自我,明确自身的能力、个性、兴趣以及自己的缺陷等各方面,才能够做出适合自己的决定,以对未来的职业生涯进行恰当的规划。在问卷调查中,不同年级的学生对于自我的整体认识有所不同。由图4-2可知,高三年级学生的整体自我认知能力,即对于自身能力、兴趣与缺陷的了解要远远高于高一与高二年级。认为"非常了解"或"比较了解"自己能力、兴趣与缺陷的高三学生高达90.8%,而只有79.7%与70%的高一和高二

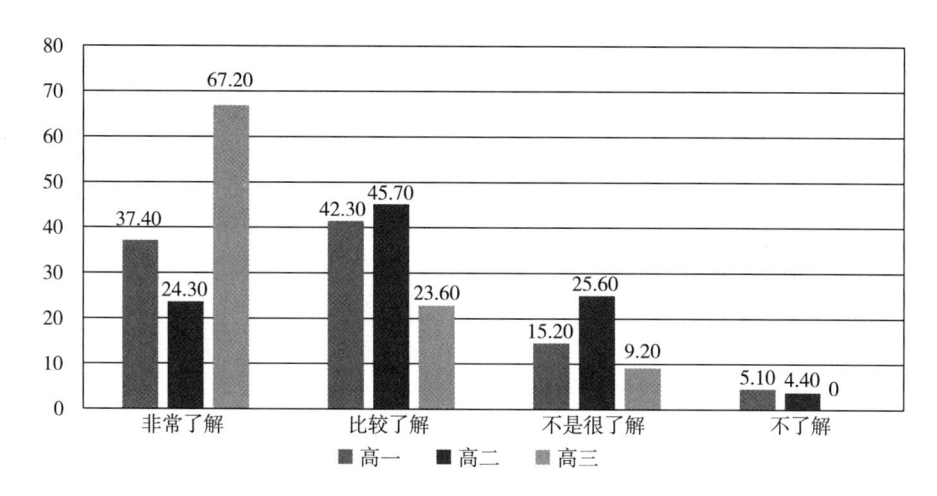

学生认为他们对自己的能力、兴趣与缺陷有所了解，低于高三年级。

	非常了解	比较了解	不是很了解	不了解
高一	37.40	42.30	15.20	5.10
高二	24.30	45.70	25.60	4.40
高三	67.20	23.60	9.20	0

图 4-2　普通高中学生的整体自我认知状况（n=540）

高三学生面临着填报高考志愿这一人生挑战，往往会认真思考自己所擅长的科目、存在的缺陷以及未来想要报考的专业和从事的职业等问题，因此，对自己的能力、兴趣与缺陷有着更清晰的了解。而高一年级的学生刚刚经历过中考，在考前复习、考试以及报考的过程中也能够对自己的各方面有所认识，但由于中考报考的仅仅是学校，学生对于自己的认识往往是笼统的，并不具体。高二学生经过一年的高中学习，认识到了高中与初中的不同之处，而随着课程难度的增加，学生不可避免地感到迷惘，对自己的能力、兴趣与缺陷的认识并不那么明确，自我认知相对较差。

需要特别指出的是，通过访谈发现，在这里所指自我认知能力，即对自身能力、兴趣以及缺陷的认识，被同学们理所当然地限制在学习领域，并没有将自身的自理能力、决策能力、判断力等生活所需能力涵盖在其中。在将自我认知具体定义到对自我个性了解这一方面之后，调查数据与图 4-3 所显示的整体比例有明显差距。高一年级有 47.7% 的学生表示对自己的个性不是很了解，甚至有 9.6% 的学生根本没有考虑过这一问题。而随着年龄的不断增长，学生不断地探讨自身的性格与个性特征，在这一过程中加深对自己个性的了解。而调查也显示，高三年级认为"比较了解"以及"非常了解"自身个性的的学生占 81%，是三个年级中对自己个性最为了解的年级。

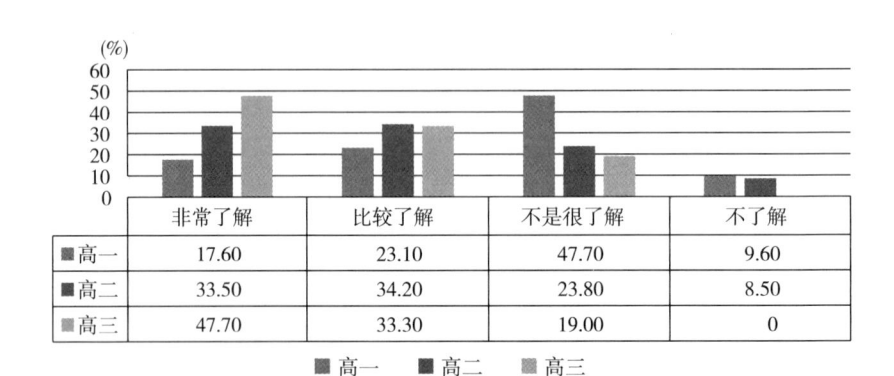

	非常了解	比较了解	不是很了解	不了解
高一	17.60	23.10	47.70	9.60
高二	33.50	34.20	23.80	8.50
高三	47.70	33.30	19.00	0

图 4-3 普通高中学生对自己个性了解状况调查（n=540）

虽然图 4-3 显现出，高中生普遍认为比较了解自己各方面的能力。但是通过日常接触发现，高中生对自我仅是笼统的认知，如"学习好""开朗""乐观""内向"等。但是，一个人性格开朗并不能说明他善于与人打交道，成绩好并不能代表他具备学习能力，而内向也不一定就不善于表达。因此，高中生对于自己的认识仍处于一种朦胧的状态之中，并没有一个精确的了解。访谈 4-1 中的 G 同学和 W 同学便有着这方面的困惑。

【访谈 4-1：高中生自我认知状况】

（访谈时间：2017 年 11 月 3 日，访谈地点：L 中学图书馆，访谈对象：L 中学高一 G 同学、W 同学）

笔者：现在已经是高一第二个学期了，有想好加一科目吗？

W 同学：我已经想好了，想要选物理。我的物理成绩算是比较好的，而且选择物理之后填报志愿的选择范围也比较广一点儿。我爸妈也比较支持我这个决定。

G 同学：还没有想好。我不像 W，目前为止还没有特别喜欢的学科，而且我各科的成绩都相差不大，比较平均一点儿，没有特别突出的。而且现在还没有开始上生物课，想着等高二开生物课之后再说。

笔者：G 同学，那你目前有没有感觉自己的个性、能力这方面比较适合什么专业（职业），或是想从事什么，再根据这个来选择加一？

G 同学：这个问题平时是有考虑，但是感觉自己的个性、能力这方面没有特别突出的,好像干什么都可以。而且我爸妈也经常跟我说,女孩子之后主要是找一个比较稳定一点儿的工作。我周围大部分的同学都选物理,我也在考虑要不要选择物理,但是又怕分科之后物理太难了,我跟不上。所以我现在也不知道该选什么,反正到时候应该就知道了。

W同学:我上大学就是想报考理工类的,目前感觉学计算机还不错。但是也不是很确定,之后也可能改。但是选物理的话,之后选择也比较多一点儿,比较保险。

从访谈4-1中,我们可以看出学生在做出选择时,是单纯地以学习成绩为评判标准的,一旦各科成绩较为平均,学生便显得有些无所适从。严格来讲,这都是对自我认知缺失的表现。这也导致了部分学生在做出选择时未考虑自己的学习潜能、个性以及动机等,在升入大学后发现自己并不适应所选专业,从而产生学习吃力或想要转专业甚至是退学等现象。

学生对于自己的兴趣、能力与缺陷有一定的认识,特别是随着高考的不断迫近,高三学生更加了解自己的能力、兴趣与缺陷。但美中不足的是,这里的兴趣、能力与缺陷对于学生来讲都是特指与学习有关的内容,具体到自己的个性发展、性格特征、人际交往能力等方面的内容,学生便不是那么有把握了。

2. 普通高中生职业认知状况

正如第一章的"核心概念陈述"中所述,所谓的职业认知状况也就是指对社会职业类、有关职业内容与特点的认识。职业是工作门类,是指参与社会分工,利用专门知识和技能的一项事务。而专业则是学业门类,是指在高等教育阶段进行的以学习为主的活动。职业与专业之间也并不是简单地一一对应,主要呈现以下四种关系:一是专业包容职业。在这种情况之下,个人只需认真进行专业学习,以做到学以致用。二是职业包容专业。这是指专业是职业发展的核心,学生在进行专业学习的同时还需通过选修、自学等方式提高相关的职业素养。三是专业与职业相交叉。即所学专业在个人的职业发展中仍具有重要意义,但需要在学好本专业的基础上,同样需要学习其他相关的专业课程。四是专业与职业相分离。这种情况往往发生在被调剂的学生或是在大学才开始进行职业规划的学生身上,个人规划所从事的职业与所学专业完全无关,这时应尽快调整专业或辅修其他专业,也有学生通过跨专业考研来完成专业转换。由图 4-2 可知，普通高中阶段学生对于未来专业的了解情况在很大程度上能够体现出学生的职业认知情况。

根据教育部 2012 年印发的《全国普通高等学校本科专业目录（2012年）》，我国普通高等学校本科专业一般情况下，分设 12 个学科门类，92 个专业类，506 种专业。而我国目前现有职业更是可分为 8 个大类，66 个中类，412 个小类，共计 1912 种具体职业。[①] 再加上职业与专业之间的复杂关系，仅凭自身和家长，高中生并不能够对职业和专业有一个清晰、明确的认识。笔者的调查也证明了这一状况，学生对自己未来想要报考的专业与职业并没有很精确的了解，很多学生表示仅仅听身边的人或是通过电视和网络了解这一专业或职业，对职业和专业的认识更多的是光鲜亮丽的表面，对于专业或职业在未来学习或工作过程中将会面临的困难和挫折并不清楚。这也是很多高中生在升入大学之后无法适应的重要原因之一。

如图 4-4 所示，随着高考志愿填报的不断迫近，学生对于专业的认识也不断加深。但是，哪怕是在高三年级的下半学期，认为自己非常了解报考专业的学生也只有 6.3%。在高一，基本上没有学生认为自己"非常了解"报考专业，只有 16.6% 学生对报考专业比较了解。

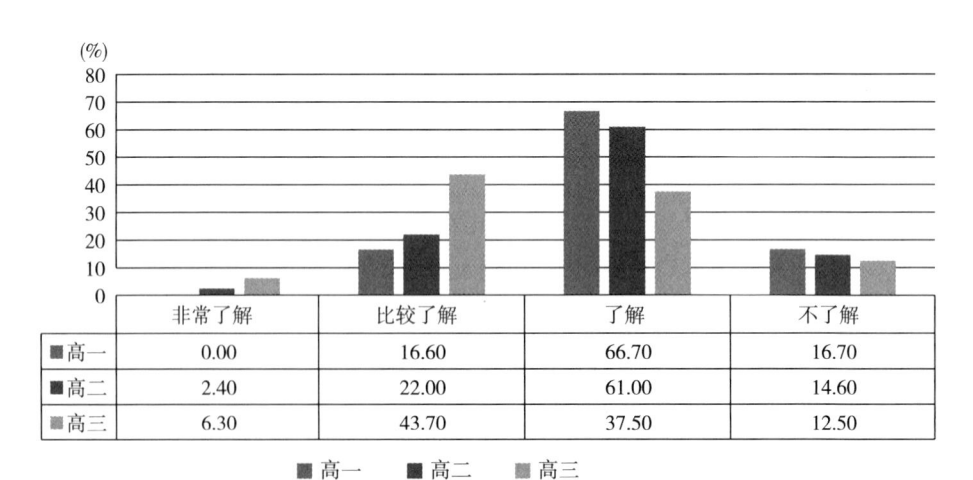

	非常了解	比较了解	了解	不了解
高一	0.00	16.60	66.70	16.70
高二	2.40	22.00	61.00	14.60
高三	6.30	43.70	37.50	12.50

图 4-4 普通高中生对大学专业（或想要报考专业）的了解情况（n=540）

---

① 数据引用自人力资源和社会保障部国家职业资格管理网站，http://ras.nvq.net.cn/nvqdbApp/htra/fenlei/#。

而如图4-5所示,58%的高中生通过电视和网络来了解与专业和职业相关的信息。电视与网络给我们带来大量信息,但我国目前缺乏权威性的专业或职业介绍网站,网络和电视信息中夹杂着许多虚假内容,并不足以成为学生了解专业与职业的主要信息来源。学生在平时看电视或上网时可能会对某一专业或职业产生兴趣,而在进一步的接触与了解过程中便需要专业权威的介绍,而不是夸大的、流于表面的甚至于扭曲的介绍。

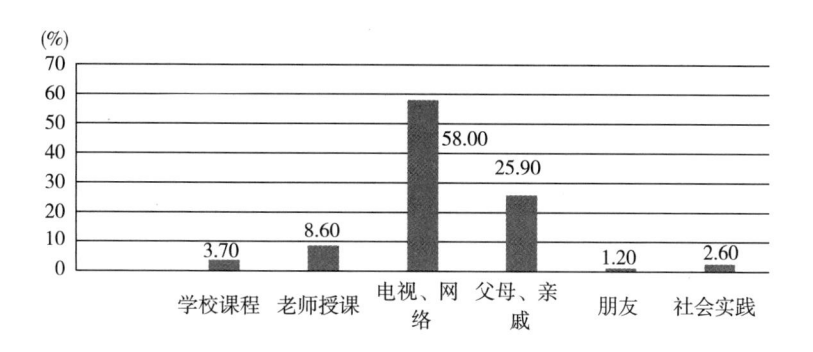

图4-5 普通高中生了解专业与职业的主要信息来源（n=540）

另外如图4-6所示,79%的高中生对分科、专业选择、社会职业以及生活的各方面存在着众多的困惑。在高一阶段,甚至有91.7%的学生表示存在职业认知方面的困惑。虽然,这一百分比随着学生的学习和自主探索在逐步降低,但在高三阶段仍有62.5%的学生表示在职业认知方面存在困惑。普通高中心理咨询中心的建立使学生在面临困惑和问题时有了一个解决渠道,但受人力、物力等各方面条件的限制,学校心理咨询只能惠及一部分的同学。同时,高中的心理咨询中心也更加侧重于对学生心理障碍和心理异常的干预和疏导。因此,学生在面临自身的一些心理问题时,有时会选择去心理咨询室咨询,但在面对专业或职业认知方面的问题时,大部分高中生所面临的困惑仍旧无法通过正式渠道得到解决。

再如图4-7所示,高中生在遇到问题和困惑时,特别是涉及专业与职业方面时,54.3%的同学倾向于通过"查询网络、书籍等"来解决,有28.4%的同学会向父母、亲戚咨询,13.7%的同学选择向老师咨询,有7.4%的同学采用"船到桥头自然直"的办法,将困惑与问题搁置不管。网

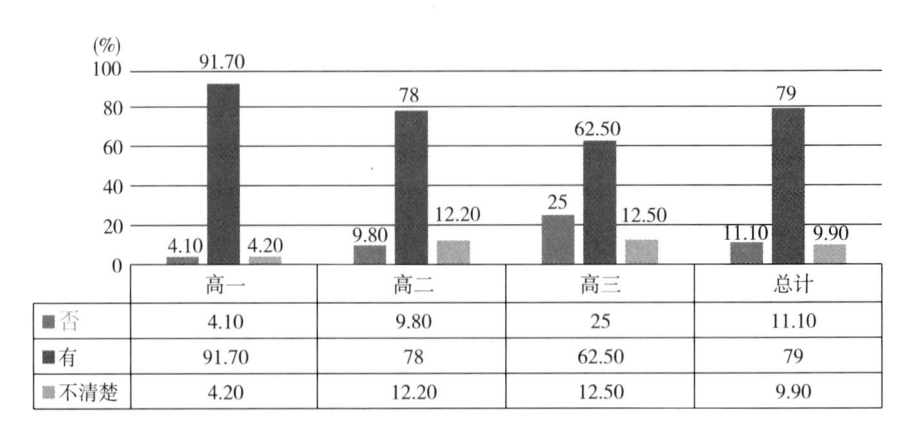

(%)
100 ┬ 91.70
 80 ┤   78   79
 60 ┤   62.50
 40 ┤
 20 ┤   4.20   25   12.50   11.10 9.90
  0 ┤ 4.10   9.80 12.20
      高一   高二   高三   总计

	高一	高二	高三	总计
否	4.10	9.80	25	11.10
有	91.70	78	62.50	79
不清楚	4.20	12.20	12.50	9.90

■否 ■有 ■不清楚

图 4-6 普通高中生是否存在职业认知方面的困惑（n=540）

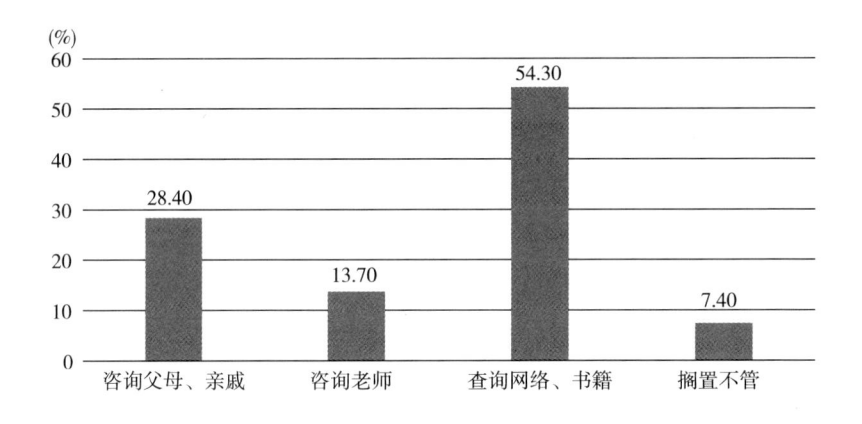

(%)
60 ┤   54.30
50 ┤
40 ┤
30 ┤ 28.40
20 ┤
10 ┤   13.70   7.40
 0 ┤
    咨询父母、亲戚 咨询老师 查询网络、书籍 搁置不管

图 4-7 普通高中生面临问题时的解决方法（n=540）

络与书籍并不能够很好地解决学生在选择科目、专业、学校以及职业等方面的问题。书籍往往是泛泛而谈，多注重理论的论述，不能灵活地针对个人的实际情况，同时还需要学生进行自我分析。而通过网络进行提问虽然更为灵活，可以针对每个人所介绍的实际情况进行回答，但由于网络的自由性，使回答的质量难以得到保证。就"百度知道"而言，它是一个基于搜索的互动式知识问答分享平台，主要由众多用户自行进行提问并做出解答，其中的回答具有很强的主观性与随意性，并不能保证分析的准确性，而且也不能确保资料与内容的真实性。因此，仅靠书籍和网络并不能够很

好地解决自身困惑与问题。学生在面临专业与职业等方面的问题时，更加需要家长、教师以及专业人士的帮助。

目前，我国普通高中教育的定位更加倾向于大学教育的预备教育。而我国大学专业分科较为死板，不能灵活转换。因此，学生应在高中明确自己的发展方向，确定自己的生涯发展方向。做出决策的首要条件，便是要搜集、了解相关信息。在这里，高中生要对专业、职业与社会有一定的认知。高中生在问卷与访谈过程中对专业与职业表现出较低的了解程度，大部分同学是在填报志愿之前才匆忙搜集信息、做出决定。在网络信息丰富的现代社会，同学们大多选择通过网络和电视了解信息，而"学校课程"与"老师授课"等正规渠道在增进学生职业认知方面并没有起到应有的作用。学生遇到问题时，也更倾向于"查询网络、书籍等"，家长、教师及专业人士的指导缺失，使高中生在面对不断变换的专业与社会职业时，显得无所适从。

3. 普通高中生的生涯决策状况

生涯决策是指根据自身条件、社会趋势、国家需要和职业特点选择职业、确定职业发展方向的能力。这一能力体现在普通高中生身上，也就是指普通高中生根据自身的条件、当前社会发展经济结构、用人市场需求、国家需要、职业特点以及大学招生规律，选择适合自己的学校和专业的能力。学校及专业的选择在很大程度上决定了考生未来的"职业生涯"。由于大学专业带有很强的区分性，在很大程度上决定了学生的未来职业定向，在大学阶段也很难进行专业转换。因此，学生应尽可能在高中志愿填报时选择适合自己的、有发展前景的、自己满意的学校与专业。尽管个人的职业发展与专业之间存在着密切的关系，但是现如今有部分职业规划专家以及社会舆论都认为大学（尤其是本科教育阶段）主要培养的是学生的综合素质和学习能力。因此，只要不断地提升综合素质，无论什么专业的学生都可以成功。条条大路通罗马，只要不断努力总会取得成功。但在众多通往成功的道路中，总是会有最快捷的一条道路，而正确的专业选择便是从众多通往成功的道路中选出捷径。因此，在普通高中阶段，通过对"加一"和专业的准确选择与合理规划，使学生可以以最小的代价和成本实现自身的职业理想。而高中生的生涯决策能力也将会在这一选择与规划的过程中得到培养与发展，但事实上，目前上海、浙江普通高中学生的生涯决策状况并不容乐观。

如访谈4-1中的G同学，在面临选择时，由于各科成绩较为平均，没有最为擅长的科目，不知该如何做出选择。而G同学自身的生涯决策能力不高，受到周围大部分同学选择物理的影响，也在考虑是否要选择物理。在选科过程中，学生往往会遇到各种问题，如同学在一起上课生活，就会希望和好朋友选择一样的科目，或是班级大部分同学选择理科就会产生"从众"心理。高中时期的选科、填报志愿都是对学生生涯抉择能力的一个考验，学生应该避免盲从，结合自己的实际情况进行选择。在理论上，学生在做出选择时，应考虑到自己的兴趣、能力、大学专业的可选择性以及未来职业的可选择性与发展，从而做出综合性的考量，而不是单纯地依靠成绩。但目前学生进行选择更多的只是考虑目前的成绩状况，以至于分科后，随着科目的难度增加，而进退两难。

许多同学在挑选学科和专业时，缺乏对自己的认识，喜欢凭感觉、随大流或是依靠他人，而不是认真地考虑自身状况，搜集相关信息，进行综合考量。

普通高中学生除了在进行选择时表现出较差的生涯决策能力之外，对于自身未来职业发展方向或学业发展方向的把握也并不是十分理想。调查结果如图4-8所示，高中三个年级学生对于未来职业生涯发展方向明确程度之间的差异较为明显。随着年龄的增加，高中生对于未来专业与职业的认识和发展方向更为明确。在高三年级，有75%的学生对于未来专业及职业已经确定了"大致方向"或是"非常确定"，但仍有25%的学生表示完全不知道自己未来要考取什么专业或是从事什么职业，存在着很大的困惑。而"非常确定"未来专业或职业的高二年级学生要低于高一年级与高三年级，这与高中生的自我认知状况相类似。证明了随着对高中学习的适应以及科目选择的到来，高二年级的学生更为迷惘。这也从侧面证明，职业生涯教育不仅仅是高考前的志愿填报辅导，而更应该贯穿于整个高中阶段。

同时，另有通过调查发现，高中生对于未来职业生涯发展方向也体现

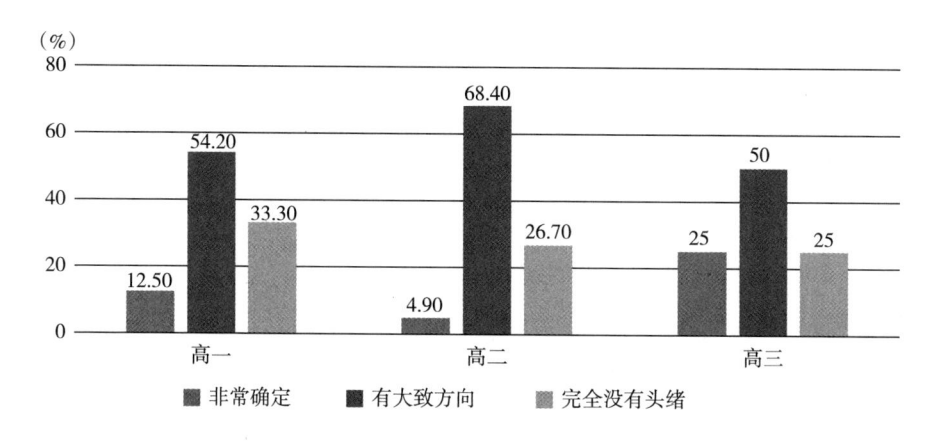

图 4-8　普通高中生面临问题时的解决方法（n=540）

出较为简单化与功利化的特点。在"学习""认识自我""认识社会""培养兴趣"等众多选项中，73.2%的学生认为自己在高中阶段的任务就是"学习"，而考一个好大学则是上高中的唯一目的。学习更是为了老师、为了父母，与自己无关。其功利化特点则体现在：高中生在填报志愿时大都选择经济、金融、医科等"钱途"光明的热门专业，之后，随着热门专业的就业压力加大，便又开始倾向于选择基础学科。"稳定""赚钱多""福利高""有面子"成为高中生对其职业生涯发展方向的主要描述，至于从事专业与职业本身所面临的困难与挑战以及与自身能力的匹配程度则被学生们选择性忽略了，从而影响了学生职业生涯发展的有效性。在报考志愿时，仅有13.6%的人表示了解所选专业，67%的人并不了解，67.9%的人承认，自己在报考专业时是"盲目的"。而在大学的实际学习过程中，仅有16%的人觉得所学专业符合当初预期，56.2%的人觉得并不符合，71.2%的人表示，想要重新选择一次专业。①

生涯决策考查的是学生的综合分析能力。信息搜集过后，需要制定可供选择的方案，通过对方案进行分析、评价，从而选择出最适合自己的生涯发展方向。现阶段，高中生的选择往往只有两种：以学习成绩为判断依据或以"钱途""稳定"等为选择依据，而忽略了社会职业的发展趋势、职业特点、

---

① 佚名：《选专业别光看"热门"关键要结合自身特点》，《深圳晚报》2013年6月5日第5版。

大学招生规律等方面。因此,也使学生的生涯发展方向往往有着简单化与功利化的特点。学习就是为了考大学,就是为了赚钱,就是为了找一个好工作。至于自我价值的实现、贡献社会,为了民族富强、国家复兴则都是口头上的空话。在选择过程中,学生的自我思考缺失,而是简单地依靠父母、亲戚或老师做出决定,在生涯决策中丧失了自我。

4. 普通高中生的教育认知状况

教育认知是指对教育价值、教育与职业的关系的认识。通俗来讲,便是在社会实习、实践操作、认识职业的过程中使学生肯定教育的意义以及教育与职业的关系,从而增强学生的学习动力与兴趣,使学生能够更加积极主动地进行学习。

"学习的目的是什么?"如果你拿这个问题去询问正在埋头苦读的高中生,他可能会说"是为了考大学","是为了将来找一个好工作","是为了以后可以不学习"。这些五花八门的答案,便是我们的教育吗?不过,拿这个问题考问笔者的话,笔者的回答也是"为了将来能够找到一份好工作"。但是,在工作前夕,笔者曾经也经常感到十分惶恐,"我究竟能不能做好工作?办公室的人事关系我能处理好吗?是不是还有其他更好的工作?这份工作适合我吗?我还有其他的选择吗?我的人生发展轨迹到底应该是怎样的?我应该如何规划它?"那么多年的在校生活使笔者的思想单纯而简单,对社会的了解更多是流于表面,并不能够深切地了解职业和社会,在做出决定时往往感到焦虑、恐惧。

调查中,63%的学生认为学习是高中的首要任务,但大部分同学如访谈中W同学一样,并没有弄清楚学习的真正意义,没有明白教育能够给自己的生活所带来的改变,而是为了学习而学习、为了上大学而学习或是为了父母而学习。"知识改变命运"已经成为一句口头禅,而不是激励学生学习的座右铭。

【访谈4-2:学习的意义】

(访谈时间:2017年11月18日,访谈地点:X中学图书馆,访谈对象:X中学W同学)

笔者:你感觉你目前最主要的任务是什么?

W同学:应该是学习吧。

笔者:有没有想过学习是为了什么?

W同学：为了上个好大学呗，将来找个好工作。其实，我感觉现在学的东西挺没有用的。周围很多上大学的哥哥姐姐们都说现在学的很多东西在上大学之后都忘光了。

笔者：那有想过现在的学习是为了你将来生活和工作打基础吗？

W同学：我主要是感觉现在学的都是纸上功夫。除了高考之外，将来能不能用得上还是另外一说。反正，我现在就是争取考上一个好大学就可以了，没有想那么多。

但是，值得高兴的是，如访谈4-3中的ZH同学一样，现在的普通高中内已经有部分同学认识到教育在未来职业生涯发展中的重要性。

【访谈4-3：立志自主创业的高中生】

（访谈时间：2017年11月20日，访谈地点：M中学心理咨询室，访谈对象：M中学ZH同学）

笔者：有没有想好未来想要从事什么职业？

ZH同学：我自己已经有想法了。我家里都是经商的，我跟着我爸学了挺多的，以后我也想自主创业。我认为在将来的社会中，创意是很重要的。我想要开一家点子公司，专门销售创意。

笔者：这是一个很有新意的想法，有想好要怎么实现自己的目标吗？

ZH同学：我现在除了平时学习以外，还关注一些自主创业的政策，同时也跟在我爸身边学习。我以前本来想的是毕业后直接去创业，不上大学了。但是，后来在我爸公司做了几天后发现，我现在的知识根本不怎么够用，突然就感觉到学习的重要性了。所以，我就打算考金融或是管理类的专业，准备一下自己的理论知识和管理能力。毕业之后就自主创业。

ZH同学在实践中发现，高中的知识并不能够满足其自主创业的需求，从而使他认识到了教育的重要性，进一步激发了他学习的热情，增强了学习动力。这便是教育认知的重要作用。但是普通高中受现实条件所限，学生的实践机会是十分缺乏的，这也导致高中生被困在学校这座象牙塔之中，并不能够认识到自己的不足。学生往往以一种夜郎自大、井底之蛙的态度来看待职业与社会，并不能够切实地体会到教育与未来发展以及职业生涯的关系。

目前，普通高中的学生除了对教育的综合认知状况较差之外，对职业生涯教育本身的认知也存在很大的不足，并没有意识到接受职业生涯教育对其终身发展的重要作用，不能够主动地进行职业生涯规划。高中生并没有认识到职业生涯教育的重要性，只是被动地接受教师讲解的与专业、职业或社会相关的知识，而不是主动探寻自己的职业生涯发展道路。M校的心理老师C老师在访谈中对学生上课时的状态进行了描述。

【访谈4-4：心理课上的学生】

（访谈时间：2017年11月25日，访谈地点：M中学心理咨询室，访谈对象：M中学心理老师C老师）

笔者：在您的教学过程中有穿插职业生涯教育吗？

C老师：当然是有的，首先我认为职业生涯教育是很有必要的。但是，事实上，我们觉得很有必要，现在的孩子并不一定接受，他们没有觉得很重要。他觉得这个东西没有用，我现在只要读好书就行了，只要考个好成绩就行了。我们学校高一、高二都开心理课，在上课过程中我或多或少都有这方面的感觉，但就是我们老师有这种教育必要性的意识，这方面的教育，在学生这方面的收效还是不理想的。

笔者：那在心理课上学生的表现状态是怎样的？

C老师：其实心理课对他们来说就是自习课，要不然就是在聊天，乱糟糟的。心理课又没有考试，然后和高考又没有关系，所以基本上就是放松休闲的。大部分同学仅仅是坐在教室里，至于他们有没有在听讲或是思考就不得而知了。而且，据我了解这种状态也不仅仅是在心理课上，在一些学生眼里"不重要"的课上，如音乐、美术等，还有班会课上，学生往往都表现出这种状态。

笔者：那来心理咨询室寻求帮助的学生多吗？

G老师：正常情况下，来心理咨询室的学生往往是咨询一些心理方面的问题。"加一"和填报高考志愿之前，明天就是最后截止日期了，今天就会有学生询问与职业生涯发展相关的一些问题。这些学生呢，往往一上来就问"我应该选哪一科？"或是"我志愿应该填什么？"

C 老师表示，学生在心理课堂上往往是心不在焉的，把心理课当作自习课，将老师对职业生涯教育的讲解当作耳旁风。

由此可见，现阶段，普通高中内学生的职业生涯教育认知较差，忽视职业生涯教育，具体的表现就是：在进行职业生涯教育的课堂上表现得心不在焉，不认真听讲，小动作多；在职业生涯规划方面，抱着得过且过的心态，不主动进行职业生涯发展规划。

对于职业生涯教育在学校的推进也面临着同样的状况。如今，很多高中教师已经认识到了职业生涯教育的重要性，但其在推进职业生涯教育的过程中，由于学生、家长和社会对分数的追求，通常会阻碍职业生涯教育在普通高中内的实施。同时，很多学生将老师的教导当作老生常谈，与职业生涯教育相关的课更成为他们的自习课。学生与家长并没有认识到职业生涯教育对学生未来发展所起到的重要作用，从而以抵制、消极的态度面对，这也进一步导致了职业生涯教育在普通高中的开展困境。

（二）教育管理者与教师对普通高中职业生涯教育的开展有心无力

随着我国素质教育、终身教育、绿色教育等各种概念的提出和《普通中学职业指导纲要（试行）》《基础教育课程改革纲要（试行）》《国家中长期教育改革和发展规划纲要（2010—2020 年）》《上海市学生职业（生涯）发展教育"十二五"行动计划》等一系列政策的颁布，职业生涯教育对我国的教育管理者和教师来说已不是陌生概念。部分先进的教育管理者和教师已经认识到了职业生涯教育对于学生终身发展的重要性，同时也认识到职业生涯教育在普通高中内开展的必要性和紧迫性。但在升学率、教师能力和时间的重重压迫之下，目前普通高中内职业生涯教育的开展情况并不理想，职业生涯教育的内容也大多散落于课程教学之中，缺乏系统性。

1. 教育管理者与教师已认识到职业生涯教育的重要性

早在 20 世纪初，我国著名的学者邹韬奋在担任中华职业教育社编辑部主任时，便明确了职业生涯教育对于学校和学生发展的重要作用。他认为，就学校而言，职业生涯教育能够引起学校的变革，主要体现在以下两个方面。首先，他认为职业生涯教育能够改变学校对于责任的态度。邹韬奋指出，原来学校认为学生毕业后，学校将不担负责任了。实际上现如今的普通高中，仍有很多教师以及学校管理者认为，只要学生进行了高考，并达到合适的成绩，那么学校便完成任务了，至于之后学生的发展与高中无关。本调查中L中学的Z老师在访谈中坦诚谈了自己的看法。

【访谈4-5：普通高中的职责】

（访谈时间：2017年11月28日，访谈地点：L中学英语教研组办公室，访谈对象：L中学高三英语老师、班主任Z老师）

笔者：您认为对学生进行职业生涯教育在普通高中的职责范围中吗？

Z老师：现在高中教师的教学压力是非常大的。尤其在实行了绩效考核之后，基本上所有的内容都与学生的学习成绩挂钩，并没有规定与职业生涯教育相关的考核内容。所以，现在的老师基本上都是关注学生的学习成绩。"分分分，学生的命根，考考考，老师的法宝"，这句话其实挺符合现在高中的状态的。而且，现在有关学校和校长的考核基本上也是以学校的升学率为主，只要学生的成绩上去了，达到一定的升学指标后，学校就算是完成任务了，至于学生将来的发展并不影响学校、教师的考核。普通高中的职责在实际操作中仅仅被定义为：教授学生知识，使学生升学。因此，学校的管理者和教师虽然也认识到了对学生进行职业生涯教育的重要性，但是在学校的日常管理和教学中并没有涉及。

从访谈4-5中可知，现在学校的老师已经认识到了对学生进行职业生涯教育的重要性。但是，在对学校和教师的考核仍以升学率和学生成绩为主的情况下，教师和学校的主要精力仍是关注学生的学习，至于其他方面的教育和培养都是属于"锦上添花"，并不是学校和老师工作的重要内容之一。普通高中的职责在实际操作中仅仅被定义为：教授学生知识，使学生升学。因此，学校的管理者和教师虽然也认识到了对学生进行职业生涯教育的重要性，但是在学校的日常管理和教学中并没有特别提及。并且，目前社会、上级教育部门、家长和学生对于学校和教师的认可是一种短视的、基于升学率的，并不关注学校学生未来的发展状况，导致学校内部的各种考察也成为一种短视的、基于升学率的，并不考虑对学生未来发展的影响。上至各级教育机关，下至教师、学生，都抱有一种"只要毕业，考上大学就万事大吉"的想法，而职业生涯教育则是大学时期所需考虑的事情。邹韬奋认为学校这种逃避责任的行为是错误的,如果引进了职业生涯教育,"学校可因此常受刺激,明了它的全部责任"[①]。传授知识与技能仅仅是学校责任的一部分,更重要的是看这些知识与技能是否能够适应社会。

此外,职业生涯教育有助于学校与社会的沟通。邹韬奋认为"学校里面所教的,应该是社会里面所需要的正当的供给;社会里面所需要的,学校里面应该教授"[②],而职业生涯教育便是社会与学校之间的桥梁与沟通渠道。而目前的现实情况是:高考的必考科目为英语、数学、语文以及上海市的"加一"与其他省市的文科或理科综合,对社会的了解、对职业的认识、对未来的规划以及学生的自我认识等这些关乎学生未来发展的能力并不在考核范围之内。因此,不论是学生、家长、学校还是教育部门都理所当然地对这些能力的培养视而不见,职业生涯教育在学校的地位就可想而知了。

2. 普通高中开展职业生涯教育困难重重

很多教育管理者已经很清晰地认识到了在普通高中开展职业生涯教育对学生终身发展的重要性,但其也面临着来自学生、家长和教师等各方面的压力。在应试教育面前,教育管理者与教师对在普通高中开展职业生涯教育只能感到有心无力。

职业生涯教育是十分专业,需要理论与实践相结合的教育形式。如果想要在高中开展职业生涯教育,那学校内必须具有至少一名专业的职业生涯导师,以帮助学校、教师和学生解决职业生涯教育过程中所遇到的种种问题。在美国,如果想要在高中从事职业生涯教育的咨询与辅导工作,至少要获得指导和咨询专业的硕士学位。[③] 而申请咨询和指导专业硕士的学生则需要有一定的教育学与心理学的知识基础,同时还需要具备相关的两年以上的工作经验。而职业生涯导师在正式上岗之前,还需要对心理测评、咨询技巧、特定

---

① 陈遇春、刘军等:《论邹韬奋的职业指导思想及其现代启示》,《高等农业教育》2005年第11期。

② 教育部:《中小学班主任工作规定》,http://www.china.com.Cn/policy/txt/2009-08/23/content_18385283.htm。

③ 卓念:《中美两国普通中学职业生涯教育比较研究》,硕士学位论文,西北师范大学,2009年,第37页。

生涯难题的处理解决等有着深入的学习，熟悉各大高校及其课程设置，了解职业分类等，并且还需要通过资格考试，获得"国家注册生涯指导员资格证"。

而在我国，目前学校内的职业生涯教育往往是由校长提出，心理老师或德育处主任负责，各科教师具体实施，若条件允许则会聘请校外专家作为临时编外人员，帮助学校开展职业生涯教育，并没有长期驻扎于学校内部、了解学校具体情况的职业生涯导师。在普通高中任职的教师也缺乏相关的培训。就对高校专业设置以及社会职业分类这两项来讲，由于班主任肩负着班级学生全面发展的责任，比科任老师更为了解各大高校的专业设置及其未来就业前景的状况。

虽然相较于其他老师，班主任老师更加关注各大高校的专业设置及其未来就业前景，但如图4-9所示，其中"非常了解"与"比较了解"的班主任老师也仅有3.6%与32.1%，64%的班主任老师与66.7%的非班主任老师表示自己并不是很了解各大高校专业设置以及未来的就业前景，这显然无法满足对学生进行职业生涯教育的要求。

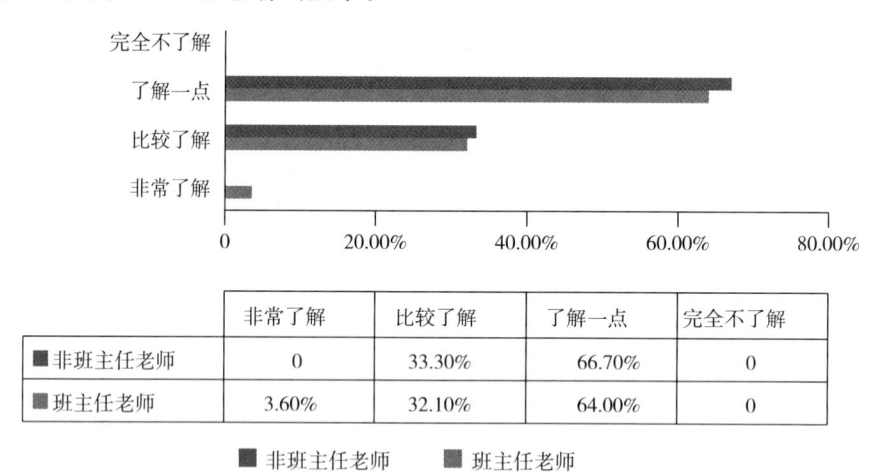

	非常了解	比较了解	了解一点	完全不了解
■非班主任老师	0	33.30%	66.70%	0
■班主任老师	3.60%	32.10%	64.00%	0

图4-9 教师对各大高校的专业设置及其未来就业前景的了解情况（n=180）

而教师对社会职业分类、职业前景及所需技能的了解情况就更加不容乐观。如图4-10所示，17.9%的班主任老师与13.3%的非班主任老师表示"比较了解"社会职业分类、职业前景及所需技能。80%以上的教师表示仅仅是对周围人所从事的职业有所了解，对其他职业的认识也是与学生相同，大多来自书籍、电视以及网络的描述，对于其真实性与准确性不能保证。

完全不了解	0.00	86.70
只了解周围人所从事的职业	13.30	82.10
比较了解	17.90	
非常了解	0.00	

■ 非班主任老师　■ 班主任老师

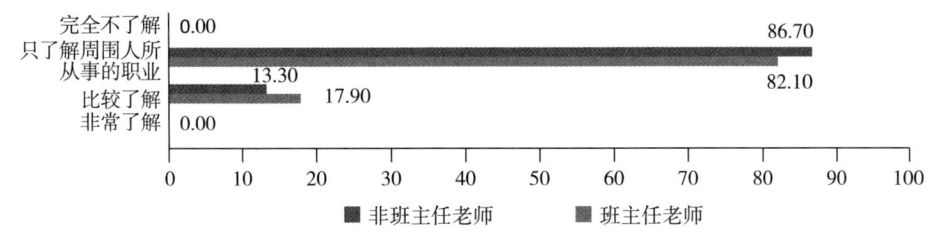

图 4 - 10　教师对社会职业分类、职业前景及所需技能的了解情况（n = 180）

此外，通过访谈发现，不同类型的高中教师，受学校教学目标和个人能力所限，其职业生涯指导能力也各不相同。在调查的 6 所普通高中里，重点高中（L 中学和 M 中学）的教师对专业和职业的了解与认识较好，能够对专业和社会职业进行大致的区分，同时对于同学的相关提问也能够做出恰当的回答。而非重点的 H 高级中学的教师则更加专注于对学生学业的指导，在日常的教学过程中较少关注学生的专业和职业兴趣。

上海市普通高中教师除了不能满足职业生涯教育的要求之外，由于教师的课业压力大、时间紧张，也不能够保证职业生涯教育的时间。职业生涯教育不是一蹴而就的，它不仅仅需要课堂上相关知识的系统讲授，更需要课下教师与学生的共同探讨。因此，普通高中的任课老师并不能够保证职业生涯教育的课下咨询与辅导时间。我们可以发现，虽然上海市的部分教育管理者与教师已经认识到了职业生涯教育对学校和学生发展的重要作用，但是受评价标准、教师能力与精力的限制，职业生涯教育在普通高中的推进困难重重。

3. 现有职业生涯教育的内容偶见于课程教学之中

随着国外先进教育理念的传入，我国课程改革理念的渗透，以及教师自己的切身经历，职业生涯教育也逐步进入普通高中教师的视线，部分教师会有意识地在授课过程中穿插一些与职业生涯教育相关的内容。如图 4 - 11 所示，21.4% 的班主任老师与 13.3% 的非班主任老师表示会在授课过程中"经常"涉及职业生涯教育的相关内容，50% 以上的教师表示"偶尔"会进行职业生涯教育。与非班主任老师相比，班主任老师作为"中小学生健康成长的引领者和人生导师"[1]，要肩负起引导学生全面发展、终身发展的重任。因此，

---

[1] 教育部：《中小学班主任工作规定》，http://www.china.com.Cn/policy/txt/2009-08/23/content_18385283.htm。

班主任老师在授课过程中更加注重对学生进行职业生涯教育，使学生能够认识自我、认识专业、认识职业与社会，并为将来的选择做好准备。

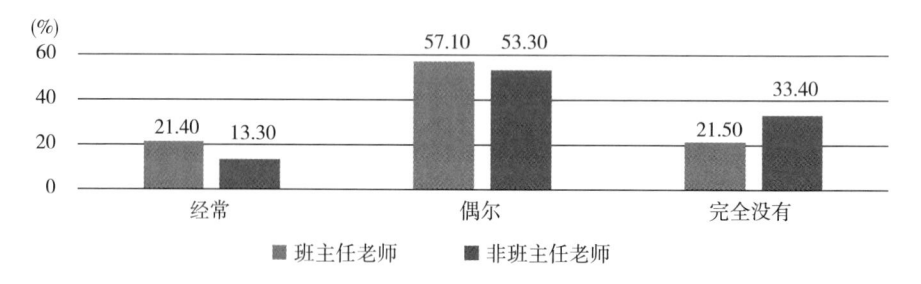

图 4-11　教师在授课过程中进行职业生涯教育频率（n=180）

教育是一个双向的过程，不仅仅包括教师的教授，还应包括学生对教师所教内容的一个接受、反思并主动思考的过程。虽然在普通高中内有50%以上的教师都表示在授课过程中都有意提及与职业生涯教育相关的内容，但切实接受并进行思考的学生寥寥无几，远远低于教师的自我评估。根据所调查教师的学生发放问卷，调查学生认为教师在授课过程中进行职业生涯教育的频率，结果如表4-3所示，学生认为教师在授课过程进行职业生涯教育的频率要远低于教师自评。三个年级的学生认为教师在授课过程中"经常"或"偶尔"进行职业生涯教育仅为29.2%、24.4%和12.5%，甚至于70%左右的学生认为教师根本没有提到过职业生涯教育。

表 4-3　学生认为教师在授课过程中进行职业生涯教育频率（n=540）　单位:%

	经常介绍	偶尔提及	没有提到过	不是很清楚
高一	0	29.2	70.8	0
高二	0	24.4	58.5	17.1
高三	12.5	12.5	75.0	0

面对教师与学生在这一问题上的不同态度，笔者组织教师与学生进行访谈，寻找差异产生的原因。目前学校课堂上的职业生涯教育往往是教师自发进行的，并没有进行系统的规划。职业生涯教育散落于课堂的教学之中，很

多时候都是教师心血来潮，就顺便提几句，并不能够引起学生的足够重视。很多情况下，学生都将其当作了闲谈，职业生涯教育的目的与效果不明确。

应试教育使分数成为考核学校、教师、学生乃至家长的唯一标准。上级教育部门、社会、家长和学生对于老师与学校管理者的唯一要求便是出成绩，其他的事情都可以被忽略掉。而教育管理者和教师在这巨大的压力之下显得力不从心，只能选择大多数人认为正确的成绩，而放弃了真正有利于学生终身发展的职业生涯教育。

（三）普通高中职业生涯教育缺乏社会支持

职业生涯教育不仅仅需要学校的管理者与老师的支持，还需要社会上各种力量的支持。由于高中阶段学生进行社会实践的机会有限，因此更需要来自企事业单位、高校、社会团体等社会各界的支持。而我国普通高中职业生涯教育偏偏十分缺乏社会支持，仅靠学校教育的力量总是独木难支。

发达国家十分注重教育内外部的相互协调，形成了"学校—家庭—社会"三位一体的职业生涯教育网络。美国、英国、瑞典等国家的职业生涯教育不仅在学校的课堂中开展，还为学生提供大量的参观与实习的机会，让学生能够从不同的职业机会中选择自己满意的职业。英国在一些相关的法令中规定，相关社会部门要为学生熟悉各种职业提供便利条件。大学校园、各企业、事业单位、工厂要和学校建立广泛的合作关系，给学生们提供参观和就地实习，以熟悉各种专业、职业和工种的机会。[1] 与此同时，各国都注重争取家长对职业生涯教育的支持。定期举办家长培训，请家长到校旁听职业指导课程等，以此来加强家长对于职业生涯教育的认识，在培训的同时增强家长的职业生涯教育能力，从而使学生在学校所接受的相关教育能够在家庭教育之中得到贯彻。

1. 企、事业单位与高校相对封闭

美国、英国、瑞典等国家可以通过实习、打工等方式来获取职业生涯教育的实践机会，同时还可以通过 AP 课程（AP 是 Advanced Placement 的缩写，一般译为大学先修课程）提前了解大学课程。而在我国，大部分的企业、事业单位以及大学并不对高中学生开放。企业和事业单位欢迎在校大学生在经

---

[1] 罗汉书：《职业生涯教育的国际经验剖析》，《教育发展研究》2005年第7期。

过选拔之后进行实习与挂职锻炼，但这项制度并不面向高中生。而想要了解大学的专业课程也是十分困难的。实际上，通过旁听大学课程、企业实习或单位挂职能够获取更多直接的实践经验，可以使学生认识到自己的缺陷，激发学生的学习动力与积极性，帮助其确定未来的职业生涯发展方向。

【访谈4-6：我想学计算机】

（访谈时间：2017年11月7日，访谈地点：L中学会议室，访谈对象：高三L同学）

笔者：你大学想要考什么专业？

L同学：我理科比较好，而且对计算机比较感兴趣，想报考与计算机相关的专业。

笔者：女生学习计算机专业不是那么轻松啊，你对这些专业了解吗？

L同学：我还是比较了解的。我从小就对这方面比较感兴趣。我妈妈是交大的教授，所以我经常去交大旁听计算机方面的课程。虽然说有些东西我还不是很理解，但是感觉很有意思，我相信我是没有问题的。

访谈4-6中的L同学通过在大学旁听计算机专业的课程，对计算机专业的内容有了一个提前的了解，更加明确了自己未来选择的方向。而L同学也是通过妈妈的关系才能够了解到交大计算机专业的课程设置。因此，虽然旁听大学课程十分有利于高中生的职业生涯抉择与定向，但由于高中与大学相对分离，大部分高中生并没有这一机会。

2. 职业生涯教育协会缺乏

普通高中的管理者也指出学校的职业生涯教育十分需要社会各界的支持。B高中ZH校长在访谈中提道："我们学校有计划地在开展职业生涯教育。但是学校内部的资源有限，急需各种社会资源的支持。由于现在社会上职业生涯教育的有关团体、协会之类的还比较少，目前我们能做到的就是综合利用学校的校友会和学生家长的资源，来帮助学生了解职业与社会。"但实际上，校友与家长的力量仍然是有限的，不能够满足学生各种不同的需求。

除了社会企业、事业单位以及大学为各国职业生涯教育提供支持以外，美国的职业生涯辅导协会也为美国的职业生涯教育提供了重要帮助。美国的行业协会是独立于政府之外的专业机构，能够制定行业标准，确定行业道德和法律标准。生涯辅导行业协会主要指为了促进个体的生涯发展提供各类服务和资源组织起来的各类组织或专业团体。① 美国的生涯辅导协会有权利制定生涯辅导行业准则或规范，并要求会员遵守，以促进职业生涯教育的科学发展。并且行业协会还成为学校与企业的服务器，为学校提供信息咨询服务，如行业发展情况、与行业相关的法律和政策等各类咨询，同时也为学校提供与社会企业交流的平台，节省学校资源。正因为行业协会的存在，使职业生涯教育在美国得以快速发展。

而在我国，现有的民间职业生涯教育组织，如中华职业教育社，并不具有制定行业标准、为职业生涯教育提供各类服务和资源的功能。当国家还未对职业生涯教育引起重视的时候，民间社团组织并不能够担当重任，从而使得职业生涯教育在我国的发展不断推延下去。而学校处于一个相对封闭的环境之中，与社会直接沟通的能力有限，而我国又缺乏学校与社会之间的交流平台，使普通高中阶段的职业生涯教育成为纸上谈兵。

仅是教育管理者与老师认识到职业生涯教育的重要性并不能够满足职业生涯教育在高中开展的所有条件。社会支持也是普通高中开展职业生涯教育的必要条件之一。而目前社会上企业、事业单位、大学以及民间组织的角色缺失使职业生涯教育在普通高中内的推进难度增大。

第三节　新高考视域下普通高中职业生涯教育改进策略②

一　我国普通高中职业生涯教育推进中面临的主要问题

通过整理及分析问卷调查结果与访谈结果，笔者认识到许多看不见的困难存在于普高职业认识教育中，而造成这些困难是存在诸多因素的。

---

① 王思燕、卢峰：《美国生涯辅导行业协会研究——以美国辅导协会及其分支协会为例》，《比较教育研究》2011年第2期。

② 关莹：《普通高中职业生涯教育问题研究》，硕士学位论文，辽宁师范大学，2015年，第42—51页。

（一）缺乏相关的法律保障与财政支持

职业生涯教育顺利开展的必要条件就是完善的法律法规，如果没有专项法律确认其在普通高中的地位，职业认知教育的开展存在困难，我国开展高中生职业意识教育面临着诸多此类问题。在没有法律法规保障的情况下，很多学校根本无法开设这门课程，即使开设基本上也是走形式，得不到真正的贯彻执行。

另外，在调研的一所中学有职业生涯教育，主要是由于学校本身有资金及资源、渠道，可以看出财政支持的基础性和重要性。由于职业生涯规划这门课不纳入考试范围，在财政预算安排上，教育行政部门以及学校都不够重视。没有专项资金给予支持，导致很多相关工作就无从开展，比如课程开发和教材编写、聘请教师和专业人员，展开职业意识教育、校方与企业的合作无法得到理想实施效果。

（二）缺少专业的师资、专门的教材以及系统的课程标准

无论是传统的教师讲授式的教学方式，还是目前新课程改革下学生为主体的教学模式，教师在其中都发挥着不可替代的作用，即学生为主体和教师为主导的定位，对于职业生涯教育来讲同样适用。而且教师必须具有专业能力以及丰富的知识储备，只有专业化的师资队伍才能系统、全面地为受教者提供有价值、有意义的教学内容并且达到事半功倍的效果。由于我国地区间、城乡间发展不均衡，各地区的经济发展状况及支柱产业不尽相同，所以各个地区的职业需求也不尽相同。各地区、各学校科学规范、有针对性地进行职业生涯教育，要以专门的教材和系统的课程标准为基础，其中教材是教学的前提，是必不可少的。

截至目前，我国高中阶段在职业生涯教育方面仍有欠缺，没有相配套的职业生涯规划相关课程，缺乏专业研究职业生涯的专家教师，同时实验教程仍没有到位，基础条件还不完善，这些都是制约职业生涯教育在普通高中开展的重要因素。各地区的经济状况、就业形势各有不同，教育主管部门必须结合本地区的具体情况，有针对性地培养师资、开发课程和编写教材。

（三）职业生涯教育体系的本土化研究匮乏，致使我国普通高中职业生涯教育缺少理论支撑

职业生涯教育并不仅仅针对的是学生某一阶段的教育，理应将职业生涯教育系统化、规范化，从九年义务教育阶段一直到高中，都开设职业生涯教育课程，从而确保职业生涯教育的体系化。通过分析研究西方发达国家在职业生涯教育方面的成果来看，基本都是采取的理论联系实际的方式，将先进的教育思想与本国的具体实践相结合，从而建立起适合本国发展的职业生涯教育系统。

而我国地域广阔，人口众多，不仅同国外的经济、社会、人口、文化各方面不相同，就连国内各地区之间也不尽相同，需要大量的人力、财力以及科学的调查方法进行调研并有针对性地建立职业生涯教育体系，但是我国职业生涯教育体系的本土化研究一直处于相对匮乏状态。以上因素致使相关地区的教育主管部门不能及时地展开实地分析调研，导致目前我国高中阶段在职业生涯教育方面缺乏坚实的理论支撑，这也是目前我国高中不能规范有效地开设职业生涯教育的重要因素。

（四）部分教师和家长只关注学生的应试成绩，对于普通高中职业生涯教育的重视度偏低

社会各界没有真正认识到职业生涯教育的重要意义，其中就包括职业生涯教育的最直接"教育者"——教师和家长，重视度不够导致教育主管部门缺乏动力。学校一切以高考为主，一切为了升学率的功利思想，导致关于学生职业生涯教育的研究与实践没有实际开展。在访谈过程中，部分教师表示高中时期是学习最为紧张的阶段，他们更注重成绩及升学率，而且家长为了不影响孩子学习，对于学校开展的一些活动也是拒绝参加的。通过对几所高中是否开设职业生涯规划课程分析研究发现，此课程的开设率几乎为零。

针对学校至今没有开设职业生涯教育这一问题，首先采访的是某高中的教学负责人。他的观点：本校是传统意义上的普通高中，面临升学压力较大，由于新一轮教学改革、取消早晚课、取消周六周日补课等对传统教学的冲击，大大减少了学生在校文化课的学习时间，在高考分数指挥棒的指引下，我校坚持常规教学，因此对学生素质没有及时跟进，学生职业生涯教育并没有纳

入教学进程。

通过访谈可以发现，部分教师只关注学生的应试成绩，无法正确认识职业生涯教育对于孩子未来的影响。笔者在调研期间和一些学生在课间进行了交流，在聊天中，当问及爸爸妈妈是否让他们做一些自己感兴趣的事时，大部分学生特别是高三的学生表示根本不可能，每天除去在学校学习的时间外，回到家也要继续学习，周末也要进行补习，有的父母甚至全程陪同，父母认为一切以高考为主，考上大学就意味着以后会有好工作。

（五）社会职业信息系统建设不完善，我国普通高中职业生涯教育明显缺少社会资源

通过文献资料的整理归纳可以发现，一些发达国家为了职业生涯教育科学、有效地开展，始终致力于职业信息系统的建立与完善。职业信息系统的建设为社会提供优良的服务，这其中包括为求职者提供全面的职业信息，为在校学生提供职业参考，为在职人员提供职业培训资料，等等，使所有人都能熟悉这个世界，了解社会经济的需求、劳动市场的供求状况和发展趋势、职业结构、职业门类的变化以及不同地区职业的发展情况。而我国在社会职业信息系统的建设不完善，各地区各部门间的协作能力较差导致职业信息的收集不理想，缺少丰富的相关资料。这些必将导致职业生涯教育的开展缺少社会资源。

二　高考改革视域下我国普通高中开展职业生涯教育对策

随着我国新高考改革的不断推进，倒逼一线高中不断进行改革，可谓"箭在弦上，不得不发"。在这种情况下，新高考对高中生涯规划教育诉求也越来越急迫，就需要对这些诉求进行理性分析，并尝试有效解决。

（一）完善我国普通高中职业生涯教育法律体系

普通高中处于职业生涯教育的关键阶段，世界发达国家都非常重视通过法律体系来指导普通高中职业生涯教育的主体地位。我国需要尽快出台适合我国国情的普通高中职业生涯教育法律法规。尽管《中华人民共和国职业教育法》《职业指导办法》《普通中学职业指导纲要（试行）》《基础教育课程改革纲要（试行）》等这些法律法规中都涉及普通高中职业生涯教育，但是普通

高中职业生涯教育想要快速地发展还需要专门的法律保障和引导,因此我国需要尽快出台适合我国国情的普通高中职业生涯教育法律法规。将普通高中职业生涯教育纳入普通高中的整个教育体系。

(二) 整合教育资源向普通高中职业生涯教育倾斜

学校要整合职业生涯教育相关资源,借鉴学习其他国家和地区好的经验和做法,勇于尝试开展适合本地区的普通高中职业生涯教育。要充分利用现有的资源,比如互联网平台、职业生涯设计大赛、模拟训练营等一系列资源开展对普通高中学生的职业生涯教育。与社区、企事业单位、各用人单位建立联系,将这些机构和平台当作学生实地参观和实习的基地,让学生有更多机会获得职业知识和职业体验。

(三) 建立生涯规划教育管理协调部门

借鉴美国等发达国家的生涯规划教育经验,生涯规划教育的顺利开展需要有教育行政部门的机构保障,以期在更广的范围内普及、在更深的程度上挖掘生涯规划教育的意义。该类机构要履行"牵头人"的职责,当好"服务员"的角色,负责从整体上指导各个学校开展生涯规划教育,协调整合校内外可供利用的资源,要制定出台一整套行之有效的行动策略,构建起区域内实施生涯规划教育工作的新格局。可以说,若没有教育行政部门的重视与参与,仅仅依靠教师、学校的力量,那么,高中生涯规划教育就无法取得大面积的成功,更无法在政策保障、教师培训、实践指导以及实施评价上做到区域联动、整体推进。

(四) 建立开放式的高中生涯规划教育体系

生涯规划教育不能靠高中学校的单打独斗,应该学会打"组合拳",需要建立开放式的教育体系。因为生涯规划教育涉及学校课程、政府行为、社会就业、社区环境等因素,这些主体行为之间需要必要的互动连接,是参与生涯规划教育的"第三方力量"。这种互动至少应该包括三个方面:第一,政府制定相关法律法规,提供必要的经济、人力、物力支持,保障、鼓励和规范企业参与学校生涯规划教育的开展,推动校企联合,促进生涯教育与劳动职业的结合;第二,学校系统要加强与社会资源的广泛合作,优化配置各项社会资源,开展形式多样、生动有趣的生涯规划课程,确保受教育者的自我实现与周围资源的协调统一;第三,要鼓励生涯规划教育中介机构的建立,它以学校人员、家庭成员、社区机构、专家作为主要成员,既不作为政府、学校、企业三方机构的代表,也不是政府和企业赞助的实体,而是三者之间的沟通"桥梁",其核心目标是提供优质服务、建立联系、推动形成联动机制的专业机构。

(五)开发贯穿高中教育全过程的生涯规划教育课程资源

我国的生涯规划教育大多起步晚,还没有形成系统的教育体系,没有细致的教育分析框架、分阶段计划。在纵向上,要将生涯规划教育融入高中三年教育之中,如浙江杭师大附中高一阶段借助常规职业生涯规划课程,唤醒学生生涯发展意识,让学生了解个人兴趣、特质价值观,意识到生涯规划的重要作用;高二通过开设生涯选修课、组织生涯探索活动,让学生对教育与职业信息、个人与环境之间的关系作重点探索;高三借考前心理辅导、高考志愿填报、大学生活展望等方式增进学生生涯规划和决策能力,既做到将生涯规划教育贯穿高中教育全程,也使生涯规划教育形成系统、正规的教育体系。在横向上,生涯规划教育不是单纯的职业知识技能教育,不能只停留在片段化、碎片化、零散化的知识传授上,更不是简单的就业信息、策略和技能传播,而应该在尊重个体生命、兴趣、体验、情感、态度、价值观前提下,指明从了解自己到了解他人、尊重个性到发展共性、信息获取到选择、适应环境到改变环境的成长路径,因此,它是对人具有全域性、全面性、全过程的教育,需要有自身独特的教育体系,包括经验活动课程和理论知识课程等形式,更需要渗透性课程反映在其他学科知识、校园文化、互联网+、职业体验等教育形式中。

(六)开发成型的生涯规划教育教材资源

成型的教材资源应该包括具有关于生涯规划教育基本知识内容的教材、教辅、教具、多媒体等相关资源,在实践中各个学校呼吁能够出现统一的教材[①],这是因为对生涯规划教育来讲,首先是因为教材资源是极其重要的,现

---

① 李婷婷:《普通高中职业生涯规划管理研究》,硕士学位论文,黑龙江大学,2016年,第9—10页。

有课程实践中没有解决教学过程中课程资源短缺的问题，只能依赖教师对素材性资源及个人经验的挖掘与利用。其次是在生涯规划教学实践中，绝大部分教师离开了教材就手足无措，现有应试教育大环境下教材资源的重要性无可否认。再次教材资源是经专家审定、推广使用的具有高"含金量"的资源，每个字、词都是慢慢"研磨"出来的，因此也是一种非常具有开发潜力的资源。最后在现代教育理论中，教材资源本身是可供利用的，本身没有罪过，它的价值是否达到最大化在于使用者是"只教教材"，还是"用教材教"。因此，无论是从有利于加深生涯规划教育的深度和价值，还是从教师实践的需求来说，都需要开发出成型的生涯规划教育教材资源。

（七）重视高等教育与高中生涯规划教育的衔接

新高考改革不仅对高中提出了要求，更对高校办学思路提出了挑战，高考的考试制度和录取制度是一体两面，需要高校和高中的共同努力。根据浙江与上海的高考方案，必考、选课成绩和综合素质档案改变了原有"唯分数论"的录取模式，高校一定会越来越重视考生的综合素质档案，如上海市2014年就建立了学生综合素质评价信息化平台。反映在生涯规划教育中，一是高校要尽快适应新高考，提升对综合素质档案的接纳度和容纳度，做出及时的反应，完善各项招生的文件制度。二是高校要深入高中，建立与高中的合作机制，向学校、家长、学生介绍专业开设情况、学校情况等知识，开展"高校体验日"等活动。三是高校要开展专业性的生涯规划教育研究，及时发现教育中存在的问题，以研究成果反哺生涯规划教育的实践。

（八）建立专门职业生涯教育指导教师机制

普通高中职业生涯教育想要较好较快地发展，教师的作用至关重要，教师队伍建设历来是人们谈到教育不可避免的话题，加强专门的职业生涯教育教师队伍建设，就是抓住了推进普通高中职业生涯教育的核心。建立一支师德高尚、业务精湛、结构合理的高素质职业生涯教育专职教师。对任职教师知识结构、理论水平及行政管理能力和实际工作经验都要设定具体的要求。同时提高从事职业生涯教育教师的地位，在评职称和教学工作量计算等问题上给予与教学人员相同的待遇。教师可以帮助学生做好学业规划、生活规划、社会实践规划、职业规划，等等。

(九) 大力调整普通高中供给结构,增强普通高中职业生涯教育活力

普通高中学校要落实政府推进普通高中学校供给侧结构性改革的实施意见,教育行政部门要坚持问题导向,用学生自身特点、行业需求侧的放大镜聚焦普通高中职业生涯教育,在调结构,校准自身定位,推动普通高中差异化、特色化发展中增强普通高中职业生涯教育活力。当前必须要从供给侧结构性改革来寻找普通高中职业生涯教育发展的突破口,对普通高中职业生涯教育进行深度思考。高中阶段教育一直存在着中等职业教育和普通高中教育结构比的平衡问题,既要以就业为导向,又要满足升学需要。调整结构、使普通高中学校要素实现最优配置,是实施普通高中学校供给侧结构性改革的关键。

(十) 加快校企联盟建设,为普通高中学生提供更多职业体验岗位

借鉴以往校企合作经验,打造复合型、创新型、紧密型的校企联盟,构建校企合作新模式、新机制。在课外活动、职业培训、教育实践、职业交流等一系列的教学手段引导下,使普通高中学生提高职业意识和职业观念。通过对工作的亲身体会,了解不同职业所需要的职业知识和职业技能,找到自己的职业兴趣,进而在未来的学习和生活中丰富自己的知识和技能。依托联盟,制订专业化职业生涯教育培养方案,建设校企合作二级学院和实习实训、就业及创新创业基地,使普通高中职业生涯教育培养学生更有针对性和实效性。

附录1:普通高中职业生涯教育开展现状问卷(学生卷)

亲爱的同学:

您好!首先十分感谢您对本次问卷的热心帮助!我正在做一个关于普通高中职业生涯教育开展情况的调查,希望通过此次问卷了解高中生的自我认知能力、决策能力以及学校的职业生涯课程与各项活动开展情况,并希望通过问卷的形式向同学们咨询职业生涯教育如何能够更好在高中进行,使同学们能够更好地认识自我与职业,对未来能够进行更好规划。

本问卷采取匿名填写的方式，问卷结果仅用于学术研究，请您尽可能地按照自己的真实情况填写，如您对问卷有任何意见与建议请填写在问卷的空白处，谢谢您的配合！

一 个人信息

1. 您所就读的学校：_____

2. 性别：_____

3. 所在年级：A. 高一　　　　B. 高二　　C. 高三

4. 您所学的科目类型：A. 文科　　B. 理科　　C. 未分科

二 问卷正文

5. 您最喜欢学的学科是什么？（最多选三项）

①语文　　②数学　　③英语　　④化学　　⑤生物　　⑥物理

⑦政治　　⑧地理　　⑨历史　　⑩其他

6. 您（将来）所选科目与您最喜爱的学科一致吗？

A. 一致　　B. 不一致　　C. 部分一致

7. 您为什么（将来）选择这一科目？（请按重要性排序）

①学习成绩　　②好找工作　　③自己兴趣　　④父母要求

⑤个人能力　　⑥未来发展潜力　　⑦其他

8. 您认为您是否了解自己的能力、兴趣与缺陷等方面？

A. 非常了解　　B. 比较了解　　C. 不是很了解　　D. 没考虑过

9. 您认为您对自己个性的了解情况是

A. 非常了解　　B. 比较了解　　C. 不是很了解　　D. 没考虑过

10. 您是否明确未来想要报考的院校与从事的职业

A. 非常确定　　B. 有大致方向　　C. 完全没有头绪

您想要报考_____大学的_____专业；您未来想要从事_____职业。

11. 您为什么想要报考这个专业或从事这种职业（请按重要性排序）

①自己兴趣　　②受父母影响　　③电视、网络介绍　　④能够赚钱

⑤工作稳定　　⑥地位高　　⑦未来好就业　　⑧比较容易考取

⑨其他

12. 您了解您想要报考专业或从事的职业吗？（ ）

  A. 非常了解 B. 比较了解 C. 了解一点 D. 完全不了解

  请描述一下您对想要报考的专业或从事的职业：_____

13. 您对于未来专业和职业的认识来自（请按重要性排序）：_____

  A. 学校安排的课程与讲座 B. 老师的授课过程中

  C. 看书、电视媒体和网络资源 D. 父母和周围亲戚

  E. 同学和朋友 F. 社会实践 G. 其他

14. 您对所学科目与未来所报专业及从事职业存有困惑吗？（ ）

  A. 没有 B. 有 C. 不清楚

  您目前最困惑的问题是什么？（可多选）：_____

  ①不知道自己适合文科还是理科

  ②不了解社会上需要什么专业的学生

  ③不知道自己到底应该达到如何才能够考上心目中向往的学校和专业

  ④不清楚自己到底适不适合这个专业或职业

  ⑤对未来没有总体规划

  您是如何解决您自己的困惑的？_____

  A. 向父母或亲戚咨询 B. 向老师咨询

  C. 自己通过网络或书籍等查询 D. 其他

15. 您需要学校和老师为您提供哪方面的帮助？（请排序）：_____

  ①如何认识自我 ②各大高校排名及录取情况

  ③大学内的热门专业 ④大学学习和授课方式

  ⑤专业的就业形势 ⑥如何考取心目中的高校

  ⑦社会上的职业分类 ⑧如何获取专业和职业信息

  ⑨社会对各专业和职业的需求现状 ⑩其他

16. 学校是否为您进行过心理测验、性格测验与职业倾向测验？（ ）

A. 是 　　　　　　　　B. 否

您认为此类测试对你的科目、专业和未来职业选择有影响吗？（　　）

A. 完全按照测试结果进行选择　　B. 结果仅作参照

C. 做过就算了，没有影响

17. 您认为自己在高中阶段的首要任务是什么？（只能选一项）

①学习　　　　　②认识自我　　　③认识社会　　　④培养兴趣

⑤强健体魄　　　⑥道德培育　　　⑦其他

18. 您认为明确的目标和生涯规划会对您的学习有促进作用吗？

A. 肯定会　　　B. 可能会　　　C. 两者完全无关

D. 不是很清楚　　　　　　　　E. 会影响学习

19. 您知道什么是职业生涯教育吗？

A. 非常了解　　B. 大概知道　　C. 不是很了解，只听说过

D. 这是第一次听说

20. 老师在讲课过程中会为您介绍高校情况、专业设置、职业特点等方面的内容吗？（　　）

A. 经常介绍　　B. 偶尔提及　　C. 没有提到过

D. 不是很清楚，没注意过

21. 你们学校有开展职业生涯教育吗？（　　）（例如请成功校友介绍经验、请家长介绍职业、开设职业生涯指导课程、高考志愿报考辅导等）

A. 有　　B. 没有　　C. 不清楚

有的话主要是针对哪些方面的指导？＿＿＿＿＿＿＿＿＿＿＿＿＿＿

①高考志愿填写辅导　　　　　②对自己性格和兴趣等方面了解

③高校专业和社会职业分类介绍　　④如何进行学业和职业生涯规划

⑤如何处理日常人际关系　　　⑥其他

这些指导对您有用吗？＿＿＿＿＿＿＿＿＿＿

A. 十分有用　　B. 有点儿用　　C. 完全没有用

22. 您认为自己是否需要学校对您进行职业生涯方面的教育？

A. 十分有必要　　　　　　　　B. 比较有必要

C. 有点必要　　　　　　　　　D. 完全没有必要

23. 您认为职业生涯教育的内容应该是什么？（可多选）

①如何认识自我　　　　　　　②如何更好地学习

③应该如何进行未来规划　　　④有关社会的知识

⑤有关大学专业的设置　　　　⑥有关社会职业以及工作的状况

⑦其他

24. 您希望以何种形式开展职业生涯教育？（可多选）_____

A. 专门的职业生涯教育课程　　B. 专题讲座

C. 主题班会　　D. 社会实践　　E. 兴趣小组　　F. 其他

25. 您认为谁最适合开展职业生涯教育？（可多选）_____

A. 班主任　　B. 主课老师　　C. 副课老师　　D. 心理老师

E. 专门的职业生涯指导师

F. 校外人士（如家长、各领域专家等）　　　　G. 其他

26. 您对学校内开展职业生涯教育有何建议和意见？（请随意填写）

_____

附录2：普通中学职业生涯教育开展现状教师问卷（教师卷）

尊敬的老师：

您好！

首先十分感谢您对本次问卷的热心帮助！我正在做一个关于普通高中职业生涯教育开展情况的调查，希望通过此次问卷了解您对在普通高中内开展职业生涯教育的态度以及学校的职业生涯课程与各项活动开展情况，并希望通过问卷的形式向您咨询职业生涯教育如何能够更好地在高中进行，使学生可以能够更好地认识自我与职业，对未来能够进行更好的规划。

本问卷采取匿名填写的方式，调查结果仅用于学术研究，请您尽可能地按照自己的真实情况填写，如您对问卷有任何意见与建议请填写在问卷的空白处，谢谢您的配合和帮助！

填写说明：未标出为单项选择题，多选会在题目中给予标注。

个人信息：

所教学科＿＿＿＿＿＿＿＿＿＿＿＿＿＿＿＿＿＿＿＿＿＿

所教年级＿＿＿＿＿＿＿＿＿＿＿＿＿＿＿＿＿＿＿＿＿＿

班级类型：文科班 理科班 未分班

是否为班主任：＿＿＿＿＿＿

1. 您认为目前学生文理分科的实际原则（请按照重要性填写）：＿＿＿＿＿＿＿＿＿

①学习成绩　　　　　　　②找工作情况

③学生兴趣　　　　　　　④家长要求或期望

⑤学生个人能力　　　　　⑥其他

2. 您认为学生进行文理分科的原则应该是（请按照重要性填写）：＿＿＿＿＿＿＿＿＿

①学习成绩　　　　　　　②找工作情况

③学生兴趣　　　　　　　④家长要求或期望

⑤学生个人能力　　　　　⑥其他

3. 您是否对学生进行过高考志愿指导？（　　）

①经常指导　　②偶尔指导　　③从未指导

4. 您认为学生在文理分科和填写高考志愿时需要辅导吗？（　　）

①不需要　　②需要　　③需要，但只需提醒即可。

5. 您所在的学校有相关的指导课程、讲座或辅导吗？如果有的话是什么形式的？

＿＿＿＿＿＿＿＿＿＿＿＿＿＿＿＿＿＿＿＿＿＿＿＿＿＿＿＿＿＿＿＿＿

6. 您（认为）对学生进行志愿指导的原则是什么？（请根据重要性进行排序）

＿＿＿＿＿＿＿＿＿＿＿＿＿＿＿＿＿＿＿＿＿＿＿＿＿＿＿＿＿＿＿＿＿

①学生个人兴趣　　　　　②未来就业前景

③学生能力　　　　　　　④学校升学率（容易考取）

⑤专业发展前景　　　　　⑥其他

7. 您了解各大高校的专业设置情况与未来就业前景吗？（　　）

A. 非常了解　　B. 比较了解　　C. 不是很了解　　D. 完全不了解

8. 您对社会职业分类、前景及所需技能等方面了解吗？（　　）

A. 非常了解　　　　　　　　B. 只了解部分

C. 只了解周围人所从事的几个职业　D. 完全不了解

9. 是否有学生主动向您咨询有关文理分科，专业和职业选择等方面的内容？（　　）

A. 大部分学生　　　　　　　B. 少部分学生

C. 几个学生　　　　　　　　D. 完全没有

10. 您是否会主动询问学生文理分科，专业和职业选择等方面的想法？（　　）

A. 询问大部分学生　　　　　B. 只询问学习好或学习差的个别学生

C. 完全不管

11. 您认为学生在高中阶段的首要任务是什么？（请按重要性排序）：__

①学习　　②认识自我　　③认识社会　　④培养兴趣

⑤强健体魄　　　　　　⑥道德培育　　⑦其他

12. 您了解职业生涯教育吗？（或者生涯规划、职业指导、生涯教育等）（　　）

A. 非常了解　　　　　　　　B. 大概知道

C. 不是很了解，只听说过　　D. 完全不知道

13. 您是否在平时授课过程中穿插职业生涯教育？（　　）

A. 有　　B. 有时有　　　C. 完全没有

14. 您认为在高中开展职业生涯教育会影响学生的学习吗？（　　）

A. 肯定会　　B. 不一定　　C. 不会

D. 不仅不会，反而会促进学生的学习

15. 您认为在高中阶段有开展职业生涯教育的必要性吗？（　　）

A. 十分有必要　　　　　　　B. 比较有必要

C. 有点必要　　　　　　　　D. 完全没有必要

为什么？（如您认为没有必要则可不必填写之后内容，但请您认真填写原

因并注明您认为职业生涯教育应该由哪一阶段的教育承担）

_____

16. 您所在高中有开展职业生涯教育吗？（如职业指导课程、讲座与辅导等）（　　）

A. 有

开展的形式为：_____

开设的频率为：_____

B. 没有

17. 您认为学校应该以何种形式开展职业生涯教育？（可多选）（　　）

A. 开设独立的职业生涯指导课程　　B. 在各类学科中渗透职业生涯教育

C. 组织各种类型讲座　　　　　　　D. 以主题班会的形式进行

E. 通过团体辅导与个体辅导结合的形式　　F. 其他

18. 您是否愿意在授课过程中对学生进行职业生涯教育？（　　）

A. 非常愿意　　　　　　　　B. 如果学校要求也可以穿插一些

C. 不愿意

19. 您认为您是否有能力对学生进行职业生涯教育？（　　）

A. 完全没有问题　　　　　　B. 需要进行学习

C. 没有这个能力

20. 您认为应该由谁来上职业生涯教育这门课程？（可多选）（　　）

A. 班主任　　B. 主课老师　　C. 副课老师　　D. 心理老师

E. 专门的职业生涯指导师　　F. 校外人士（如家长、各领域专家等）

G. 其他

21. 您认为应该在哪里开展职业生涯教育？（可多选）（　　）

A. 学校内部　　B. 社区　　C. 企业　　D. 其他

22. 您认为应该在几年级开展职业生涯教育？（可多选）（　　）

A. 高中之前　　B. 高一　　C. 高二　　D. 高三

23. 您认为学校开展职业生涯教育的频率应该为（　　）

A. 一周一次　　　　　　　　B. 一月一次

C. 一学期一次　　　　　　　D. 填报志愿前进行　　E. 其他

附录3：教师访谈提纲

1. 您听说过职业生涯教育吗？

2. 您认为职业生涯教育是一种什么样的教育？

3. 您认为职业生涯教育适合在高中阶段开展吗？

4. 目前您所在的学校有开展吗？

5. 学校文理分科的依据是什么？有相关的培训课程吗？有无学生反映对分科不满？

6. 学校平时有对大学专业或是职业的介绍吗？是以什么形式开展的？

7. 学校对于学生的高考志愿填写有培训吗？以什么形式开展的？

8. 如果在您的学校开展职业生涯教育，您希望获得怎样的支持？（例如教师培训、政策支持、财政支持、社会支持）

9. 您认为职业生涯教育应该以怎样的形式开展？（固定课程、选修课、兴趣小组、团体活动、讲座课程、校外活动）

10. 您认为学校教师有能力开展职业生涯教育吗？

11. 您在开展职业生涯教育时有征询家长的意见吗？如果有，他们怎么看待职业生涯教育？如果没有，为什么？

12. 您所知道的与生涯教育相关的政策有哪些？

第五章　新高考视域下普通高中教学评价变革

第一节　新高考视域下普通高中教学评价改革概论

教学评价是指对教学工作质量所做的测量、分析和评定。它以参与教学活动的教师、学生、教学目标、内容、方法、教学设备、场地和时间等因素的有机组合的过程和结果为评价对象，是对教学活动的整体功能所做的评价。学生学习效果的评价和教师教学工作过程的评价是教学评价的核心。普通高中的教学评价主要包括两个主体，即教师和学生。对教师的评价应当注重评价教师的专业成长，体现内容的全面性、目标的明确性、方法的多样性、主体的多元化等原则。教师评价主要采用学生评教、量化教师师德及增量评价、量化教学成绩两种方式。对学生的评价应采用过程性评价与终结性评价相结合的方式，过程性评价与终结性评价并重，以此做出相对公平、公正的评价。[1]

走班教学模式下，对教师进行合理的评价有助于调动教师参与教学的积极性、主动性。任课教师所教授的学生层次不同导致对教师的评价也不尽相同，应当采用学生评教、量化教师师德及增量评价、量化教学成绩两种方式。第一，学生评教、量化教师师德。学生评教、量化教师师德是指由学校专门

---

[1] 王博威、吴磊：《我们的教改试验——"7 选 3"走班教学的实践与总结》，《浙江教育科学》2016 年第 2 期。

成立的考评小组、年级组、学生和家长共同参与，采用定性评价的方式进行，然后再折算成分数，量化教师的师德。学生评教是学校教学管理的重要手段和教学质量监控的重要环节，是指学校组织学生对教师的教学态度、教学内容、教学方法和教学效果等方面进行评估，并在分析评价结果与学生意见的基础上向教师反馈，以提高教学质量的过程。学生在评教的过程中会受到多种因素的影响，学生自身特征、教师自身特征、课程自身特征等。学生自身特征主要包括学生的性别、年级、学习成绩、学习动机、对考试的预期、对所学课程的兴趣、班级人数等。教师自身特征主要包括教师的性别、年级、职称、教学态度、教学方法、学历背景、科研成果等。课程自身特征主要包括课程所属的学科、课程类型、课程的具体内容、课程负担、课程对学生的重要性等。学校可在学期中旬和学期末分别以班级为单位向学生发放问卷，告知学生真实客观地对教师做以相关评价，以得到最真实的反馈。收到反馈后学校相关部门应将反馈结果进行统计分析并召开教师会议，将学生所反馈的问题与教师进行交流、探讨，以改进教学策略，从而提升教学质量。量化教师师德是考核公平、公正的具体体现。师德是指教师在从事教育劳动过程中形成的比较稳定的道德观念、行为规范和道德品质的总和，它是调节教师与他人、集体及社会相互关系的行为准则，是一定社会对教师职业行为的基本要求与概括。而量化研究是一种研究性的具体方法，要运用这种方法必须掌握一定的技能和技巧，掌握科学的程序和方法。在具体对教师进行评价时，学校应将各项考核指标进行量化，科学地进行评价。第二，增量评价、量化教学成绩。增量评价、量化教学成绩是指通过教学班学生的学习增量来量化教师的教学成绩，学习增量的具体公式为：[教学后教学班的平均分（折算成标准分）—教学后年级的平均分（折算成标准分）]—[分班时教学班的平均分（折算成标准分）—分班时年级的平均分（折算成标准分）]。[1] 增量评价可以分为名次增量评价和等级增量评价。名次增量评价要求在分班前将学生的学科成绩进行分类排名。将分班之后的某次考试成绩与分班之前学生的成绩进行比较，以反映学生的学习状况。等级增量评价要求在分班前将学生成绩按

---

[1] 王博威、吴磊：《我们的教改试验——"7选3"走班教学的实践与总结》，《浙江教育科学》2016年第2期。

照比例设置相应等级，学校可按照具体情况将学生成绩划分为 A、B、C、D、E 五个等级。分班之后的考试成绩也按照相同的等级划分，通过学生考试成绩等级的变化对教师教学进行评价。在具体进行评价时应关注 A、B、E 三个等级的变化，A、B 等级学生的增加与 E 等级学生的减少均可体现教学质量的提升。此外，学校应对取得进步的教师进行相应奖励，以增强教师参与教学的积极性。

对学生的评价应在尊重学生个体差异的基础上采取过程性评价与终结性评价相结合的方式。过程性评价是一种在课程实施过程中对学生的学习进行评价的方式。过程性评价采取目标与过程并重的价值取向，对学习的动机、效果、过程以及与学习密切相关的非智力心理因素进行全面的评价。[①] 过程性评价主要有两个特征：一个是注重对学生学习过程的评价，另一个是注重非预期结果。注重对学生学习过程的评价是因为学生在学习过程中所采取的学习方式各不相同，而学习方式的不同会导致学习结果的不同。现今学校的评价方式更多地侧重于对学生表层学习导致的学习结果进行评价，忽略对深层学习方式导致学生学习结果的评价。过程性评价将学生的学习方式引导为深层学习的方式，克服了传统评价方式的缺陷。注重非预期结果是因为学生的个体差异会导致不同的学习结果，过程性评价认为应当关注学生所有有价值的学习结果，而不是仅局限于对单一目标的关注。过程性评价也会对学习的结果进行评价，与传统评价所不同的是，这里的结果是过程中的结果，并且其评价标准不是预设的，而是目标游离和价值多元的。[②] 终结性评价是指在教学活动完成后，对教学成果进行的评价，是对已经完成的教学加以价值判断，是为做出各种决定或决策提供资料或依据。在对学生的评价过程中，评价者既应当注重学生学习的过程又应当注重学生学习的结果。在评价的过程中注意关注学生的进步和变化，对学生所取得的进步应及时鼓励，以激发学生学习的潜力与热情，最终促进不同层次、不同类别的学生均得到发展。对学习过程的评价主要包括对学生的日常考勤、课堂表现、作业完成情况、日常学段检测成绩、模块学分认定考试成绩、课外活动与实验参与程度等。其中，

---

① 高凌飚：《关于过程性评价的思考》，《课程·教材·教法》2004 年第 10 期。
② 吴维宁：《过程性评价的理念与方法》，《课程·教材·教法》2006 年第 6 期。

学分认定的过程性评价在拔高层教学班占总评价的60%，在普通层教学班占总评价的50%，在基础层教学班占总评价的40%。对学习结果的评价主要指学校统一组织的模块考试成绩，学分认定的模块考试终结性评价在拔高层教学班占总评价的40%，在普通层教学班占总评价的50%，在基础层教学班占总评价的60%。不同层次教学班的教学目标不同，对学生也应该采用多样化的评价方式。①

第二节　新高考视域下普通高中教学评价调查[②]

一　调查概述

（一）调研背景

1. 我国素质教育理念及其现实困境

知识经济的运行是我们这个时代的重要特征，世界的多元化在今天显得日益突出，没有创新思维的人才难以立足于国际世界。素质教育是我国教育事业发展的重大变革。随着我国经济的快速发展、人民生活水平的逐步改善、对教育事业的重点调整，施行素质教育的内容也在发生转变，素质教育的内在也在不断提升。素质教育具有主体性、全面性、多元性和终身性的特征。素质教育是应试教育的升华，根本目标是发展学生的综合能力，素质教育的主要承担者是学校实施的各科课程与教育活动，因而实施和推动素质教育的发展，必须以有效提高教学质量为重心。教学评价是衡量教育教学质量的必要手段，要保障教育教学质量，就要注重对普通高中的教学评价工作调研。当前国内普通高中实施的教学评价对素质教育的发展产生了一些不利的影响，主要表现在：受应试教育长期干扰，举国唯分

---

① 任学宝：《新高考背景下如何实施选课走班教学？——基于杭州师范大学附中的实践与探索》，《教育测量与评价》（理论版）2016年第4期。

② 田欣：《高考制度改革背景下延安市普通高中教学评价改革研究》，硕士学位论文，延安大学，2015年，第1—28页。

数论，评价教师职业素养内容单一，素质教育缺乏系统的理论指导，教学方式和教学评价手段滞后于学生、教师的发展需求以及社会的人才需求等。进一步实施素质教育，应注重教学评价、德育活动、课程改革和教师队伍建设四个主要环节扎实推进。

2. 我国基础教育新课改及其实践瓶颈

我国基础教育新课改的理念是"为了中华民族的复兴，为了每位学生的发展"，即把学生作为一个整体成长，重点在于建构合作、交流和探究的教育，致力于提供给学生一个开放的、民主的、科学的课程。新课改理念的根本目标是一切为了学生的发展，选取对学生终身学习与未来发展所必需的基础知识和基本技能，重建新的课程结构，整合课程与教学资源，突出教学改革对课程建设的积极作用，发展独立、互助、创新的学习方法。目前我国基础教育新课改实施面临一些困难，首先是由于受到应试教育的影响，高考制度落后，导致课程改革难以推进，其次是因为教育改革相关法律法规不到位，现行的教育理念在教学实践中不够完善，最后，在新课改实施的过程当中，教学评价环节需要转变传统评价观念，体现学生的主体性地位，教师扮演的角色十分重要，我国缺乏现代教师教学评价调研的积累，帮助教师转变教学评价理念也是我国基础教育新课改面临的重要课题。

3. 我国高考改革拉开大幕

中国的高考制度和其他国家相比是比较独特的，整个运行超过50年且相对稳定，但没有达到尽善尽美。科学的招生制度是培养人才的有效机制，不仅影响人才素质结构的变化，也会对学生发展起到重要的引导作用。随着高考的影响越来越大，高考运行时间的增长，以及人们对教育的重视，社会对高考的期望和批判日益增长。2010年教育部发布了《国家中长期教育改革和发展规划纲要（2010—2020年）》，指出改革必须以提高教学质量为中心，以促进学生的全面发展为衡量标准。根据2014年9月国务院正式颁布《国务院关于深化考试招生制度改革的实施意见》，意味着全新的考试招生制度开始启动。我国的高考改革对普通高中的课程教学有着重要意义，特别是对教学评价改革有重要影响，教学评价关系着高中输出人才的标准，以及教师教学技能、学生能力的提高。因此，调研新高考下的普通高中教学评价改革的意义是不言而喻的。

4. 我国普通高中教学评价存在的问题

当前,我国普通高中教学评价新理念的构建,主要围绕素质教育评价进行。近年来,在学校的教学改革中,存在着一个现象,就是特别重视教学评价的改革,对于促进改革的评价实施过程和课程改革的成果,学校都寄希望于教学评价的改革上。很多人指出,我国传统的评价体系已经严重阻碍了教学改革,教学评价改革滞后是教学改革的关键因素。当前我国普通高中教学评价方式以"学习成绩测验"为主,采取的方式单一、评价功能固化,并没有考虑到学生对于自我能力的评价、未来发展方向的评价;评价的客体也仅仅以智育为主,对于德育、美育、体育、劳动教育的关注远远不够多;在教育评价过程中"唯分数论",评价缺乏学生、教师的主观看法。对于教学评价的作用、评价过程及教学评价理论的认识还没有充分了解和掌握,处于初步发展水平,教学评价主要集中在学生的考试成绩、学业水平测试方面;在评价工作中不够重视教师评价,并缺乏相应的理论指导。有人用"戴着镣铐跳舞"来形容当前我国普通高中实行的教学评价现状和限制课程改革的现象,认为只有根本改变教学评价模式,才能开创评价改革的新局面。

(二) 调研意义

1. 有利于我国普通高中学生全面发展

新的高考制度改革需要新的教学评价,根本目的是促进学生全面发展。全面发展的学生评价观也符合社会对人才的需求。新的教学评价制度针对以往重选拔的评价弊端,理应提出更为科学的评价观,改变传统的选拔观念,从而重视学生的发展能力,教师评价也以提高教师教学技能为目标。根据《国务院关于深化考试招生制度改革的实施意见》的指导思想,一切从有利于促进学生健康发展、科学选拔各类人才和维护社会公平出发,认真总结过去经验的不足点,突出问题导向,深化考试招生制度改革。改革的基本原则是以人为本,遵循教育规律,从学生的健康成长出发。陕北地区普通高中的教学评价体系存在着很多传统教学评价制度存在的缺点,因此,调查陕北地区普通高中现存教学评价现状,找出问题,调研和探索其原因,得出结论,提出具体的、可行的措施,有利于培养学生良好的心理素质,提高学业水平,养成科学健康的生活方式，从而促进学生全面发展。

2. 有利于我国普通高中新课改的落实

课程改革的实质是摒弃过去落后于时代发展的应试教育文化，代之以素质教育为代表的新文化，改变课程结构，促进学科知识的综合运用，淡化评价的选拔功能，其根本目的是促进学生的多元发展。普通高中内部教学评价改革，从课程设置、课程选择、考试方法和高校招收依据等不同方面为高中生的需求提供不同的服务，主要涵盖了学校教师评价改革、学生评价改革和课程评价改革，面面俱到，实施范围广，改革力度大。同时引进国外先进教育理念，再结合我国普通高中新课改的特点和实际需要，结合各地区与各校教育实际经验，以学校、教师、学生的切身需要为出发点，实现真正地为了学生的未来发展。普通高中内部教学评价改革，从重建学校文化出发，立足于学生评价、教师评价、课程评价，为我国普通高中新课改的实施提供可靠的实践依据，从地方教学评价改革调研为落实普通高中新课改提供部分参考。

3. 有利于陕北地区普通高中教学评价改革

教学评价是教育科学和现代教育技术发展和改革的产物，是教学调研的重要范畴，对整个教学活动具有不可或缺的作用，近年来受到社会和人们的普遍重视，教学评价的内容随着新课改的要求不断扩大，越来越重视发展性评价功能，重视对教学过程的评价。陕北地区地处陕西北部，其教学质量一直远远落后于陕西中部地区，每年的高考升学率在陕西省也处于较低水平，引发了许多陕北地区的高中生生源流向教学质量较发达城市的问题。面对这一现象，社会和政府产生诸多担心，寄希望于采取措施提高本地教学水平，以阻止生源外流。那么调查调研陕北地区普通高中的教学评价现状，从教师评价、学生评价和课程评价着手，有利于从不同的方位审视陕北地区普通高中教学评价存在的问题，针对发现的问题，为普通高中教学评价改革厘清一些脉络，提供一些思路，具有一定的调研意义。

（三）调研目标

以陕北地区普通高中为样本，综合运用多种方法，在发现陕北地区普通高中教学评价存在问题及成因基础上，提出符合我国高中生素质教育要求和高考制度变革目标的适应性较强的普通高中教学评价改革对策,包括改革的原则、策略和保障条件,从而为我国基础教育改革与普通高中人才培养提供经验和学术参考。

(四)调研内容

1. 陕北地区普通高中教学评价现状及存在问题。
2. 陕北地区普通高中教学评价实践存在问题的原因分析。
3. 陕北地区普通高中教学评价改革建议。

(五)调研思路

首先在充分了解国内外现行的普通高中教育评价制度相关经验和理论基础上,通过比较分析,提炼确定此次调研的内容框架和突破点。其次以陕北地区部分普通高中为样本,综合运用多种调查研究方法,分别从学生评价、教师评价和课程评价三方面来发现陕北地区普通高中教学评价存在问题及成因,并在此基础上,提出符合我国高考制度变革目标的适应性较强的普通高中教学评价改革建议。

(六)调研方法

本调研在调查过程中主要采用了以下三种调研方法。

1. 文献研究法

在撰写文章过程中,搜集许多相关教学评价的统计资料和调查数据,文献和相关著作、报纸、教育期刊,这些资料的搜集有助于简化调查,推理出定性论断,对调研起到十分重要的作用。

2. 比较研究法

在本课题调研过程中,资料的收集和分析需要进行多方面的比较。一方面是与国外相关教育经验和教育实践过程的比较;另一方面是我国现行高中教育评价制度与之前所实行的教育评价制度的优劣差异比较,从而得出结论。

3. 调查研究法

设计访谈提纲和调查问卷,主要针对陕北地区普通高中教师、学生对于目前教学评价持有的观点收集资料。

二 调查过程

（一）调查内容基本框架建构

一般而言，学校教学评价主要包括学生评价、教师评价和课程评价，本次调查调研主要从这三个方面切入。本次调查经历了调查内容的设计、调查样本的选取、严格的问卷质量控制和数据的统计分析，具体调查基本框架结构如表5-1所示。

表5-1　　　　　　　　　　教学评价调查内容框架

学生评价	评价标准	评价效果	评价方式	评价重心	现存问题
教师评价	评价主体	评价目标	评价指标	评价方式	评价现状
课程评价	评价内容	评价方式	理论基础	评价目标	存在局限

（二）调查问卷与访谈提纲设计

1. 调查问卷

本次调查问卷主要是为了解陕北地区普通高中学校的教学评价实施现状，为推进教学评价改革工作在陕北地区普通高中的发展。调查问卷设计的内容为选择题，主要从教师、学生的视角出发，主要调查目前陕北地区普通高中课程评价的内容是否促进教学、学校教师和学生评价的主体有哪些、当前学校教学评价实施情况、评价的功能是否全面、学校教学评价的重心、教师和学生对于自评和他评的态度、学校对学生的评价注重哪些方面等。

根据问卷发放对象不同，分为教师问卷和学生问卷，分别针对陕北地区普通高中的教师和学生进行调查。

2. 访谈提纲

访谈调查主要是为了解陕北地区普通高中教师对当前高中教学评价的见解、当前学校教学评价工作存在的困难、教师对教学评价理论的掌握程度、教师对当前学校教学评价工作的看法与建议等内容。通过和教师面对面的交流，能更真实地获取调查资料，深入了解教师对某些问题的态度和见解，来弥补问卷调查的不足。

(三) 调查对象及数据处理

1. 调查对象

本调查主要以延安市 A 中学、B 中学、C 中学、D 中学和榆林市 E 中学、F 中学共 6 所中学为样本,其中随机发放教师问卷 140 份、学生问卷 350 份,教师问卷有效回收率 100%,学生问卷有效回收率 92.6%。另外对各样本学校领导、部分教师和两市区教研室领导、人员进行了访谈和座谈。

2. 数据处理

用 Excel 软件对问卷所得数据进行收录和整理,用 Excel 2007 软件对数据进行分析,针对每个题目,计算出各选项所占人数的相对百分比率,以图或者表格的形式呈现。

三 调查结果

(一) 教师评价调查结果

1. 教师评价目标

在教师评价目标一题中,如图 5-1 所示,占总数 60% 的教师选择了提高教学能力一项,说明在陕北地区普通高中的教师评价主要目的是提高教师的能力,表明目前学校已经认识到教师评价的结果会对教师教学水平的提高和教师教学能力产生影响。但仍有一小部分教师没有选择提高教学能力,说明学校对教师评价的目标导向作用实施得不太扎实。

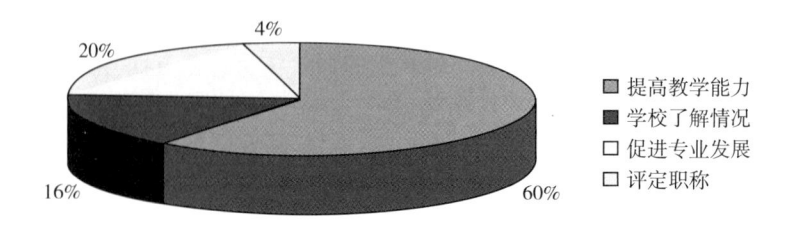

图 5-1 教师评价目标情况

2. 教师评价的主体

在教师评价的主体一题中,如图 5-2 所示,51.1% 的教师选择了学校领导，表明在教师评价工作中学校领导对教师的评价起关键作用，需要加强教师对教师的评价份额。教师同行评价占 20.5%，说明教师之间的评价对教师的评价产生不了多大的影响，而教师自评与学生评价所占的比例更加微乎其微。而根据和教师的访谈，教师是渴望通过同行尤其是同学科的教师从不同角度评价自己，以求自身的进步和发展。

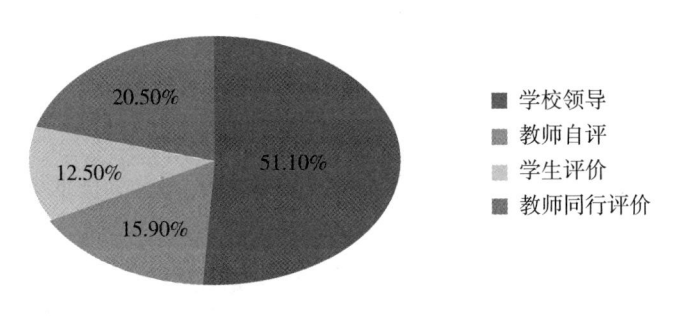

图 5-2　教师评价的主体

3. 教师评价的重心与教师自评

在公布教师评价结果的方式一题中，70.1% 的教师表明在自己所处的学校，教学成绩是教师评价的重中之重，说明学校在进行教师评价的工作时和评价学生一样，过于注重考试成绩，即唯分数论，而忽略了教师其他素质的发展，需要进一步改进。在一项如何评价自己的题中，只有 9% 的教师对自己的教学工作评价满意，可见教师对于自评的认识不深。在对教师的访谈调查中，一半以上的教师认为学校的教学评价方式过于单一，且教师本人参与评价的机会少，希望能给予教师更多的渠道参与学校评价。

4. 教师对于教学评价理论的掌握情况

在教师访谈中，教师认为教师评价的重点应放在改善课堂教学表现上，而且无论是校领导还是教师对教学评价理论知识的了解并不透彻，缺乏相应的理论指导和培训，这也是导致教师评价的效果一直不够凸显的原因之一。在问到教师是否了解教学评价理论一题中，如图 5-3 所示，7% 的教师回答了解，说明在今后的评价工作中，学校应该给予教师更多参与培训的机会掌握教学评价理论知识。

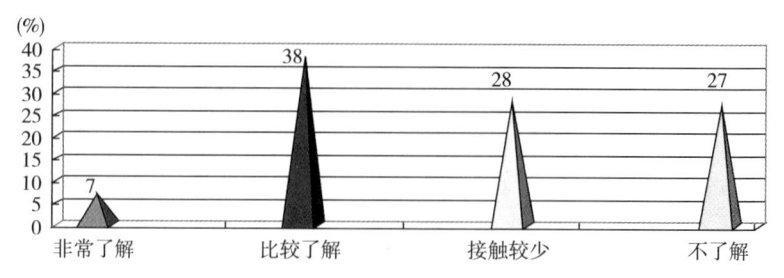

图 5-3 教师教学评价理论掌握情况

(二) 学生评价调查结果

1. 学生对于测评的态度

调查结果如图 5-4 所示，61% 的学生对学习测评行为较抵触，说明学校在进行学生评价工作中，在追逐分数和比较当中，需要考虑学生的想法，学生不喜欢被比较，经常测试会无形中对学生产生压力。应尽可能地采用学生能接受的方式进行评价，除考试成绩之外，还需采用多元的方式来综合评价学生。这说明当前陕北地区普通高中学生评价的工作中，以笔试测评为主要的评价方式，评价标准的衡量指标主要是笔试成绩，评价的主要表现形式较静态化、书面化。

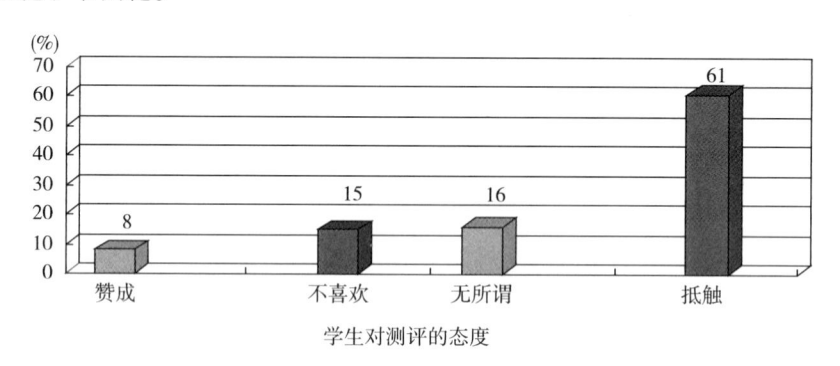

图 5-4 学生对测评的态度

2. 学生对于评价内容的看法

在问到学生认为学生评价的重心在于哪方面一题中，如图 5-5 所示，85% 的学生都选择了知识的掌握，说明当前陕北地区普通高中的学生即使不喜欢考试，但学生内心还是认为知识的掌握很重要。同时也说明，学生对于学生评价的观点深受学校和教师的影响，而改革是自上而下的，所以要树立科学、发展的学生评价观，学校和教师理应首先做出改变。

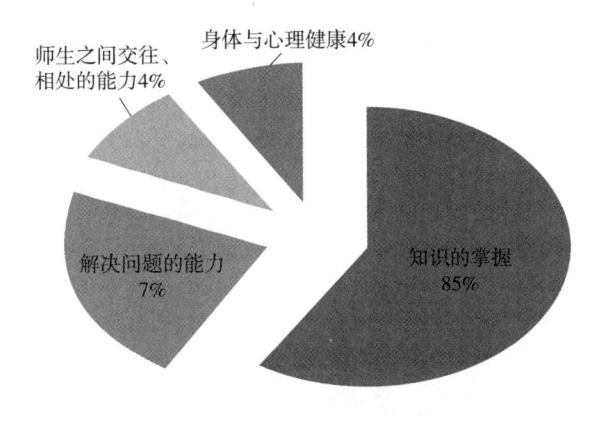

图 5-5　学生对评价内容的看法

3. 学生评价注重的方面

在问到学生自己认为实施学生评价最应该注重哪个方向时，如图 5-6 所示，有 48.6% 的学生选择了学习能力这一项，说明有很大一部分学生认为学生的学习能力也很重要，具有良好的学习能力可以帮助学生更有效地学习，避免很多学习误区，值得学校去提倡。

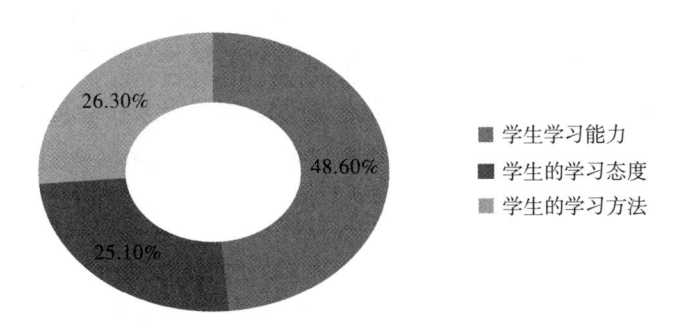

图 5-6　学生评价注重的方面

（三）课程评价调查结果

1. 课程评价的内容

在和教师们的访谈过程中，很大一部分教师透露，现在的课程评价，只是考查教师在课堂上是否有效传授知识，知识经验作为课程评价的主要内容，而学生学习能力的培养较难用文字来表述和评价。如图 5-7 所示，63% 的教师认为，课程评价就是为了学生的考试和升学服务，剩下37%的教师认为学生的发展也很重要，只是在课程目标上没有具体的实施过程指导和评价细则内容。

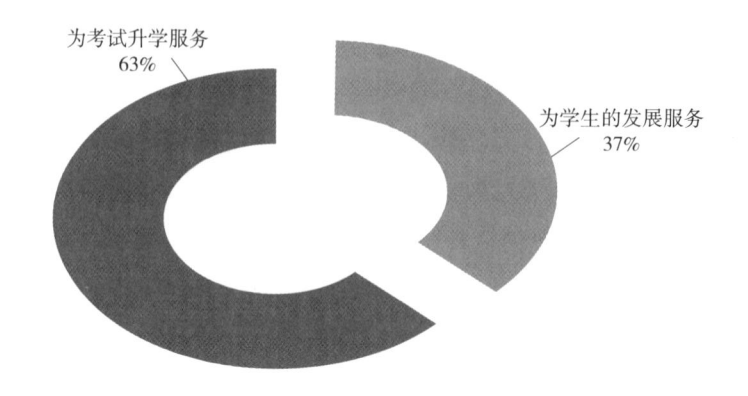

图5-7 课程评价主要内容

2. 课程评价的重点

如图5-8所示，在访谈提问过程中，提问到当前实施的课程评价存在问题时，71%的教师回答所在学校的课程评价多在于基础性评价，即重在评价学科基础知识的掌握。在教师如何看待课程评价一题中，17%的教师表达还可以适度地增加学生的探究性课程评价，以发挥学生潜能，说明已有教师认识到除基础课程评价外，发展学生其他能力的重要性。当问到教师是否认为所在学校课程评价有所创新时，只有小部分的教师认为有，说明在课程评价工作中，陕北地区普通高中的课程评价还拘泥于传统的单一方式。

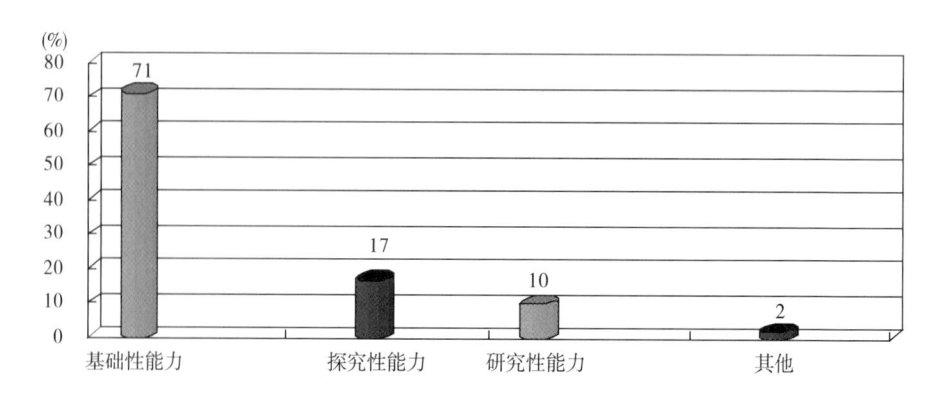

图5-8 课程评价的重点倾向情况

四　存在问题及其成因

(一) 教师评价存在问题及其成因

1. 主要问题

(1) 学校对教师评价功能弱化

学校对于教师的评价主要是对教师教学水平和教学能力进行评估，重视教师的是评价的功能，并没有体现出评价的反馈功能和激励功能，淡化了教师评价的发展功能。[1] 评价工作完成后，对教师评价结果并不进行归纳分析，也不提出教师教学的问题，也没有对教师教学工作提出建议，这样教师评价的发展性功能难以得到发挥。并且，大多数高中把考试的升学率和学生测试分数作为评价教师教学工作的重要标准。

(2) 学生对教师的评价主观性较强

对教师评价，很大一部分学生对评价教师的态度处于草率应付情况，仅仅是将对教师评价调查看成一门作业来完成，致使教师评价结果出现种种偏差，难以保证客观性和真实性。此外存在"晕轮效应"影响，部分学生看到评价对象是自己不喜欢的老师，或者是平时对自己有严厉要求的老师时，就会给老师把分数打低，借此发泄对教师的不满情绪等，这影响了评价的公正性和客观性。

(3) 同行评价难以确保真实性

如果说教师对于学生的评价还比较客观、直接的话，那么教师对教师的评价——对自我的评价和对同样是教师身份的同事的评价，则难以保证客观性和真实性。正是由于教师对自我的评价难以客观、公正，所以需要其他教师为教师本人做评价。这需要学校对教师树立合作教育理念，教师之间求同存异共发展。

(4) 教师参与教师评价的份额小

在教师评价中，参与教师评价的主体最主要是学校领导，然后是答复问卷的学生大众，最后才是教师和被评价者教师本人。其实在评价教师活动中，只有教师对自己的日常教学工作细节最了解，也最清楚教学环节的是非轻重

---

[1] 沈祖芸：《学业考能否撬动高中教育改革》，《中国教育报》2013年9月5日第6版。

缓急。因此，教师评价工作需要教师更多地参与，也应该增加教师定期对自身评价的环节，学而不思则罔，思而不学则殆，教师也需要对自身的工作和学习进行反思，并帮助同事进步。

2. 问题成因

（1）教师在教学工作中的个人创造能力不受学校重视

虽然学校一直认为教师是教学工作的主要执行工作者，但这只是针对教师与学生的关系来说的，并不意味着教师是教学创造的主体。通过和教师的访谈发现，教师们普遍认为自己的工作就是听从学校领导的一切安排，同样地，培养教师创造能力的决定权来源于学校领导层面，教师更多地只是扮演学校教学工作执行者的角色。

（2）学生对教师评价的认识不够深刻

调查发现，陕北市区、县区及乡镇高中教师评价都是给学生统一发放评分表，学生大都是象征性地给自己的老师打分，分数普遍较高，很少有不及格的评分出现。而且学生对这种类型的教师评价并不热衷。因为评价结果与学生的学习和生活并不密切相关，更多地表现在表面形式上，为完成任务而进行。而且国内普通高中的师生关系长期处于较严肃、有距离的状态，学生要对教师一下子从较低的地位跳出来，站在客观的、平等的、灵活的角度对教师进行评价，对于学生的心理关，还是很难在短期得到突破。

（3）教师对教师的评价普遍存在打人情分的情况

由于碍于情面问题，或者个人利益因素，教师对教师的评价大都不十分真实有效，这样的结果是教师评价几乎没有低评价的现象，十分影响教师评价结果的客观性。这种现象说明教师没有实现真正的自我完善，受人情和人脉关系的影响，导致思想刻板，对同行评价做不到真正为自身的发展、为同事的进步出发，需要树立新的理念，真正实现教师之间的评价是为了促进对方的进步和专业成长。

（4）一线工作的教师地位较低

一线工作的教师是学校教学评价工作实施的主要力量，因此对于学校教学评价改革的内容和效果应该更有发言权，可是在学校的实际工作中，学校领导在传达上级精神时，对此教学改革的具体实施效果的认识并不是特别明确，制订的一系列的改革方案，实施的结果总是不满意，原因还是忽视了教师与教师之间的能动作用，没有充分利用教师的直接经验总结，没有把教师行动工作与改革方案结合起来，未充分发挥教师的创造作用。

(二) 学生评价存在问题及其成因

1. 主要问题

(1) 评价功能重选拔轻发展

当前，我国普通高中的学生评价，都过于强调选拔功能，轻视学生的发展功能。对学生评价过程中，仅仅局限于学生的学习成绩，忽视学生品德的完善、人格的健全以及个性的多元化发展。这源自我国历代考试的客观基础和历史必然性，通过考试来测评一个人的知识和能力，以此来选拔人才，尽力做到考生在被选择上人人平等，也可以避免社会腐败。但同时，选拔性评价无法测出学生的个体差异性，只强调知识积累的共同性。

(2) 评价标准重笔试轻素质

近年来，虽然素质教育在中小学的教学领域里呼声此起彼伏，不过由于高考这面大旗的强大威力，导致素质教育的呼声也只能于表面上呐喊，在教学评价活动上根本无法撼动应试教育的地位。而且，对于学生综合素质教育评价缺乏相应理论知识系统，用哪种具体的行为指标才能落实并且真实地反映学生各个方面的素质，当前尚没有达成系统的标准。

(3) 评价主体单一

虽然针对当前学生评价，教育部门与学校鼓励让教师、学生和家长多方面参与评价，或者学校、家庭、社会三方面结合评价等。但是，一直以来对学生评价大都是由教师来做评定，教师是学生评价的唯一主体，导致对学生的评价不全面，评价过于倾向学科成绩，学生被动参与评价。其原因在于要真正地对学生实施发展性评价，比较耗时耗力，还有学生配合度的不够，教师自身的素质也是影响学生评价工作的因素之一。学生评价要关注日常教育教学活动中的师生关系及学生的点滴进步，兼顾学生的实践性。而且，教师在评价学生时也很容易受主观感受影响。

2. 问题成因

（1）学生评价的功能还是重甄别轻发展

重视选拔功能的学生评价，评价的结果只对少数成绩优异的学生有表扬激励作用，而对绝大部分成绩中等和低成绩的学生没有产生积极作用，以分数论成败，学生和教师都已经习惯，这未能促进大部分学生的发展与进步。

（2）素质教育的各项指标没有真正落实

尽管素质教育的呼声在教育界与学校此起彼伏，但是学校在评价工作具体实施过程中并没有把学生的思想道德、个人修养、学习能力、社会交往、运动与健康这些属于学生综合素质培养的内容列入评价中，没有具体的评价指标，学校也没有系统的理论调研，所以学生评价标准还是由笔试成绩作为主要衡量标准。

（3）学生的自评、他评没有体现在学生评价环节中

这主要是因为学生评价工作很少实施，评价的过程拘泥于形式，且学校设置的评价主体除教师和学生外，没有加入教学管理者，家长等评价主体也没有参与其中，没有为学生的评价提供多方位、多层面的评价。

（三）课程评价存在问题及其成因

1. 主要问题

（1）课程评价没有真正落实到位

课程目标是学校在对学生和课程了解的前提下，经过评估判别产生的。但是，经过调查访谈发现，陕北地区普通高中的课程评价实施状况不是与课程开发、课程实施调研相关，仅仅是例行"教学检查"，即对教师的工作和课堂表现的检查、对学生掌握知识的检查。这类课程评价是目标模式的评价，根据学生的课下外在表现来评估教师对学生讲授内容的成效，继而衡量是不是有效实行预期课程目标。可见，当前陕北地区普通高中的课程评价是缺少自我意识和反思能力的。

（2）课程评价内容单一

当前受高考升学率的影响，陕北地区普通高中的课程评价在实际操作中已经变成对教师教学成绩的评价。而真正的课程评价包含着教育经验的设计、

教育过程、教学需要、课程所需材料、课程目标等诸多要素来进行评价，旨在评价教学材料、教学活动的意义。① 当前陕北地区普通高中的课程评价可以说是蜻蜓点水，没有深入文本，主要关注点在于教师备课、上课、作业布置的外在观察，忽视了对课程其他方面的评价，可能会导致教师的教与学生的学相脱离，学生各种能力的发展不均衡，影响学生综合能力的发展。因为课程评价是动态评价与静态评价相互结合的。课程评价的内容和环节简单，且主要评价的对象是教师，缺少评价学生学习效果的内容，以及学生对课程是否有兴趣，必然会影响学生对课程的领悟和情感升华与教师对文本的深度解读，从而影响学生有意义地学习知识。

（3）课程评价标准片面

知识可以传授，能力却很难像传授知识一样进行。陕北地区普通高中的课程评价受传统课程评价标准的影响，除了考查学生对间接经验的掌握外，很少有其他新意，鲜有通过亲自实践获取直接经验，也很少有其他标准和衡量根据，评价标准过于注重教师传授知识的质量和效率，不评价获得知识的过程和方法，忽视了教师和学生的内在需要和发展。课程评价的功能体现较少，其作用也微乎其微。

2. 问题成因

（1）课程评价实施者对课程评价缺乏清晰的认识和定位

课程评价没有落实到位，评价的工作者也缺乏对课程评价的清晰认识，除了没有系统的课程评价理论基础之外，还在于课程评价实施者对于课程评价没有明确定位，因此在实施过程中，很容易混淆概念，进而影响到评价工作信度和效度。

（2）课程评价内容重知识轻能力

课程评价在传统课程教学的目标就是传授知识，主要就是系统的间接经验，学生直接拿来，或理解记忆掌握，或死记硬背获取，所以导致很多高分的学生毕业后进入社会生存能力低下，因为拥有了知识不等同于就拥有了能力，所以课程评价的内容有待于进一步拓展、深化。

---

① 张怀满：《试论教学评价的目标导向原则及实施策略》，《黑龙江高教研究》2012 年第 9 期。

(3) 课程评价的功能未充分实现

由于课程评价标准没有开发出课程的隐性功能，会影响和限制学生的个性化发展，学校也很少组织教师和教学管理者进行专门针对课程评价标准的调研讨论活动，没有理论指导的实践是盲目的。而且，评价标准多由分数来表现，分数等级化类的准则更是难以为学生带来评价的积极作用，为此，学生和教师有许多疑惑，却也无处探讨。

第三节　新高考视域下普通高中教学评价完善建议[①]

高考招生制度改革给高中带来的变化不只是简单的"选课""走班"，更是深度的转型。改革是牵一发而动全身的，这次改革对高中的挑战是全方位的，对于陕北地区普通高中教学评价改革而言，除了需要评价观念转变和一些重要的保障条件外，实践中还必须遵循符合高考制度改革主旨的教学评价原则、评价策略，才能使普通高中教学评价走上素质教育轨道。

一　基本原则

教学评价是教学工作非常重要的一个环节，尤其对于普通高中学生的发展来说，各方面的评价关系着学生的未来，学校在学生原有个体发展水平的情况下，提高学生的学业水平和综合素质，使学生能在毕业之际，考入相对更好的大学，就是学校教学的成功。因此，在学校实施教学评价工作时，必须要遵守一些基本原则，这些原则的作用，就是使教学评价管理者和执行者在工作过程中，明确评价的宗旨、根本目的和发展方向，为教学评价改革的教学实践活动提供指导和参考。

（一）客观性原则

教学评价是一项客观性很强的工作，评价是否客观，直接影响到评价效果和评价的信度和效度。无论是对教师的评价，还是对学生的评价，评价者

[①] 田欣：《高考制度改革背景下延安市普通高中教学评价改革研究》，硕士学位论文，延安大学，2015年，第33—41页。

都要保持一定的客观性，尽量从客观事实出发，避免受个人主观因素的影响和控制。所以评价者一定要对评价对象的教学情况十分熟悉，但个人关系最好不要过于密切，才可以参与到评价工作中去。而且，评价主体应多元化，使平日里不同角色的人们共同担任评价者，如专家、领导、同事、评价对象本身、学生和学生家长来参与，这样可以使评价更加民主，从多种途径、多个角度观察评价对象的表现，从而获得更全面、客观、平等的评价结果，同时也可以避免评价过优或过差的两极分化。①

（二）全面性原则

在评价过程中，应全面收集评价对象的信息，并做出相应的价值判断，对学生的认知、情感、体能等方面进行评价。教学评价面对的是一个个具有独特个性的教师、学生，以及不同内容特征的课程，对于课程评价可以进行分科课程评价和综合课程评价，显性课程和隐性课程评价，不同性质的课程其评价方式也可以多元，如理、化、生这些实践性较强的课程就可以结合笔试与实验来进行评价。教学评价的最终目的是促进学生全面协调发展，因此对教学工作中提出的要求就是培养为未来完满生活做准备的人，一个完整的人，而不是只造就单方面得到发展的人。在教学评价工作中，除了关心学生的学习成绩之外，还应挖掘学生其他方面潜能。教师评价不单是根据教师任教科目的考试及格率或者升学率，还要对教师平时在课堂中的表现情况、受学生的喜爱程度、教学调研能力和创新能力等方面进行综合评价。

（三）发展性原则

"评价应以人为本，致力于评价个体的发展。评价要关注评价对象的背景，重视和凸显个体内部差异，发挥评价对象的主体性，以激发每一位个体最大限度地实现个体价值。"发展性评价原则是在认可不同个性学生的差异性的前提之下，促进学生的各方面能力的均衡发展，评价采用的所有措施都要有利于学生动态发展，对学生每个阶段的评价不只是对上一阶段的概括，也应该是学生下一个发展阶段的立足点，这是发展性教学原则的实质内涵。② 评

---

① 张怀满：《试论教学评价的目标导向原则及实施策略》，《黑龙江高教研究》2012年第9期。
② 杨学良、蔡莉：《关于发展性教学评价的理论研究》，《教育探索》2006年第7期。

价过程中，要着重观察学生学习状态，情感体验，评价要凸显学生的主体性地位，尊重学生人格，发展学生提出问题的能力，对现行教学保持敢于质疑的学习态度和培养学生自主调研问题的能力。教师评价标准也不能太统一，应该以教师个性发展和创新能力的提高为参考来促进教师教学能力的提升。

（四）科学性原则

教学评价的标准既要肯定高考成绩的考试评价、选拔功能，又要纠正把高考成绩作为衡量学校教育质量唯一标准的不良倾向。评价要遵循学生身心发展规律，符合普通高中教育的定位，要有利于学校根据高中教育培养目标科学规范办学。以往教学评价针对的主要是学生，教师教学成果与学校目前的办学成就，而非考查学生、教师、学校原有基础和水平，打击了教师教学、学生学习和学校办学的动力和积极性。因此，标准除了了解学生的成绩结果外，还应将学生思想上的成长，学生自我的评价，对教师、学校管理的评价等也纳入科学性原则之内。在课程评价的标准制定上，可以根据当地经济发展现状、教育水平和学校现有条件设置一定的弹性，也可以根据学生的不同差异，确定不同的评估标准。在现代科学技术的保障下，树立一个能体现全新教育理念并且适合学生发展的教学评价模式，促进每一位学生的能力发展。

（五）主体性原则

过去学生评价由教师单独支配，并未体现评价的主体性原则和调动学生参与评价活动的积极性，这种传统评价容易使学生评价依附于教师。传统教学评价的强制性和褒贬两极性，容易造成对学生自尊的伤害和学生对教师的抵触心理。所以，教学评价活动的主体就不能只限于教师，还应使学生也参与进去，为评价注入另外一种新鲜的、活泼的血液。新的教学评价观强调把学生看作教学评价活动的主动参加者，通过学生的自评，尊重学生人格，充分信任学生，所以，在评价时充分发挥主体性原则，致力于发扬学生积极主动的精神，使学生切身感受到自己进步的欢欣和成长的快乐。[①] 与此同时，教

---

① 陈玉华：《普通高中学生评价改革的视点与评析》，《现代教育科学》2009 年第 4 期。

师评价也应加入教师自评、同事互评、学生客观评价主体来进行，使评价信息多元，从不同的角度为教师发展提供反馈和建议。课程评价的主体应主要由教师和学生来表达意见和建议，同时让课程改革专家、学校和家长多方面参与，提出相应要求，以调整课程结构和课程资源。

二　基本策略

在陕北地区普通高中教学评价改革的过程中，秉持上述基本原则是改革的前提，在明确这些评价基本原则之外，还应顺应我国普通高中教学评价改革趋势来施行，并根据学生个体发展、教师职业素养和课程特征来实施陕北地区普通高中教学评价改革的策略。

（一）学生评价改革策略

1. 评价目的个性化

合理的学生评价需要弱化或者冲破过去评价的选拔和分类功能，旨在树立一个发展每一个学生的综合素质和个性化的提高来作为评价目的。在学生学习每一门课程的时候，及时发现其学习需要，激发学生学习动机，发展学生探究性能力，关注每一位学生的"最近发展区"，使之得到最大限度的进步，发挥学习潜能以帮助学生学习。通过对学生的评价，使学生成为追求进步、积极参加评价行为和保持自我反省的人。为每一位学生建立档案，里面包含学生平日里的课堂表现和课外表现、学生的作业评价、对学生的日常生活观察评估表、学生的综合素质评定。在评估准则上，以培养顺应学生个性化发展特点为标准，学生评价必须考虑到学科难易度、年级、学生特点及学习背景，等等。对学生进行综合评价时，评价者应该结合评估标准和学生个性化评价，并在两者之间获取平衡，关心学生个体内部差异，激励他们发挥自己的专长，形成个性化的学生评价。

2. 评价内容全面化

探索学生评价的实质，要从过去那种只关心学生考试成绩的圈子跳出来，实行一种内容全面化的评价，重视学生德育、智育、体育、审美能力综合素养的提高与全面发展。因此，科学的学生评价内容除学生的学业成绩外，还应在学生学习的过程、学习方法和学习能力，学生基础知识与基本技能、情感和价值观以及对所学科目、认识技能和社会生活的掌握等方面对学生进行综合评价。① 并且，在对这些内容的评价过程中，还要保持对学生创新性思维和动手解决问题能力的评价。如北京市普通高中2010年起，对学生综合素质评价进行全面升级，学生的评价内容包括学生的个性发展评价和教师的评语、学生平时学业成绩登记表、学生健康体检表、学生成长变化的记录手册、家长也可以填写对于学生的评价报告册，需要教师和班主任的签字及学校盖公章，体现了对学生评价内容真实性、权威性保障，值得我们参考。

3. 评价方法多样化

在对学生的评价过程中，建议可以实施的评价方法包括定期的个人访谈、社会交往锻炼、日常学业测试、学生成长日志等来进行综合评价。在评价的科学性上，应当注重量性评价和质性评价的有效融合。探讨学生评价所包含的不只是学生期末记住了所有的学科知识，而是学生在学习阶段的情感体验，对学习过程态度的投入，对知识的获得与良好学习习惯的形成等。要注重学习过程的评价，致力于学生综合素质的本来水平的基础，了解和探索学习过程，对学习成果掌握并进行消化的长期性等领域进行全方位的评价，将定性评价与定量评价相结合，过程性评价和结果性评价相结合，重视比较学生前后测评阶段表现差异的评价方式。

4. 评价实施过程化

调研表明，发展性评价功能其中重要的一个特点就是要在评价中凸显评价的过程性，即根据对学生学习发展进程的关注和指导，在教学目标的指导下根据学习过程的评价来完善教学的一种方式，用以促进学生水平的发展。科学性的学生评价，不只注重最后结果，还要注重整个调研过程。因此，学生评价务必要超越过去重视终结性评价而忽视学生学习过程的评价情况，旨在建立能显现学生参与学习活动并且参与学生评价活动。教师在平时的教学实践当中应该学会将评价的重点放在促进学生学习的评价上，同时，要选取评价的方式和评价工具，发展学生评价方法和学生评价工具。教师能熟练地实行学生评价，理解和应用学生评价理论知识，根据评价过

---

① 钟启泉：《学业评价：省思与改革》，《教育发展研究》2013年第1期。

程的参与和教学思考,对教学行为进行完善和修正,可以提高教师评价学生的修养。

(二) 教师评价改革策略

1. 转变评价理念,构建激励性评价机制

学校教学工作管理者应转变教师评价观念,摒弃传统教师评价制度的不足,挣脱落伍评价观念的限制,建设以发展教师为中心的评价观,教师教学成绩不再作为教师评价的唯一衡量标准,也不应把教师管理的手段只限于对教师的褒奖与惩罚。教师评价要吸取以往的经验教训,旨在教师的未来发展,把促进普通高中教师的教学技能作为立足点。建立教师评价制度时,把激励教师评价作为主要的评价机制。当前普通高中的教师评价主要是实行奖惩的方式,此评价方式若是使用恰当,可以发挥应有的激励作用,若使用不当,则会给教师带来消极影响,继而打击教师的教学积极性。学校应恰当使用评价的奖惩功能,不可使之两极化,适当将二者有效结合,实现优势互补,主要以激励教师为中心,致力于调动教师教学的主动性,才能促进教育质量的提升。

2. 体现人文关怀,评价标准多元化

由于各地区的经济发展水平不同,传统文化背景不同,过去的统一评价标准现已不再适应时代的发展,将会被新的要求所淘汰,新的教师评价标准涌现出更加具有人文性的、可变化的、多样的特点。即对教师实施多元化评价标准,从不同的角度为教师评价提供服务,以促进教师个性化发展。就延安地区而言,应根据陕北地区本地经济和教育发展水平的客观实际来确定。就陕北地区不同普通高中而言,也可以根据各中学的学校背景、教师师资水平、教学培养目标和学生生源实际情况,而对教师的评价标准有所改变,这主要是针对重点高中、普通高中和乡镇高中的差异情况而制定的。即使在同一所高中,学校也应就不同教师的教龄、文凭、个人特点等情况区别对待,确定适应教师实际发展水平的教学评价目标和评价准则。

3. 确定教师综合素质发展的评价内容

仅从学生的学业水平测试和考试升学率来对教师的教学水平进行评估

的现象在陕北地区普通高中十分普遍。要真正实现以教师发展为本，就必须在评价内容上进行大幅度改革，制定有助于教师综合素质提高的评价内容，并严格落实。① 一个较合理的教师评价体系，至少要涉及教师思想素质、教师教学技能、平时教学绩效三方面因素，而相对的是学校要确定教师思想素质标准、教师职责尺度与教师绩效考核准则。此外，教师的教学评价素养不单单是理论知识上的，还应当在实践方面注重探索和调研。

4. 评价主体多元，重视教师自评的作用

当前陕北地区普通高中教师评价制度中，存在着一种现象，即评价者与被评价者之间存在一定的矛盾，被评价者处于被动地位，没有发挥主体性，对评价结果不满意，也没有话语权。要对教师进行真实的评价，就必须使评价主体来自多元取向，如教师之间、学生、教师本人等，反映不同身份的不同见解，保证评价结果的客观性、真实性，多评价主体参与性。教师自评也是教师评价的一项重要参考依据，自我评价是教师在客观评价自身职业修养和教学行为的一个认识和自我反省过程，因此可以构建一个便于操作的可行性强的教师自评体系。

5. 构建全过程的教师评价指标体系

教师的教学行为不但在课堂教学中体现，还在课堂前后的教学准备和教学完成工作中体现出来。如课前教案的设计、教材资料的准备、课下的调研、课后作业的布置与辅导等。因此，评价教师除了课堂教学之外，还要对教师教学过程的前后做全面的评价，尤其要注意教师平时与学生的关系、受欢迎程度和课后的教学表现。例如教师是不是时常给学生解答问题、是不是及时改正和发回学生作业、是不是对学生的提问保持充足的耐心，教师有无记录教学反思日志、有无察觉到学生的异样举动并给予关心，是否看重自己教学水平的进步等。经过这些评价指标，学校可以作为评价教师能否给予学生学习和生活全程帮助的参考依据。

---

① 侯定凯、万金雷：《中小学教师评价现状的个案调查——从促进教师专业发展的角度》，《教师教育研究》2005年第5期。

（三）课程评价改革策略

1. 评价内容多样化

目前学校课程评价内容单一，学生笔试成绩是课程评价的主要内容，但不应当是仅有内容。应当对课程评价的内容进行变革，倡导课程评价内容全面并且多元。这是因为学生的考试成绩并不能真实地反映学生全部信息，相对于学生来看，考试成绩只是代表了学生在某一学习阶段和一个范围内的知识积累与智力水平发展。另外，学生的学习策略、道德品质、情感态度、心理素质、社会交往、身体健康与运动等都是学生个人成长过程中不可或缺的必备知识与技能，除此之外，教师教学、教材资料和教学环境等这些因素也都需要与学生考试成绩一起包含在课程评价之中，联合形成评价内容。在课程实施阶段中，课程设计者与执行者应该把学生的身心发展和课程涵盖的领域设计进去，将这作为准则来参照学校实施的课程，可以发现现行课程设计的偏颇，致使学生除了主课外，在发展其他能力的课程领域得不到深化和发展，这就制约了学生与外界接触的范围和创新性思维的发展。[①] 因此学校需要设计多学科领域的课程，如艺术、审美、律动等需要调动学生多种感觉器官协调的课程，拓展学生的艺术品位和创造力。

2. 评价主体多元化

目前，在我国的普通高中课程评价过程中，在评价主体上，被评价者依然处于比较被动的地位。科学的课程评价观应该是评价主体多元，这主要体现在：首先，课程评价实施应该以教师为主导。由于在实际的教学工作当中，教师是课程选择的主要决定者，也是实施课程的主要承担者。其次，学生作为课程评价的主要对象，反过来也可以作为课程评价的主体之一。对于课程评价，感受最深的是学生，评价所产生的作用也主要针对学生，所以，课程评价的主体应当把学生加入进去。最后，课程改革教育专家、学生家长、学校教育管理者等也应作为参与课程评价的主体。这些课程评价主体可以从不同的角度对课程评价提出不同的要求，进而有利于资源的整合。

[①] 荀渊、唐玉光：《教师专业发展制度》，教育科学出版社2011年版。

3. 评价类型层次化

按照不同的标准，课程评价也相应地有着不同层次的分类办法。我国常用课程评价主要是按评价的作用进行分类，主要有形成性评价与终结性评价。需根据不同内容的评价应用不同功能的评价，如对课程改革前后教师和学生的变化可用效果评价，对于课程改革本身所关系到的一系列环节和课程组织，则可用内在评价。针对课程实施的参与工作者，分别实行外部人员评价和内部人员评价，外部人员主要是和课程设计和使用无关的人员，内部人员则是指在整个课程设计活动中的人员。课程评价的方法大致分为量化课程评价和质性课程评价，通过量化课程评价将教育现象与课程现象转化为数量进行比较和分析，通过质性评价将课程评价对象的特质进行揭示与解释，全面地为课程评价服务。此外，为学生的课程评价设定最低标准与最高标准，只要学生的评价结果在这范围内，就是合格的，学生不需要有太大的压力。

三　主要保障

普通高中教学评价改革要顺利进行，需要良好的保障条件，主要包括科学的高考招生制度、教育行政管理机制和学校内部管理实践。

（一）进一步深化高考制度改革

高考制度是普通高中教学评价改革工作得以顺利进行的必要保障，只有在高考制度评价体系中设置教学评价的具体实施环节和内容，并具备相应的可操作性，普通高中的教学评价改革才能贯彻实施下去。通过加大高校录取工作的工作量、大力构建评价教学管理系统、提升考试招生制度录取的工作效率、强化高考评价制度来确保对考生入学机会均等的保证，是十分有必要的。考试招生制度与高校录取工作是以考试组织工作与招生录取工作的教学评价管理和具体运用为立足点的，将高校招生制度与普通高中考试的教学评价体系有机结合，才能保障教学评价工作的实施，以此来提高对考生综合能力评价的保障。

当前，虽然我国新的高考招生制度改革已拉开大幕，但还处在试验阶段，其在全面推行前需要基于已有试验经验对其进行不断修正和完善，以保证其蕴含的核心价值在普通高中教学评价中得到充分实现。

（二）优化地方教育行政部门管理职能

为了学校教学评价改革的顺利实施，教育行政管理的体制机制必须优化，优化的方向是：强化法制意识，适度放权，做好对学校的宏观管理。在此方向下，地方教育行政部门有关学校教学评价的管理工作内容主要应该是：①规划高中学校教学评价工作发展的组织、内容、结构及分工。②开发与配置各种高中教学评价工具设备，为学生、教师和课程的评价服务。③制定学校教学质量标准和师生行为规范。④督查和评估学校内部对教学评价实施细则及评价结果的效果。⑤建立对教学评价的诚信机制，最大限度地保证评价的客观性、真实性和准确性。

地方教育行政部门在发挥自身宏观管理职能后，把学校教学评价工作的权力适度下放，让学校来完成主要的学生评价、教师评价和课程评价工作。

（三）改进学校内部管理

从优化学校教学评价的需要来看学校内部管理改进的策略，除学校管理者必须树立素质教育和以人为本的理念并以此为基点实行人性化管理外，学校在管理方法上要注意调动广大教师及家长参与管理的积极性。

传统自上而下的教学评价改革，教师通常是被动接受或被动参与教学评价改革过程，但是教师也是教育改革事业的重要推动者和支持者。例如，在教学评价改革推广的过程中，当教师从学生的角度发现许多学校尚未意识到的管理问题时，他们就可以直接从这些问题出发，提出教学评价改革的建议，成为教学评价改革的推动者。[①]

另外，家长也是学校教学评价改革工作的合作者，他们对学校的教育及管理活动有知情权，学校也有义务向家长汇报相关信息工作。家长有权利也有义务参与到学校的教学评价工作中来，及时向学校和教师反馈评价工作的效果和家长的看法。只有当学校给家长提供更多的参与机会时，不但学校与家长间的关系会得到改善，而且会推动教学改革评价工作。

---

① 严国贤：《加强教学管理，促进素质提高》，《教学与管理》2000年第1期。

附录1：延安市普通高中特色课程建设现状研究（教师卷）

职称：　　　　　性别：　　　　　年龄：　　　　　学科：

尊敬的老师：

您好！感谢您能在闲暇之余抽空来参与本次问卷调查。本次调查采用匿名形式，主要是为了了解当前陕北地区普通高中教学评价的情况，调查结果仅作为教学和课题调研的依据，不涉及任何具体评价，请您不要有任何顾虑。请您根据实际情况如实填写（如果所给答案没有您所要选择的，可直接将答案写在题后），感谢您的支持！

1. 您工作单位的性质（　　）

   A. 城镇高中　　　　　　B. 重点高中　　C. 普通高中

2. 您所在单位的学生数（　　）

   A. 500人以下　　　　　　B. 501—1000人

   C. 1001—2000人　　　　　D. 2001人以上

3. 您认为普通高中课程评价应注重（　　）

   A. 基础性能力评价　　　　B. 探究性能力评价

   C. 调研性能力评价　　　　D. 其他

4. 您认为我国普通高中教学改革的执行力度应（　　）

   A. 不能抛弃根本　　　　　B. 大刀阔斧地干

   C. 稳妥中进行

5. 您对教学评价理论掌握的情况是（　　）

   A. 非常了解　　B. 比较了解　　C. 接触较少　　D. 不了解

6. 您认为高中教师评价的目标是：（　　）

   A. 提高教学能力　　　　　B. 评职称

   C. 学校了解情况　　　　　D. 促进教师专业发展

7. 您认为当前普通高中教师评价的主体是（　　）

A. 学校领导　　　　　　　　B. 教师同行

C. 学生评价　　　　　　　　D. 教师本人

8. 您认为您校评价内容中比重最大的是（　　）

A. 工作量　　B. 人际关系　　C. 科研培训

D. 班级管理　　　　　　　　E. 学生成绩

9. 您认为您的教学能力的获取和提升最主要的渠道是（　　）

A. 学生的学科课程　　　　　B. 教学实习过程中的教学实践

C. 任教后的自我探索和实践　D. 任教后经验丰富教师的指导

E. 参加工作后的继续教育和培训　F. 其他途径　_____

10. 您对普通高中教学评价改革的了解情况是（　　）

A. 没有听过　　B. 了解一点　　C. 学习调研过　　D. 非常熟悉内容

11. 制约您教学工作进一步发展的客观因素是（　　）

A. 教育体系和教师评价长期受应试教育的影响，阻碍个体的反思作用

B. 当前的教育理论比较空洞，有理想化倾向，缺少科学教育理念引导

C. 学校教学机制没有交流、调研的教学气氛

D. 所处学校教学工作缺少先进教育技术的支持

12. 高中教师评价标准由谁制定（　　）

A. 上级管理部门　　　　　　B. 校长及学校中层管理者

C. 教师和管理人员共同制定　D. 教师本人

13. 您认为高中教学评价体系是否体现对教师的尊重（　　）

A. 十分体现　　B. 很少体现　　C. 较少体现　　D. 没有体现

14. 您校是以什么方式公布评价结果（　　）

A. 公示评价分数　　　　　　B. 用文字进行评价

C. 交流　　　　　　　　　　D. 开会举行

15. 您是否经常认为教学评价只是"纸上谈兵"（　　）

A. 经常　　　B. 偶尔　　　C. 从不

16. 您是否注意根据学生的不同特点，给予不同的评价（　　）

A. 经常　　　B. 偶尔　　　C. 从不

17. 目前，您在教育教学工作中，感到最大的困难是（　　）

A. 如何激发学生学习兴趣和提高学习效率　　B. 养成学生良好学习习惯

C. 学生不好管理，不爱学习　　　　　　　　D. 学生只学习有关考试科目

18. 就您本身来说，改善您的评价能力最大的障碍是（　　）

A. 专业知识不足　　　　　　　B. 教育理念没有深刻领悟

C. 经验不足　　　　　　　　　D. 没有耐心，没动力

19. 你最重视下列哪一项评价指标（　　）

A. 师德　　　　　　　　　　　B. 教育教学能力

C. 学生成绩　　　　　　　　　D. 出勤情况

E. 科研水平和成果　　　　　　F. 培训进修

20. 您最不满意教学评价工作哪些方面（　　）

A. 评价设计不符合教学实际　　B. 过于注重学习成绩

C. 忽略教师感受　　　　　　　D. 忽视学生个性发展

21. 您希望学校在教师专业发展上提供哪些条件（　　）

A. 学校能多提供出去培训、继续教育、听课的机会

B. 学校提供免费的学术网站和网络课堂

C. 学校对教师进行论文写作的培训和指导

22. 您对自己教学的评价是（　　）

A. 全部胜任　　B. 基本达标　　C. 有待完善　　D. 不知道

附录2："陕北地区普通高中学生评价现状"调查问卷（学生卷）

学校：　　　年级：　　　性别：　　　文科：　　　理科：

亲爱的同学：

您好！非常感谢您能在闲暇之余抽空来参加这次问卷调查。本次调查采用匿名形式，主要是为了了解当前陕北地区普通高中教学评价的情况，调查结果仅作为教学和课题调研的依据，不涉及任何具体评价，请您不要有任何

顾虑。请您根据实际情况如实填写，如果所给答案没有你所要选择的，可直接将答案写在题后。感谢您的支持！

1. 您所在班级人数是（　　）
   A. 40人以下　　　B. 41—50人　　　C. 51—60人　　　D. 61人以上
2. 您所在的高中属于（　　）
   A. 市级高中　　　　　　　　B. 城镇高中
3. 您所在的班级（　　）
   A. 重点班级　　B. 普通班级　　C. 不分重点班级
4. 您认为当前学校实施对学生的评价注重哪个方向（　　）
   A. 知识的掌握　　　　　　　B. 解决问题的能力
   C. 心理与身体健康　　　　　D. 师生之间的交往、相处能力
5. 您觉得目前所学科目多吗（　　）
   A. 太多了　　B. 比较多　　C. 还可以　　D. 不多
6. 您认为学生学习应注重哪方面（　　）
   A. 学生学习能力　　　　　　B. 认真的学习态度
   C. 良好的学习方法
7. 您对当前普通高中实施的学科教学的态度是（　　）
   A. 不灵活，太死板　　　　　B. 内容烦琐难记忆
   C. 掌握困难　　　　　　　　D. 没有困难
8. 您认为最适合学生发展的课堂教学方式是（　　）
   A. 定期考试　　　　　　　　B. 多做习题
   C. 小组探究合作完成任务　　D. 自主性学习
9. 您了解自己学习情况的评价的途径是（　　）
   A. 自评　　　B. 他评　　　C. 师评　　　D. 考评
10. 您认为衡量学习成果的主要表现形式应该是（　　）
    A. 分数　　B. 等级　　C. 书面评语　　D. 综合评定
11. 您认为在课堂环节自己的角色是（　　）
    A. 被动灌输　B. 主动探讨　　C. 平等对话　　D. 都有

12. 自我评价在您校的实施情况（　　）

A. 作为评价体系重要的一环　　　B. 比较重要

C. 一般　　　　　　　　　　　　D. 重视自我评价

13. 您觉得在课堂学习中哪类因素对你影响最大（　　）

A. 班级学习氛围　　　　　　　　B. 教师教学水平

C. 教师情绪　　　　　　　　　　D. 个人知识背景

14. 您觉得平时老师和学生的关系是（　　）

A. 老师是主导，学生是主体，师生之间是平等、和谐的关系

B. 老师是主体，学生对于老师的要求必须服从

C. 学生是主体，老师是为学生服务的

D. 老师是教学者，学生是接受者，各自独立

15. 您觉得在学校的测评方式中，最侧重哪一方面（　　）

A. 知识的掌握　　　　　　　　　B. 解决问题的能力

C. 与教师、同学之间交往、相处的能力　　D. 身体与心理健康

16. 您认为评价学生好坏的内容应该侧重哪一点（　　）

A. 学习成绩　　　　　　　　　　B. 解决问题的能力

C. 实践操作能力　　　　　　　　D. 学生特长　　E. 其他

17. 您对学校和教师对您进行测评的态度是（　　）

A. 抵触　　　B. 赞成　　　C. 无所谓　　　D. 不喜欢

18. 学校会定期让你们对老师做一些评价吗（　　）

A. 从来没有　　　　　　　　　　B. 很少有过

C. 定期让学生对老师进行评价

19. 您个人觉得老师应该以什么来评价您的学习情况（　　）

A. 课堂提问　　　　　　　　　　B. 测验成绩

C. 平时表现　　　　　　　　　　D. 综合素质　　E. 其他

20. 您认为当前的学习负担重吗（　　）

A. 十分重　　　B. 比较重　　　C. 可以程度　　　D. 没有负担

21. 您认为当前学生给教师的评价方式效果如何（　　）

A. 十分有效　　　B. 比较有效　　　C. 没有效果

22. 在课堂教学之后，老师与你们交流学习方法吗（　　）

A. 经常交流　　B. 很少交流　　C. 从不交流

附录3：教师访谈提纲

1. 您认为目前的教师评价体系有什么令您不满意的地方吗？

2. 目前的教师评价对您有积极的作用吗？在哪些方面体现？

3. 您参与学校教学评价改革的方式是什么？您觉得这种方式怎么样？

4. 在目前教学评价工作中，您遇到的最大困难是什么？解决了吗？如何解决的？

5. 学校对目前的课堂教学状况满意吗？对此采取过什么评价措施？成效如何？您对此有何建议？是否向领导提出过？结果如何？

6. 您认为学校对目前实施的评价状况满意吗？对此采取过什么措施吗？成效如何？您对此有何建议？是否向领导提出过？结果如何？

7. 您每年是否进修学习？大概多久？（包括学校培训和自己研修）您觉得有必要吗？为什么？

8. 您对课程评价如何看待？您认为课程评价的内容应包含哪些？采用何种手段重要？

9. 您觉得贵校的课程评价存在哪些不足？该如何改进，请谈谈您的看法。

10. 您所处学校对于学生的评价内容和方法是否有创新？如果有，是什么？

11. 您认为当前实施的学校教学评价工作，除了考虑教师、学生、课程因素外，还需要考虑哪些因素？为什么？

12. 您对有关教学评价理论了解吗？在您工作当中有没有具体应用过这些理论？

第六章　新高考视域下普通高中选课走班教学管理创新

第一节　新高考视域下普通高中教学管理亟须改革

新高考秉持"以人为本"的育人理念，探索"三位一体"录取机制，实行"3+3"的考试科目，扩大了教育的选择性，赋予学生更多的选择权，学校成了提供课程与服务的"成长超市"，实质是让实施选课走班制成为普通高中学校的必然选择，全面引发学校管理的一系列"链式反应"。然而，现实中大部分普通高中还没有做好充足的准备，对选课走班制下的学校管理存在认知上的"不明就里"，实践上的"止步不前"，要么是畏惧困难拒绝改变，要么是应付检查流于形式，这就需要我们在新高考的背景下，面对实施选课走班制的必然变化，对普通高中学校管理的走向、困境、路径进行全面审视，以符合新高考时代的发展特征，推进新高考改革的深化，满足学生多样化、个性化的发展需求。

一　新高考扩大了学生的选择权

从2017年9月起，北京、天津、山东、海南四个省市，紧随浙江、上海的新高考试点后，也将启动新一轮高考改革，这预示着我国普通高中差别化、个性化、定制化的教育时代已经到来。新高考尊重学生的自主选择权，让学生根据自己的兴趣特长与个性发展，将自主选择的三门高中学业水平考试科目与"语、数、外"三门统考科目相结合，外语实行一年两考，同时将学生综合素质测评信息作为录取的重要参考，扩大了学生的科目选择权、教师选择权、时间选择权、专业选择权，使学生在学校规定的范围内，自主选择课程内容、学习难度、任课教师、考试科目、考试时间等，不但可以自由选择在什么时间完成考试，也可以自由选择哪些科目计入高考成绩。显然，新高考引导学生学会选择，复归了学生的主体性，让学生逐步开始对自己的学业、生活、现状及未来负责，是对教育本质的真意回归。

二 新高考背景下传统班级授课制的悄然落幕

新高考改革的重要出发点和目标是扩大学生的选择权，通过改变考试次数和科目，尊重了学生的主体性，重构了学生的选择权，让学生通过自我探索，把刻板的学习活动转变为主动选择、充满意义的生动体验，其特征是关注学生个体意义的构建，尊重学生的差异性，这就让传统的班级授课制感到无所适从，把天然的弊端暴露无遗，这些与新高考的要求严重脱节。第一，传统班级授课制以效率为中心，以控制为手段，教师成了"工人"，通过"生产线式"加工，将学生沦为"产品"，忽视了学生的个性差异与主观世界。第二，传统班级授课关注教师权利，主张"教师中心、课堂中心、教材中心"，在教学过程中，关注共性，实行"一刀切"，只见教师，不见学生，学生只能被动适应教师的教学风格，处于极其被动的地位。第三，传统班级授课制具有封闭性。教师"关起门来搞教学"，学生的学校生活空间固化为课堂，教学变为学生唯一的主题，学生由此获得的知识、经验也变得黑白、单一、缺乏活力，主体性受到了压制，不利于个体的生命体验、情感、态度、价值观的发展。

三 选课走班制的教学管理契合新高考的要求

选课走班制与传统班级授课相对，虽然保留了班级这种形式，但最大限度地实现了学生的个性发展，具有"流动、主动、对话"的价值取向，教学也不再是以往统一步调的"齐步走"，而是面向学生个体的"自然走"，打破了以往学生附着于固定教室、教师、课堂、课程的局面，代之以"一人一表""一生一师"，上课可以很"任性"。选课走班制是根据学生的个人兴趣、现有知识、能力水平和发展潜力，以学生发展的不平衡和差异性为出发点，让学生自主选择课程的流动性学习模式，"分层"侧重教学的个性化，"走班"偏重学校管理样态的变化。自20世纪末开始，我国一些经济文化相对发达地区便进行了选课走班制教学的尝试，如上海、天津、江苏的一些学校。① 一般经历了班内分层教学、同类行政班的部分学科（选修课）分层、全部行政班的全学科（选修课、必修课）分层三个阶段，新高考要求实现全部学科的跨班级、跨年级、全面彻底的分层走班。

第一，分层走班作为一种教学组织形式与管理思想，核心是关注学生的多样性与差异性，是对"因材施教""最近发展区""多元智能"等经典教育理论的实践追求，是承认学生个体差异、尊重多样性的"革命性"教学模式。第二，新高考实行的"3+3"的考试科目，覆盖了必修与选修科目，让学生享有资格考和选拔考的选择权，拓展了学生的自主选课的空间，打破了普通高中学校管理的原有行政班或只对选修课走班的组织模式，使学校实施全面选课走班制度成为常态化。第三，分层走班对普通高中学校管理是一次深层变革与样态重组，它不仅仅是教学形式的变化，更是教育理念、课程开发、师资建设、学生管理、班级管理、硬件管理、评价改革、信息化管理等全方位的深度变革。

四 新高考需要普通高中教学管理做出积极回应

长久以来，我国的高中教育因教学组织形式过于单一、功利性强、简单直白而被社会广为诟病，以行政班为主体的管理样态让"唯分数论"成为学校管理的金科玉律。当前，伴随着新高考改革方案的大面积实施，全国各地的高中或早或晚都将面临大规模"洗牌"，给现行的高中管理样态带来不小的冲击，这将促使教育管理者积极思考如何转变观念、在现有条件下有效回应新高考的育人要求，集中表现在两个方面：第一，随着新高考改革的不断推进，原来以行政班为单位的普通高中学校管理制度已经滞后，要建立符合"学生选择"为主的教学班管理制度。各学校应借鉴先行试点省份的成功经验，结合学校实际，合理安排不同层次、不同学段的学生学会选择、规划人生，推进高考

---

① 刘宝剑：《关于高中生选择高考科目的调查与思考：以浙江省2014级学生为例》，《教育研究》2015年第10期。

课程全面而实质性的走班，形成个性化的办学特色。第二，各学校要立足分层走班教学实际，认真测算开展教学和管理改革所需的师资、教学硬件设备和信息平台等教学资源需求，积极协调校外教育资源，进一步完善学校教育教学管理制度，加大财政支持保障力度，满足新高考改革的实际教学需要。

第二节　新高考视域下普通高中选课走班教学现状调研[①]

一　新高考视域下普通高中选课走班实施现状调查

本次新高考改革的突出特点是，考生可以在学考科目中自主选择3科计入高考总成绩。浙江省规定考生可以在7门学科中选择3门，即"7选3"，共有35种选科组合。本文共调研了浙江省实施新高考改革的5所普通高中，并根据师资条件的不同将学校分为A类（学校1和学校3）、B类（学校4）和C类（学校2和学校5），其中学校5位于农村，与其他4所学校存在一定的城乡差距。

本书采用整体抽样的方式向浙江5所学校全体高二学生发放问卷，了解其选课基本情况。对5所学校的教师、校长与管理人员等13人进行了访谈，了解普通高中选课走班中某些无法量化的问题，主要涉及学校组织学生选课的流程、如何进行选课指导，以及实施走班教学过程中在学生管理、教学评价、师资调配、教学安排等问题。本部分内容从学生选课基本情况、学校组织学生选课情况以及学校实施走班教学基本情况三个方面进行分析。

（一）新高考背景下普通高中学生选课基本情况

新高考改革给予了学生更多的选择权，了解试点省份普通高中学生选课基本情况，对于他省做好相关工作、各相关部门做好针对性工作、确保高考改革的稳步推行具有重要意义。本问卷既包括事实选择题，又包括等级选择题，在此只对问卷中的等级选择题做信度检验。研究采用常用的同质性信度

[①] 张中宁：《新高考背景下普通高中选课走班调查研究——以浙江省5所高中为例》，硕士学位论文，曲阜师范大学，2017年，第8—32页。

(Cronbach Alpha),分别对学生对新高考方案的态度和学生对其所选科目的了解程度两个维度做信度检验,同质性信度系数分别为 0.809 和 0.866,表明本问卷信度良好,经多次修订后,正式发放 1753 份,收回 1598 份,有效率为 91.16%。

本部分主要针对问卷内容,从对新高考方案的态度、对高考所选考科目的了解情况、确定高考选考科目的时间、选择高考选考科目的分科意向、3 科组合情况及影响因素等分析学生选课基本情况。

1. 学生对新高考方案的整体态度

本部分共设计了 6 个题目,前 2 个题目主要考查学生对新高考方案相关问题的了解程度,后 4 个题目主要了解学生对新高考方案的赞同度,该部分 6 个题目的选项为"很了解"(赞成)"较了解"(较赞成)"一般""较不了解"(较不赞成)和"很不了解"(很不赞成)5 个程度,对选项程度从高到低按 1—5 赋值,即"1"代表"很了解","5"代表"很不了解",值越高代表了解程度越低(以下类同)。从表 6-1 可以看出,题目 2 均值最小,为 1.94,即学生对"7 选 3"了解程度最高;其次题目 6 均值为 2.27,说明学生对自主选择高考选考科目有利于发挥其学科特长的赞同度较高;题目 1、3、5 次之,均值分别为 2.35、2.49 和 2.49;均值最高的是题目 4,值为 2.99,与其他各项均差距较大,表明学生对自主选择高考选考科目能够减轻学习负担的赞同度较低。

表 6-1　　　　　　　　学生对新高考方案态度的均值比较

题　目	均值	标准差
对新方案的了解程度	2.35	0.871
对 7 选 3 的了解程度	1.94	0.880
对文理不分科的赞同度	2.49	1.108
对能减轻学习负担的赞同度	2.99	1.221
对能促进其全面发展的赞同度	2.49	1.055
对有利于发挥学科专长的赞同度	2.27	0.970

为进一步了解该维度每个选项学生的选择情况,特绘制了上述6个题目的百分比表格,数据统计见表6-2。首先,学生对于新高考方案的了解程度,学生对新高考方案和"7选3"的了解程度较高,选择"很了解"和"较了解"的比例之和分别为60.8%和76.9%;其次,文理不分科、能促进全面发展以及能发挥学科专长3个题目,学生选择"较不赞同"和"很不赞同"的两项之和分别为14.7%、12.7%和7.6%,说明学生对该3题的赞同度较高;最后,学生对新高考方案相关规定可以减轻学生学习负担的赞同度偏低,学生选择"很赞同"和"较赞同"的比例合计为35.0%,选择一般的为34.4%,选择"较不赞同"和"很不赞同"的比例为30.6%,说明很多学生并不十分赞同让学生自主选考可以减轻其学习负担。

表6-2　　　　　　学生对新高考方案态度的各选项比重　　　　　　单位:%

	很了解（赞同）	较了解（赞同）	一般	较不了解（赞同）	很不了解（赞同）
对新方案的了解程度	14.8	46.0	32.9	3.5	2.8
对7选3的了解程度	35.0	41.9	19.8	1.4	1.9
对文理不分科的赞同度	20.6	32.1	32.6	7.9	6.8
对能减轻学习负担的赞同度	13.0	22.0	34.4	15.8	14.9
对能促进全面发展的赞同度	18.7	33.2	35.3	6.9	5.8
对能发挥学科专长的赞同度	22.5	40.4	29.4	4.0	3.6

2. 学生对其所选高考选考科目了解程度的整体情况

问卷中有5个类似的题目,即"在决定将某一科目作为选考科目时,你了解该科目的高校招生要求吗/你了解与该科目对应的高校相关专业的就业情况吗/你了解本校选考该科目的人数吗/你了解该科目的历年高考真题吗/你了解该科目的课程结构吗",数据统计结果如表6-3所示,从均值比较可以看出,除最后一题均值较低外,其余题目均值相差较小,说明学生对所选科目的课程结构了解程度较高。为进一步了解各题各项学生选择情况,特将各项学生所选比例进行统计,可以清晰地看出,"很了解"和"很不了解"占少数,大部分都集中在中间三种程度,尤其是"一般"和"较不了解",但是最后一题学生的选择情况与其他四题有明显的差别。从比例分布来看,学生对该维度各题的了解程度较高,尤其是对所选科目的课程结构了解程度最高。

表6-3　　　　学生对其所选科目了解程度的各项比例和均值比较

题目	很了解	较了解	一般	较不了解	很不了解	均值	标准差
招生要求	4.9%	19.2%	36.4%	26.2%	13.1%	3.24	1.060
相关就业	4.4%	17.8%	36.9%	26.0%	14.9%	3.29	1.061
选考人数	5.0%	22.4%	35.3%	24.9%	12.4%	3.17	1.068
历年真题	4.0%	18.0%	39.9%	24.6%	13.5%	3.26	1.030
课程结构	7.4%	32.3%	39.5%	14.1%	6.6%	2.80	0.993

3. 学生选择高考选考科目分科意向的整体情况

统计"你最终确定的高考选考科目是哪3科"中学生回答情况,可发现学生对高考选考科目的青睐度,统计结果见表6-4。根据学生选择情况来看,在学生对高考选考科目的青睐程度中,化学所占比例最高,为20.5%,技术所占比例最低,为9.0%。可见,学生对高考选考科目的青睐程度除化学较高、技术较低外,其他科目差异并不明显。

表6-4　　　　学生选择高考选考科目分科意向比例分布　　　　单位:%

科目	占比
物理	14.9
化学	20.5
生物	15.8
政治	12.9

续表

科目	占比
历史	12.2
地理	14.6
技术	9.0
合计	100

4. 学生选择高考选考科目的 3 科组合整体情况

浙江省新高考方案实行"7 选 3",共有 35 种科目组合。对多选题"你最终确定的高考选考科目是哪 3 科?"进一步编码,1—35 分别对应 35 种不同的选科组合,如"1"代表"政史地"等,具体如图 6-1 所示。从下图可以看出,35 种科目组合中"理化生"选择比例最高,达 15.4%,其次依次为"政史地"9.1%,"政史化"7.3%,"理化技"6.5%,"地理化"6.0%,"地化生"4.8%,以上 6 种组合比例总数 49.1%。而学生选择最少的 4 种组合依次为"政化技""政理技""地生技"和"政生技",均未超过 0.5%。

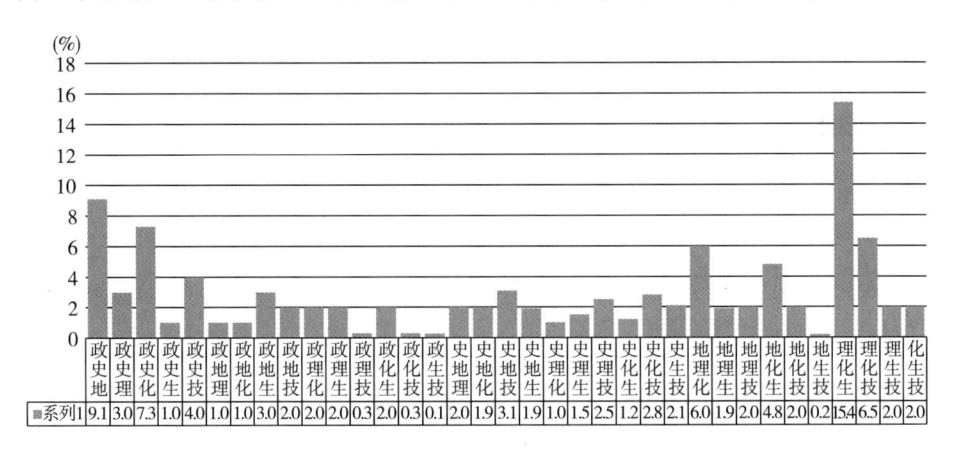

图 6-1 三科组合比例分布

5. 影响学生选择高考选考科目的因素

(1) 学生选择高考选考科目时的主要考虑因素

首先,学生肯定会选的科目及原因分析。从表 6-5 可知,在 7 门科目中，学生对物理、政治和化学的选择比例较高，其他4科差异较小。

表6-5　　　　　　　学生对高考选考科目的青睐度比较　　　　　单位:%

科目	物理	化学	生物	政治	历史	地理	技术
占比	18.4	16.2	12.1	17.1	12.6	12.0	11.2

对于学生做出上述选择的原因，共设置7个选项，统计结果如表6-6所示，学生将某一学科作为高考选考科目，最主要的考虑因素排名前3的依次为："对该门学科比较感兴趣"比例为44.4%、"目前这门学科成绩比较理想"为33.6%、"该学科对以后学习和工作的用途较大"为10.7%。因此，在确定高考选考科目时，学生的主要考虑因素是该学科目前的学习成绩和对该学科的学习兴趣，较少考虑老师、家长的意见或者周围其他学生的选择。

表6-6　　　　　　学生确定高考选考科目时的考虑因素各项比重

选项	频率	占比(%)
目前这门学科成绩比较理想	537	33.6
对该门学科比较感兴趣	710	44.4
该学科对以后学习和工作的用途较大	171	10.7
准备报考大学或专业对这门学科的要求	69	4.3
该学科在填报志愿时选择面比较广	76	4.8
老师、家长的意见	16	1.0
周围其他学生的选择	19	1.2
合计	1598	100

为进一步了解各科被选因素是否存在差异，特将学生的选择情况分类统计，统计结果如表6-7所示，选择物理、化学等6科时的最主要考虑因素主要是"对该门学科比较感兴趣"，尤其是历史和生物，所占比例分别为

61.2%和52.8%,其次为"目前这门学科成绩比较理想"所占比例较高。但政治学科较为例外,学生将政治学科作为高考选考科目时的最主要考虑因素是"目前这门学科成绩比较理想",占54.6%,其次为"对该门学科比较感兴趣"。因此,可以得出结论,学生将政治学科作为高考选考科目的最主要考虑因素是该科目的成绩,而将物理等其他6门学科作为高考选考科目的最主要考虑因素是对该门学科的学习兴趣。

表6-7　　　学生确定各高考选考科目最主要考虑因素比较　　　单位:%

选项	物理	化学	生物	政治	历史	地理	技术
学科成绩较理想	24.1	29.0	26.2	54.6	28.9	41.1	29.3
对该学科感兴趣	36.7	43.2	52.8	32.6	61.2	46.9	46.2
工作学习用途大	15.3	13.9	11.3	7.7	4.5	4.2	16.3
报考专业要求	6.1	6.9	7.7	2.6	2.4	3.1	0
填志愿选择面广	15.3	3.9	1.5	1.5	1.0	1.6	4.9
老师家长意见	1.5	1.2	0.5	0.4	1.0	0.5	2.2
周围学生的选择	1.0	1.9	0	0.7	1.0	2.6	1.1
总计	100	100	100	100	100	100	100

注:各学科各选项统计时采取"四舍五入"保留小数点后一位。

其次,学生肯定不会选的科目及原因分析。对于学生肯定不会选的科目,统计结果如表6-8所示,学生肯定不会选的科目所占比例从高到低依次为,物理 27.9%、政治 21.5%、历史 16.5%、技术 13.2%、化学 9.3%、生物 6.5%、地理 5.0%。总之，和学生肯定会选的科目相比，学生肯定不会选的科目各科相差较大，物理和政治最高，技术和地理最低。

表 6-8　　　　　　　　学生肯定不会选的各科比重　　　　　　单位:%

科目	物理	化学	生物	政治	历史	地理	技术
占比	27.9	9.3	6.5	21.5	16.5	5.0	13.2

对于学生做出上题决定时最主要的考虑因素，统计结果见表 6-9。学生回答比例最高的是"目前这门学科成绩不理想"，占 43.9%，其次为"对该门学科不感兴趣"，占 41.7%，这两个选项所占比例较大，占人数的 85.6%，其余选项所占比例较小，其中"老师、家长的意见"选项所占比例最小，仅占 0.6%。由此可见，学生确定不将某一学科作为高考选考科目时的最主要考虑因素依然是学科成绩和学科兴趣。

表 6-9　　不将某学科作为高考选考科目时最主要考虑因素各项比重

选项	频率	占比(%)
目前这门学科成绩不理想	702	43.9
对该门学科不感兴趣	666	41.7
该学科对以后学习和工作的用途不大	101	6.3
准备报考的大学或专业对这门学科没有要求	31	1.9
该学科在填报高考志愿时的选择面比较窄	23	1.5
老师、家长的意见	10	0.6
估计报考该门学科的好学生太多，难以取得好成绩	65	4.1
合　计	1598	100.0

为进一步了解学生不将某一科目作为高考科目时最主要考虑因素之间的差异，统计数据如表6-10所示，学生不将某一学科作为高考选考科目时的最主要考虑因素依然是"目前这门学科成绩不理想"和"对该门学科不感兴趣"，但各学科间存在一定差异，物理、化学和生物3门学科，学生不将其作为高考选考科目的最主要考虑因素是"目前这门学科成绩不理想"，比例均超过50%，占绝对优势，与排名第二的"对该门学科不感兴趣"相差较大；历史、地理和技术3门学科，学生的最主要考虑因素也是"目前这门学科成绩不理想"，但与排名第二的"对该门学科不感兴趣"相差较小；政治学科较为特殊，"对该门学科不感兴趣"所占比例最高，为55.2%。因此，学生不将政治学科作为高考选考科目的最主要考虑因素是"对该门学科不感兴趣"，学生不将物理、化学等6门学科作为高考选考科目时的最主要考虑因素是"目前这门学科成绩不理想"。

表6-10　学生不将某学科作为高考选考科目最主要考虑因素的各项比重　单位:%

选项	物理	化学	生物	政治	历史	地理	技术
学科成绩不理想	52.9	53.7	51.0	25.9	45.1	45.0	42.2
对该科不感兴趣	36.1	34.9	36.5	55.2	40.5	42.5	39.8
工作学习用途小	1.1	5.4	5.8	10.8	9.1	7.5	7.1
报考专业无要求	0.9	1.3	2.9	2.9	1.9	1.3	2.8
填志愿选择面窄	0.4	0	0	1.7	1.5	2.5	4.3
老师家长的意见	0.3	2.0	0	0.9	0.4	1.2	0.5
报该科好学生多	8.3	2.7	3.8	2.6	1.5	0	3.3
总计	99.9	100	100	100	100	100.1	100

通过上述比较发现，高中生在选择高考选考科目时最主要的考虑因素是学科成绩和学科兴趣，对于大学、专业相关要求、周围其他人的选择、教师、

家长的意见以及今后用途考虑较少。

(2) 困扰学生确定高考选考科目的主要因素

为分析困扰学生选择高考选考科目的主要因素，本题共设计4个选项，统计结果见表6-11。学生的选择比例从高到低依次为："各科比较均匀，没有什么特别擅长的科目"占40.8%，"所喜欢的科目与所擅长的科目相冲突"占22.8%，"不知道自己喜欢什么"占21.4%，"所喜欢的科目与将来的就业相冲突"占15.0%。由此可以看出，在确定高考选考科目时最困扰学生的因素是"各科比较均匀，没有什么特别擅长的科目"，且较少考虑将来的就业，更多的是考虑学科成绩和兴趣。

表6-11　　　　　困扰学生确定高考选考科目主要因素比较

选项	频率	占比（%）
不知道自己喜欢什么	342	21.4
所喜欢的科目与所擅长科目相冲突	365	22.8
所喜欢的科目与将来的就业冲突	239	15.0
各科比较均匀,没有什么特别擅长的科目	652	40.8
合计	1598	100

(3) 学生选择高考选考科目时起决定作用的人

为了解学生确定高考选考科目时起决定作用的人，问卷中设置了两个对应的题目，一个是"在确定高考选考科目时，你希望？"，另一个是"你是如何确定高考选考科目的"，两题选项相同，统计结果如表6-12所示，在确定高考选考科目时学生希望"大部分自己决定"所占比例为39.7%，希望"与老师、家长商量后共同决定"所占比例为34.4%，希望"完全自己决定"所占比例为24.6%，剩余两项所占比例较小；另一题目，"你是如何确定高考选考科目的"，学生回答最多的也是"大部分自己决定"，占42.2%，其次依次为"完全自己决定"31.5%和"与老师、家长商量后共同决定"23.2%，剩余两项所占比例也较小。从这两个题学生的回答情况也可以看出,在确定高考选考科目的过程中,起决定作用的人和学生的希望大致符合,但在实际选择过程中,"完全自己决定"和"大部分自己决定"所占比例为73.7%,而学生所希望的是64.3%,存在一定的差距,但总的来说,起决定作用的人是学生自己。从下表数据也可以看出,在确定高考选考科目时教师和家长所起作用相对较小,教师和家长要及时转变观念,积极应对新形势下的学生选课情况。

表6-12　　　　学生确定高考选考科目时起决定作用的人对比

选项	在确定高考选考科目时,你希望 频率	在确定高考选考科目时,你希望 占比(%)	你是如何确定高考选考科目的 频率	你是如何确定高考选考科目的 占比(%)
完全自己决定	393	24.6	503	31.5
大部分自己决定	635	39.7	674	42.2
与老师、家长商量后共同决定	549	34.4	371	23.2
大部分老师、家长决定	11	0.7	29	1.8
完全由老师、家长决定	10	0.6	21	1.3
合计	1598	100.0	1598	100.0

(二) 新高考背景下普通高中走班实施现状

本部分内容主要探讨学生确定好高考选考科目后不可回避的走班教学问题,拟从以下两个方面来分析:一是新高考背景下普通高中走班教学的基本情况;二是新高考背景下普通高中实施走班教学的配套制度与措施。

1. 走班教学基本情况

对于新高考背景下的普通高中走班教学的基本情况,主要包括走班模式、走班时间、科目以及分层走班情况等。学生确定完高考选考科目后,各校均根据本校实际开始走班,但走班模式、时间等具体情况却各不相同,大致情况见表6-13。

表6-13　　　　　　　　各校开展走班教学基本情况

		学校1	学校2	学校3	学校4	学校5
走班情况	模式	"7选3"完全走班	绑定式走班	绑定式走班	"7选3"完全走班	不走班
	科目时间	高一下物化历地;高二上政生技	高一下物化走班;高二开始绑定走班	高一下期中考试	高一下期中考试后	无
分层走班情况	分层时间	高二下学期	高二上学期十月后	无(现有条件制约)	高一下期中考试后	无(师资条件限制)
	分层科目	物理化学	"7选3"科目（除技术）		"7选3"科目	
	分层依据	语数外物化总成绩	实验班、平行班		十科总成绩	
	分层原因	理科;难排课	无说明		无说明	
	层级流动	无	无		无	

表6-13对各校走班基本情况进行了简要归纳，从表中可以看出，为应对新高考各校都结合本校实际进行了有益的探索，都根据本校实际制定合理的走班形式，以下对各校走班模式和分层走班情况做进一步分析。

（1）走班模式

需要指出的是，实施走班教学学校的班级形式都采用行政班和教学班相结合的方式，从学校反映的情况来看主要有两方面的考虑。语文、数学和外语学科是每个学生都需要学习的，这是行政班存在的原因之一，再就是管理方面的因素，在走班制下学生流动不便于管理，若语文、数学和外语也实行走班教学，目前学校在实际的教学管理中很难做到。此外，各校走班落实情况各不相同，但是根据走班幅度的差异可以分为以下几种走班模式。

第一，"不走班"模式。在本次调研中，学校5采用"不走班"模式，该校预先制定10种左右的选科组合，并将组合相同的学生放在一个固定的班级上课。这种模式学生和教师都能很快适应，教室等都是相对固定的，不需要走班，也便于学生管理。但是，这种模式下，只是学校预先设定科目组合，类别较小，并不完全尊重学生的选课意愿，无法满足学生的差异化选择需求，这也是其不可避免的缺陷。

第二，"完全走班"模式。学校1和学校4均是"7选3"科目完全走班，但具体实施存在差异，学校1分步推进走班，即高一下学期在物理、化学、历史和地理4门科目实行走班，然后在高二上学期10月份学考结束后再在政治、生物和技术3门科目中实行走班；而学校4是在高一下学期期中考试之后，在7门高考选考科目中同时开始走班。在该走班模式下，学校满足了学生的选课意愿，但是也暴露出一系列问题，如教学安排难度加大、学生流动性大加大了管理难度、教学评价难进行等。

第三，"绑定式走班"模式。在该模式下只是部分学生或科目在走班，将3门或2门选课相同的学生优先组成班级，其他学生或科目实行走班，学校2和学校3均采用"绑定式走班"。学校根据学生的3科组合情况，将3科都相同的优先组成行政班，这类班级就不用再走班，然后将2科相同的组成行政班，只在剩下的1科实行走班，依次类推，最后是1科相同或都不相同的班级。在这种走班模式下，事先做好归类可以减少走班量，便于班级管理，但是，对于有些选择人数较少的组合，需要调整学生意愿。

总的来说，各校都在现有师资等条件下探索了适合本校的走班模式，虽然各个走班模式还存在一些不足，但是目前各校的走班模式还处于探索阶段，随着经验的丰富和办学条件的改善，各校的走班模式会在一步步完善的基础上走向成熟，找到适合本校的走班模式。

（2）分层走班情况

关于分层走班，各校差异也较大，其中学校3和学校5由于师资等条件限制不实行分层走班，如学校3老师表示"我们现在没有分层走班，目前能这样分下来进行走班就已经很好了，还怎么再去分层，要分层的话，就意味着我连语数外都要分"。所以，在学校现有条件下能顺利完成选课走班就存在困难，若要再在现有基础上进行分层走班，有些学校各方面条件都不支持，本部分内容主要介绍其他3所学校的分层走班情况。

首先，分层走班时间。3所学校的分层走班时间各不相同，学校1在高二下学期开始分层走班，学校2在高二上学期10月份学考结束后开始分层走班，学校4在高一下学期期中考试后（大约在4月份学考结束后）开始分层走班。各校分层走班的时间各不相同，但都是在学生确定好"7选3"之后开始分层走班。

其次，分层走班的科目和依据。学校1选择在物理和化学2门学科中分层走班，主要考虑因素是7门学科都实行分层走班学校排课难度大，物理和化学难度较大，所以按语文、数学、英语、物理和化学5门学科总成绩进行分层；学校2将高二年级10个班级分为3个实验班，7个平行班，也就是实行分层走班教学，在除技术（选择人数较少）以外的6科中实行分层走班，分层的依据也是学生成绩；学校4是在"7选3"所有科目都实行分层走班，分层的依据是包括语文、数学、英语等在内的学生10门学科总成绩。上述3所高中都实行分层走班教学，且根据学校实际都只分了2层，此外，目前各校还无法解决学生的层级流动，分层后学生所在的层级是固定的。

2. 走班教学配套措施

为应对新高考背景下的走班教学，在师资分配等方面各校均采取了一系列的措施，本部分主要介绍各校在学生管理、教师分配、教学评价（包括学生评价和教师评价）、教学安排等方面所做的努力。

(1) 学生管理

对于学生管理，各校情况很相似，都是班主任管理行政班，任课老师管理教学班。在教学班，任课老师主要通过点名等方式加强学生管理，各个教学班都设立班长或者课代表协助老师管理或收发作业等。虽然教学班的学生管理制度还不成熟，但是各校均做了尝试，如学校1在学生管理中还提到要全面对接，即"主要通过班主任和任课老师来管理，比如说学生要请假，他需要两个请假条，做到无缝对接"。学校4指出："教学班由任课老师负责，平时点到或者收发作业由课代表负责。现在班级打乱，每个办公室外面都有作业架，上面有老师的名字，课代表就是把作业收起来放到作业架上。"在学生"7选3"相对固定下来之后，学生管理会相对容易，因为学生的高考选考科目确定后学生所学都是和自身利益相关的，学生自觉性提高，管理难度降低。

（2）教师分配

各校均表示教师资源本来就比较紧张，现在要开始走班教学教师资源就更加紧张，目前各校根据其师资情况都采取了相应的解决措施，具体实施情况如下。

首先，增加教师课时量。从调查来看，在新高考背景下，各校教师的课时量都大大增加，如学校3表示，"教师是紧张的，特别是原先的文科老师比较紧张。像现在这种走班形式师资配备至少应该是现在比例的1.5倍，本来比如说原先我有事情让别人带带课，我们现在都是不可能的，教师很紧张。现在老师的课时量也大了很多，比如地理原先最多5个班，现在9个班啊"。各校虽然都会相应地增加老师的课时量，但是并不是无限制地增加，会控制在合理的范围内，如学校4指出："教师的课时量和原先相比大了很多，但会控制在一定范围内，例如原先的标准是1个老师1周是12节课，现在最起码要14节，但是不会超过16节，在规定的范围内达到最大工作量。"

其次，聘请代课老师。关于代课老师各校情况也不相同，有的学校聘请的老师并不担任必修课的相关教学，如学校5会聘请代课老师承担选修课之类课程的教学；有的聘请研究生代课，如学校4表示聘请代课老师主要是研究生，上课前会有听课、上课指导等方面的培训，学校2表示几乎不外聘老师，主要是个别在该校做研究生毕业论文的学生最后半年在该校代班。

总之，在老师课时量增大的情况下，学校聘请一部分代课老师也可以从一定程度上缓解师资紧张等问题，但是，对于代课老师要有前期的培训，也可以像学校5的做法，让一部分聘请代课老师上选修课等相关课程。再者，教师跨年级教学。有的学校打破年级界限，实行教师跨年级教学以缓解教师紧缺现象，如学校4表示，"目前除增加教师工作量外，会实行跨年级教学，比如原先一个老师只教一个年级，现在一个老师可能既要教高一，又要教高三……"老师跨年级教学，不仅可以在一定程度上缓解教师紧缺问题，还可以优化校内教师资源分配，缓解教师紧缺现象。

最后，教师跨校教学。新高考背景下，每个学校学生的选课情况存在很大差异，学校内部每届学生的选课情况也存在很大差异，今年可能化学需要5个老师，明年化学可能需要9个老师，总之，根据学生的选科情况来进行师资分配存在变动较大，如学校2指出："每一届学生选的情况不一样，我们是普通高中，那么选物理的学生相对少一些，物理老师可能会富余，但是这一届化学选多了，化学老师比较吃紧，我们今年化学老师去其他学校去借，下一年可能地理选得比较多，可能地理老师比较吃紧，每年情况不一样。"因为各个学校每年学生的选科情况存在一定差异，各校对各科教师的需求也会有很大的变化，有些学校的某些科目老师会有剩余，而有的学校该科目老师可能会紧缺。因此，老师跨校教学有利于优化教师资源分配，并在一定程度上缓解走班教学带来的教师紧缺。

（3）教学评价

首先，学生评价。目前各校学生评价主要还是看成绩。如学校1表示："现在这方面比较弱，主要通过期中考试、期末考试、省里面的学业水平考试以及最后的高考"；学校2指出"一方面是学生成绩，平时校内考是语数外单科，市里考按成绩赋分；另一个方面是综合素质评价，有好几个维度，像思想品德、体育、艺术等，这些课我们都全部开足的"。总之，在学生评价方面各校做法相差较小，虽然已经实行新高考改革，但是评价方面的制度措施还相对滞后，也存在班主任不了解本班学生的弊病，如学校3指出："现在班主任有的教不到自己的学生，不能评价自己的学生，会让教学班的任课老师在期末的时候给学生打分，然后汇总到班主任那里，现在班主任需要和更多的老师打交道，要了解学生的情况会很复杂。"可见，班主任不了解自己的学生在一定程度上加大了学生评价的难度。

其次，教师评价。各校表示很难客观进行教师评价，目前教师评价主要通过学生成绩，并采取增量评价的方式，如学校4表示"主要看老师教的教学班的学生成绩，看平均成绩，客观的数据；也采用问卷的形式，让学生评价老师；也看老师的备课本、备课量等客观的形式。不同层次的老师各自评价，A层看A层，B层看B层"。有的学校采取增量评价的方式，如学校2表示"比如这个班现在是60分，那个班是70分，那么按增量，这两个班下一次考试，这个60分的提高多少，那个70分的提高多少。比如说70分的变成65分了，那个60分的也变成65分，虽然两个班考的一样，那么肯定是60分那个班进步了"。虽然各校对教师评价都做了许多有益的探索，但是各校也均表示教师评价也很难进行，即使很多学校开始了实施增量评价，但是在实际操作中也很难有效落实。

总之，目前来看，教师评价的方法主要有以下几种：学生的一系列成绩、学生评价教师（通过问卷等）、教师工作量和备课量以及增量评价等。新高考实施时间较短，学校多采用传统的教学评价方式，但是，随着新高考改革的进一步推进，在确定完高考选考科目后，班级内学生差异较大，传统的教学评价方式的变革提上日程。

（4）教学安排

在新高考改革背景下，普通高中学校顺应形势开始实施选课走班，为配合走班教学的顺利实施，各校在教学安排方面都做了相应调整，主要表现在以下几个方面。

第一，课程开设方面的调整。浙江省规定在高一不能开齐所有课程，生物和技术学科在高二开设，对此规定学校落实情况不一。很多学校表示，高一不开齐所有的课程，无法进行"7选3"。新高考方案颁布后，各校在课程设置方面做了相应调整，在高一年级会开齐所有课程，如学校1表示"7选3的课程，比如说技术学科，或者是生物学科，可能要先放到高一来上，先让学生熟悉熟悉。"学校5也表示考虑到高考眼前的利益学校会将生物学科（技术学科选的学生比较少）调到高一开设，"因为有学考和选考，7门学科在高一没有学不学的问题，7门课都要上，按规定高一不能全科开设，要等到高二再开，但是不能全科开设高一'7选3'是选不来的，但是高二选的话对高考就有影响了"。

第二，课时方面的调整。各校都面临一个共同的问题，就是高一若不开齐所有的课程学生无法在高一完成"7选3"，若开齐全部的课程，课时量方面会发生变化，为兼顾学考和选考，有的学校会在高一年级减少语文、数学和英语的课时量，适量增加7选3学科的课时量，在高二就恢复正常，如学校5表示"课时方面，如物理，三个模块，按原先的课时三个模块是三个学期，现在到了第三个学期就上两个月就要考了，所以时间不够，若这个课时增加那么其他课时就要减少，现在语数外高一非常少"。而有的学校并没有减少语文、数学和英语的课时量，而是减少活动课的时间，如学校4表示"原先高一课业负担较轻,学生现在的课业负担比较重,原先开语数外等8门课,现在加语数外10门课都要上,至少是增加了2门课程的学习,课时都是一样的,但减少了活动课"。该校课时量虽未减少,但增加了2门课程后减少活动课,原先学生高一学习8门学科,而现在要学习10门,学生的学习负担加重。

第三,排课时间方面的调整。学校都表示,原先按照上学期和下学期来排课已不能满足如今的走班需求,原先在学期开始进行编排,现在调整为按学考时间4月份和10月份为时间节点来排课、排课表、排老师等,如学校2提出的"在排课方面,现在在没有原来意义上的上学期和下学期了,而是以4月份和10月份为界限,寒暑假也不用调整,每次考试后对班级和任课老师都需要做调整,如10月份的考试,高二学生,有些科目如化学,考前分学考班和选考班两类,考完后学考班就不学化学了,这些班的任课老师和班级就空出来了,这时又需要重新组班,重新调配"。

第四,教学内容和教学进度方面的调整。学校会根据学生学考和选考的不同,为眼前利益做教学进度和教学内容方面的调整,如学校2表示"有些科目10月份不选考的人,不是去掉2门么,不选考的人要让他去学考,这样学考和选考教学进度肯定要拉开差距,有一些参加选考的人不需要10月份高二去参加考试,那么就按长远的打算,把它分开,为眼前的利益,他接下来不是要开始学考了吗,就按学考教学安排,这样针对性强一点"。

总之,为有效落实新高考改革背景下的选课走班,普通高中学校都立足本校实际进行了许多有益的探索,目前尚处于实验阶段,在教学评价、教学安排、师资分配等方面的探索也积累了许多有益的经验,也可以为他校提供一定的借鉴。

各校也表示目前尚处于实验阶段,选课走班的各项配套制度尚不完善,在走班前做好三年规划,在探索的过程中发现问题,进而解决问题,在摸索中前进。

二 新高考视域下普通高中选课走班教学主要困境

新高考背景下,分层走班作为普通高中学校管理样态重塑的必然选择,以若干教学班的形式打破了学校的管理格局,让课堂处于不断的流动变化中,使学生拥有了更多的互动空间,激发了学生的学习内驱力。同时,多科目、多层次、多兴趣的课程选择,为每位学生精准衡量自身、认识自己、全面而有个性地发展提供了条件,奠定了学生适应未来的能力基础。目前,通过在已有试点的实验,分层走班取得了一些成功经验,但也给学校的课程、教师、学生等各项教学管理工作带来了负荷,使学校管理难度成倍增加,出现了一些管理困境。

(一)课程管理困境

一是课程设置不合理。部分学校在实施分层走班过程中,没有科学设置可供选择的课程。如湖北某高中对综合科目实行的分层,只是依据人文学科或自然学科的总分为标准,设置若干组合提供学生选择,"人文B级+科学A级、人文C级+科学A级、科学B级+人文A级、科学C级+人文A级"[1],这样的分层只是流于表面,将学生的主体性、差异性强行植入主观臆断。二是课程实施太过保守。有些学校或只是进行了选修课程"浅尝辄止"的分层走班,没有推进必修课程"全面实质"的分层走班,或只是在形式上做到多样化,没有考虑学生发展问题,例如有的学校语文课程以体裁类型作为走班依据,分为小说、散文、诗歌、写作等,误解了新高考下分层走班的内涵,这与普通高中已有的素质拓展课程没有任何区别。三是课程选择不合理。实践中发现,大多数学生没有充分考虑到自身现有的知识基础、能力水平、兴趣意向,在选课时随意盲目、杂乱无章,没有合理的专业方向和人生规划,认为只要是难度小的、容易得高分的科目就是最好的,只拥有"短暂的热情",没有深层的规划,这就容易造成学业困难,浪费学习资源。

(二)教师管理困境

一是教师短缺问题普遍存在。根据高考新政,学生可以从6门到7门学业水平考试科目中选择3门参加高考,同时在已选的科目中,学生可以根据现有水平、兴趣爱好选择不同层次进行学习,改变了现有教学的"一锅端",要求教师授课从"一对多"变为"一对一",这意味着教学需要大量的代课教师。二是教师心理压力疏导不够。那些彻底实行分层走班的学校,学生不

---

[1] 马新建等:《人力资源管理与开发》,石油工业出版社2003年版,第88页。

仅可以自主选择课程，还拥有自主选择教师的权利。这对于教学经验少、教学水平低，或是教学方法老旧、不受学生欢迎的教师是一次巨大的挑战，会让这类教师产生思想包袱，造成职业倦怠及困惑。三是教师的教育理念、专业素质、教学技能滞后。在分层走班制条件下，教师跨班跨层教学需要更新原有的本体性、条件性、实践性知识，针对学生群体不同的认知结构、知识水平、兴趣爱好进行教学，大部分教师的现有水平明显滞后。四是教师工作内容加重。代课教师在教学班中要"一岗双责"，不仅要承担教学任务，更要成为学生生活的"辅导员"，让工作延展到八小时之外，如此高强度的工作条件下，教师的活力与创新力会降低。五是教师常规管理的困难。分层走班实施后会加大教师的工作量，每位教师的教学时间会产生细分，要针对学情进行教学设计，包括课后的辅导与练习，这样一来，教师的集体备课、交流学习、教研组活动等教学生活都要重构。

(三) 学生管理困境

一是学生自主管理能力不够。高中是学生认知、行为、能力、价值观形成的重要时期，这也意味着他们的身心不成熟，自我约束能力差，还没有形成完整的自我概念，学习动机和目标不明确，分层走班要求学生"动"起来，需要学生自我进行管理，填补学校管理的"留白"。二是学生主动选择意识不足。高中学生往往对自己兴趣、能力、未来定位不清，在获得选择权后难免彷徨失措，选课容易一时兴起，缺少理性冷静的分析。三是学生归属感缺失。分层走班的显著特点是"流动"，学生上课需要"动"，课间与课后需要"动"，要学会与同学、教师的"动"。学生原来建立的归属感降低，容易导致产生纪律涣散。四是师生沟通渠道不畅。行政班中教师可以将学生"对号入座"，学生有固定的身份标签，但在教学班中，教师面对的学生成倍增长，缺乏把"我的学生"变成"我们的学生"的理念，只能通过课堂渠道展开带有陌生感的对话，久而久之，容易造成师生之间的"互不相识"。五是学生对分层走班适应不足。分层走班是尊重学生自主性、差异性，需要学生提高自我学习能力，合理、高效地利用学习时间，但部分同学刚从初中毕业，难免会产生对高中分层走班的困惑。六是学生成绩分化严重。实践中发现部分实行分层走班学校的学生出现了"马太效应"，即优秀的更加优秀，一般的更加一般,产生了学习成绩的两极分化,① 这与学生个体的学习习惯、自制能力有关。

(四)班级管理困境

一是班主任职能弱化。分层走班制实施后,学生分散于不同教室上课,任课教师也不一定是班主任,学生原有的班级归属感降低,班主任不会再像以前那样"苦口婆心"地对学生进行思想、道德、学习的督导与教育,给予学生充分的人文关怀,大大削弱了班主任权威。二是班级交叉管理难度大。实行分层走班会让教学班、行政班并存成为学校管理常态,行政班管理职能弱化、教学班集体观念淡薄,会对学校管理提出挑战,原有的班级管理制度不适合新情况,使两类班级的纪律、考勤、作业、辅导都会变得困难,特别是教学班尤甚,逼迫管理者关注"如何有效管理班级,才能让学生进入状态"这类问题。三是班级德育问题突出。在学校原有过于行政化的德育管理下,班主任是德育工作的"排头兵",德育囿于治标不治本的行为矫治中,而在分层走班制下会加大此种情况,由于学生的流动,班主任只能对学生实行"间断性"德育管理,"德育如何进行"是学校管理者必须要考虑的。

(五)评价管理困境

一是班级评价标准不清。分层走班让以往建立起来的班级流动红旗、卫生评比、文明评比等管理制度被打乱,如何消解两种班级管理的内生矛盾?如何在考评中树立新标准?怎么考评才能算得公平?需要在班级评价的耦合性方面做出改变。二是教师评价标准不清。传统衡量教师优秀与否的以"分数论英雄"的评价不可动摇,成为评价教师的"清规戒律",而分层走班制下的教师不仅要承担教学,还要负担学生全面发展、兴趣拓展、生涯规划与个性养成,引导学生树立正确的道德观念,以往的评价标准显然与现实脱节,那么,谁来评价教师?如何评价教师?评价之后怎么办?这都是问题。三是学生评价标准不清。以往学生"唯分数论"的评价标准是一种面向过去的、单向度的、静态笼统的评价,过分强调考试的甄别与选拔功能,与新高考下对学生的养成教育理念相矛盾,若一直采用"分数

---

① 杜芳芳、金哲:《新高考改革背景下高中生科目选择意向现状及对策——基于浙江省五所高中的调查分析》,《教育理论与实践》2016年第8期。

至上"的功利性评价标准,会让刚开始适应分层走班的学生压力倍增,甚至拒绝改变。那么,如何对学生进行综合素质评价?如何对学生的学考、选考分别进行评价?如何发挥评价给学生提供更多选择的功能?这都是躲不过的管理难题。

(六)硬件及信息化管理困境

一是教学硬件紧张。分层走班扩大了学生与外界的互动范围,全方位、大面积的走班更是对学校整体的硬件资源提出挑战,大到教室的格局、小到桌椅的布置都要推翻再来,学校要在有限的资源中实践分层走班的理念,并不是一件容易的事情。二是教室财物损坏。教学班上课时,学生占用的是别人的课桌、进的是别人的教室,在缺乏监管的条件下出于好奇心会随意翻看摆弄别人的物品,甚至出现偷窃行为,极容易出现教室财物的丢失、损坏,造成令人纷扰的校园事端。三是学校信息化程度不够。传统面向"知识获得"的教学固化了"教师、课堂、教材"在学校的权威地位,忽视学生的个体成长,也给学校信息化带来负面影响:只要能提高学生成绩,学校根本没必要信息化。甚至认为信息设备会分散学生的注意力,影响学业成绩提高。四是学生信息化意识不够。信息化时代的云计算、物联网、大数据、人工智能面向学生个体,提供优质、灵活、流动教育的服务,与分层走班制承认学生个体的差异性的观点不谋而合,都指向个人旨趣的满足,消解了传统"课堂、教师、教材"的中心作用,但现实中多数学生习惯于传统的"听课—作业—反馈"静态链式反应,教师板书、作用、讲授成为学习的唯一文本,对移动理念、智慧媒介、大数据与云服务运用不够,严重缺乏信息化条件下的学习素养。

第三节 新高考视域下普通高中选课走班教学管理创新策略

一 新高考视域下普通高中选课走班教学问题成因

选课走班制的施行让很多普通高中"水土不服",面临一系列问题。那么这些问题产生的根源在哪里?这是需要我们审慎思考的。

(一) 生涯规划教育欠佳，学生选课走班难自觉

普通高中生涯规划教育是通过有目的、有组织、有计划、系统地引导学生获得生涯规划的知识与技能、提升学生生涯规划意识、发展学生生涯规划能力，让学生学会选择的综合性教育实践活动①，新高考尊重学生的差异性，让学生学会自我选择，对"我是谁""我的能力与兴趣是什么""我未来想从事什么职业"等问题有清醒的认识，并最终将学习兴趣转化为学科优势、专业方向和人生追求。显然，新高考将学生生涯规划问题前置，倒逼普通高中重塑生涯规划教育。然而现阶段，由于普通高中生涯规划教育不理想甚或缺位②，学生在选考时难免感到茫然与焦虑，造成选择科目的功利与盲目，直接影响了学生选课走班的适应力。那么，造成这种现象的原因何在？主要在于普通高中对生涯规划教育的重视不够。虽然政府和各类职业院校、普通高校已经认识到生涯规划教育对于学生发展的重要性，基本都开设了相关课程，但还没能引起多数普通高中的足够重视。其典型的表现有二：一是部分普通高中虽然存在所谓"生涯规划教育"，但其教学形式单一，生涯规划教育以传统的课堂讲授为主，实践课程、活动课程等形式所占比例不高。二是学校缺少专业化生涯规划教育队伍。由于生涯规划教育是普通高中的新兴事物，大多数普通高中还没有形成专业教学团队，致使生涯规划教育效果难以得到保障。

(二) 学校资源有限，选课走班教学难彻底

普通高中原有的"教师中心"资源系统与选课走班"以生为本"的资源系统存在着天然矛盾。当学校关注每一位学生潜质、深入实施选课走班教学时，会将多数学校资源有限性的弊端暴露无遗。一是教师资源有限。选课走班下学生有充分的教师、科目、时间、专业等选择权，但由于选课人数多、学科分类多、选择组合多，会多出成倍的教学班，导致教师、班主任们"教不过来，管不过来"的现象时有发生。另外，因为不同年级学生选课不可避免地产生"冷热"课程，更会导致一些科目教师富余、另一些科目教师紧缺

---

① 马新建等：《人力资源管理与开发》，石油工业出版社2003年版，第88页。
② 杜芳芳、金哲：《新高考改革背景下高中生科目选择意向现状及对策——基于浙江省五所高中的调查分析》，《教育理论与实践》2016年第8期。

的"潮汐"现象[①],加之不少教师对选课走班教学的适应能力亟须提高,这就更加剧了普通高中选课走班教师资源需求困境。二是课程资源有限。选课走班下的学校课程开发,应像教育自选超市一般,最好将所有课程的学科分类、兴趣指向、难易程度、课程要求、任课教师等课程要素都逐一展示出来,供学生自主选择。但很多普通高中课程结构简单,无论从数量还是质量上可供学生选择的空间都很有限。三是基础设施资源有限。选课走班对学校的基础设施资源如教室、教具、多媒体都有硬性要求,不仅要求学校扩充升级基础设施数量,而且在设计上还要符合选课走班学习"流动、共享、对话"的理念。然而现实中多数普通高中选课走班基础设施资源严重不足,成了教改有效进行的沉重掣肘。

(三)教学管理制度陈旧,选课走班管理难有效

新高考改革的最终目的是每位学生的全面而有个性的发展,这就凸显了普通高中原有管理理念和格局的滞后性。一是传统学校管理制度设计以效率为中心、以控制为手段,最多关注的是教师的权力。教师在"生产线上""关起门来搞教学",忽视了学生的个体差异与精神世界,而这与选课走班下的管理制度需求严重"错位",致使两类班级的纪律、考勤、作业、辅导等都会变得困难,特别是教学班尤甚。二是以往教学"以分数论英雄"的评价标准是一种面向过去的、单向度的、静态笼统的评价,过分强调评价的甄别与选拔功能,这与新高考注重学生养成和教师专业发展的理念相矛盾。如果普通高中一直采用"分数至上"的功利性取向教学评价制度,会让刚开始适应选课走班的学生压力倍增、教师们无所适从,甚至拒绝改变。三是以往学校德育管理是行政式、命令式、程序式的,将过程与结果割裂、情怀与行为割裂、育人与教书割裂,不符合选课走班全员育人的要求,结果必然会造成"烦琐细碎的班主任"与"沉默厌恶的学生",让原本充满色彩与微笑的校园生活变得黑白与单一。

(四)社会家庭认可度不高,教学改革张力难增大

无论是学生选课走班的自觉性、教师选课走班的积极性,还是学校选课

[①] 冯成火:《高考新政下高中课改的评价、问题与策略》,《教育研究》2017年第2期。

走班教学的彻底性、选课走班管理的有效性,都与社会家庭对学校选课走班制的正向理解和支持分不开。然而新高考下选课走班教学成为普通高中教学改革必然取向时,社会家庭对选课走班却还存在着种种偏见和疑虑。其本质原因在于社会家庭对选课走班价值认识的模糊甚至误解,表面原因在于实践上学校有关宣传的缺位。首先是社会家庭存在价值认同上的误区。社会家庭普遍认为每次改革都是"旧瓶装新酒",不管如何改,都是"雷声大雨点小",最终只会拜倒在分数的"石榴裙"下[①],改革的结果只能是"苦了学生,害了家长",到最后只能不了了之。其次是多数普通高中没有让社会看到改革的信心。不少学校对新高考改革认识不到位,心存侥幸,持观望态度,不敢轻举妄动。既然学校都没有信心,如何让社会提高信心?但是新高考下的选课走班已成不逆之势,逃避、观望、曲解选课走班的态度和行为的退场,将是可预期的现实。所以,普通高中一定要树立改革的巨大勇气,采取多种有效的宣传手段最大限度地获得社会对选课走班教学的认可,将教改的张力放到最大。

二 新高考视域下普通高中选课走班教学管理创新路径

新高考规定的"自选动作"就是要学生树立主体意识、发挥自主性,这是对教育本质的回归。[②] 新高考下普通高中选课走班虽然面临困境,但只有积极寻求有效的跨越路径,才能让选课走班教学焕发生命活力,牢牢扎根在普通高中校园生活的土壤中。

(一)强化生涯规划教育,提高学生选课走班能力

生涯规划教育可以让学生认识自我,特别是现有的知识水平、学科兴趣、个人特质,让学生能够在理性基础上科学选择学考科目。那么,普通高中如何才能强化生涯规划教育呢?一是提升普通高中生涯规划教育目标。理想的普通高中生涯规划教育目标,要蕴含学生全面发展所需的"预期、现实、可能"三种维度,考虑"自身、他人、环境"三种影响因素,是"必然与应

[①] 王润:《新高考改革背景下高中实施走班制的问题审视与路径超越》,《中国教育学刊》2016年第12期。
[②] 樊丽芳、乔志宏:《新高考改革倒逼高中强化生涯教育》,《中国教育学刊》2017年第3期。

然"的有机结合,是对学生自身"想往哪条路发展""适合往哪条路发展""可以往哪条路发展"的理性解答,通过"学校+社会+人生"的能动关系式,帮助学生学会平衡生活中各种社会角色,从而使他们拥有能够过一种更好人生的可能性。二是完善普通高中生涯规划教育内容。从科学的生涯规划教育目标出发,新高考下普通高中生涯规划内容至少应包括让学生学会正确的自我认知、科学的学业规划和合理的职业理想。要使学生了解自己的兴趣、能力、志向,明晰自己的专业方向,确知自己的职业倾向,要让学生在对主客观因素进行分析的基础上,树立自我主体意识,提高生存质量,早日成为学习和生活的主人翁。三是拓展普通高中生涯规划教育途径。有效的生涯教育应该采取多种途径提高学生的积极性和学习成效,比如科学设置生涯规划文本课程、渗透式生涯规划教学、聘请专业人士进行短期授课、开展体验式生涯规划活动、借助各种职业生涯测量工具等。四是改革普通高中生涯规划教育评价。生涯教育评价应有利于学生关注自我成长与生活质量,强调学生知识、态度、能力的转变,能让学生自我认知、自我发展、自我挖掘潜能,以培养学生的主动性与自信心。故此,生涯教育评价要重视形成性评价的作用,重视评价主体的多元性,更要重视评价内容和方法的多样化。

(二)创新学校管理,做好选课走班顶层设计

选课走班教学有效实施需要学校管理者高度领会新高考精神,深入研究本校情况,着力提高学校管理宏观体制、机制对新高考的契合度。

1. 求实革新,实行师生双轨管理体制

新高考下的师生管理应该以人为本、自由民主,充分发挥师生双方的主动性、参与性。首先,打造师生管理共同体。选课走班制"主动、灵活、对话"的文化特质要求师生能够充满激情,通过共享、合作、融合的互动交流,共同为对方创造优良的成长空间,提供稳定的互利性环境,通过教师的全面辅导与关怀、学生的主动探究与分享,消解双方的"孤立"与"隔膜",让教师获得好的教学状态、学生得到成长的快乐,从而构建师生美好的学校生活世界。其次,提升师生的自主管理意识。一是引导教师主动管理。选课走班下教师经常是"抓不住学生",班主任有可能几天见不到自己的学生,对其实施管理更无从谈起。目前通行的做法是学校设立"导师"或"辅导员",

对学生进行"点对点"的主动关心与服务。二是引导学生自主管理。学校可建立学生自主管理委员会，下设学习、纪律、卫生等若干管理分会，负责学生晨读、自习、卫生、上课、考试、作业的具体管理。这样会让学生自主管理的触角延伸到校园的每一个角落，在总体上调动全校学生的主观能动性，让每个学生能够树立主动变革意识，形成自尊、自强、自主的人生态度，达到自我教育、自我管理、自我服务的目的。

2. 多元融合，创新学校教学评价制度

科学的教学评价机制是学校选课走班有效管理的前提。学校要以"人本化、激励性"为指针，探索建立多元化、多层次、多维度的师生评价体系，以促进教师的专业成长和学生的终身发展。一是教师评价方面。在尊重教师个体差异、教学特质、发展方向的基础上，注重教师专业成长和教育风格的育成，建立促进教师发展的综合评价体系，把教师的自评、互评，学生评价、家校社评价结合起来，将过程性与终结性、定性与定量、教师个人与教研团队评价相结合，以充分发挥评价的反馈激励功能。二是学生评价方面。学生评价要站在成长的角度，以全面、客观、公正、发展的视角，关注学生的个体成长与生活质量，强调学生知识、态度、能力和个性的转变，让学生学会自我认知、自我发展、自我服务，以促进学生核心素养形成。为此，在新高考背景下，学校学生评价应将关注点更多地放在学习过程中的纪律表现、作业态度、礼貌互助以及师生互动等方面，要综合运用观察法、测量法、档案袋、问卷法、访谈法等多种方法，全面展示出学生的学业成绩、个性特长、职业理想、成长曲线等。

3. 与时俱进，创新选课走班教学班级管理机制

新高考下学校出现了行政班与教学班并存的局面，以往的班级制度、规范及其实施皆需与时俱进，以增强适应性。一是重建管理规范，精准运行。双班并存情况下的班级管理首先必须重新建章立制，以明确班主任与代课教师的职责、学生的学习任务与德育目标、学生各管理单元的职能标准、班级考评的参照依据等。此外管理上要做到合理过渡、权责分明、精准管制。二是实现班级团队化管理。目前比较可行的方法是以原行政班为基础，将教学班的学生分成若干管理小组，具体负责本小组内的学习事务，如课堂纪律、

考勤答到、作业收发等。三是实行班级接力管理。由于学生的不断流动变化，传统班级管理规范难以为继，这就要求树立学生"人人都是主人翁"的自觉意识，充分发挥学生自我管理的积极性与责任感，采用"谁使用谁负责、责任细分到人"的管理方式。四是从实际出发，划区选课走班。基于校情进行划区走班，可以缓解诸如教室紧缺、场地有限、距离过长等问题，如山东莱芜十七中的"切块走班"，把几个行政班作为固定的走班单位，规定某选课人数多的班级为母班，将选择人数少的其他班级编入母班，这样就节约了一定的时间、空间资源。① 五是实行代课教师班级财物负责制。代课教师总负责教室内财物管理，班内小组具体负责小组内的财物使用与维护，做好各项物品的记录、清扫，预防桌椅、电灯、多媒体设备的损坏。

（三）优化学校资源，夯实选课走班实施基础

选课走班教学的有效实施需要学校认真谋划和配置有关资源，夯实选课走班按教学运行的必要基础。

1. 优化学校课程资源，增大学生选课空间和热情

构建科学、合理的学校课程体系是高中生获得全面而有个性发展的基础。首先，学校要突出课程的高度选择性。学生选择权能否有效落实的关键因素之一是能不能选择到适合自己的、促进发展的、富有兴趣的课程。上海复旦大学附中分校，课程就分为基础型、拓展研究型、特选型和衔接型。② 这样课程结构才具有"鲜活"的生命力，符合学生全面而有个性发展的需要。其次，学校课程发展要追寻时代要求。课程应该在接纳新理念、新技术、新动向的趋势中展现育人的全域性、全面性、全过程性。重庆十八中就紧跟时代步伐，让课程与文化、管理融合共进，以互联网作为技术支撑，围绕核心素养培养，为学生的"学"提供读物与支持，提出了"国家课程校本化、校本课程精品化、社团活动课程化、人才培养多元化"的课程设置要求。③ 再次，学校要科

---

① 娄立志、王凤军：《试析普通高中选课走班教学管理——以山东省莱芜市十七中为例》，《中国教育学刊》2013年第2期。

② 虞晓贞：《刍议走班制下的学校管理创新——以浦东复旦附中分校为例》，《教育参考》2016年第3期。

③ 力帆、胡玉婷：《新高考来了，中学应该怎么办？》，http://edu.people.com.Cn/n1/2016/0930/c1053 -28752162.html。

学确定选课走班课程模式。一是要解决选课走班的纵向安排问题。山东省莱芜市十七中的选课模式有很好的借鉴意义。他们将选课走班程序确定为：高一的酝酿准备阶段、高二开学前的指导选课阶段、同期前后的集中整合与资源配置阶段、高二开学后的组织走班阶段、最后的优化组合阶段。二是要确定横向课程组合的常态化问题。例如浙江宁波第四中学将35种模块组合成为常态，让学生能够对课程进行随时分类分层选择。①

2. 加强教师队伍建设，强化教师选课走班教学适应力

教师资源是选课走班教学高质量开展的重要前提之一。从普通高中选课走班教学困境来看，激发教师参与选课走班教学的积极性、提升教师选课走班教学能力与适应力迫在眉睫。首先，学校应确保有足够数量的教师以开展走班教学。学生选课走班后，要求更多的教师担任教学班教师，在迫不得已的情况下，学校可从校外聘请优秀教师来本校兼职教学工作。其次，选课走班教学对教师的能力提出了更高的要求。为了增强教师专业素养，学校应做出相应努力，一是聘请各学科专家来学校开展相关专题讲座，对各科教师进行专业培训。二是积极开展校本培训，充分利用校内各项优质资源，让本校优秀教师带领新教师，共同进步。三是与当地其他学校进行联合，开展跨学校教研活动，彼此交流心得，互相借鉴学习，提升教师选课走班教学能力。最后，教师在课余应加强与学生之间的交流，每月定期开展"心连心"主题活动，教师与学生之间敞开心扉地交流，采纳彼此的意见，共同学习、进步，以使教师更好地适应走班教学。

3. 精心谋划筹建，改善选课走班教学硬件设施

学校的硬件设施是选课走班教学顺利开展的基础保障。学校的硬件设施主要包括教室资源、多媒体设备、图书、实验仪器、信息化系统等。首先，选课走班教学的实施需要大量的教室资源，学校在已有教室的基础上，应投资建设更多的教室，尽量保证每个教学班教师都有自己固定的教室。其次，学校必须定时更新、维修教学多媒体设备以保障其有效运行。再次，学校必须及时购买相应科目所需的图书、实验仪器，确保教育教学工作高质量开展。另外，建立多层次的选课走班信息化管理系统也是必不可少的。

---

① 邵迎春：《分层教学与成长导师制：破解新高考学校管理难题》，《人民教育》2016年第14期。

新高考选考和外语科目的多次考试，颠覆了学校的线下管理模式，为此，学校要建立有针对性的、多层次的信息化系统，包括学生的选课系统、教师排课系统、课堂管理系统和师生综合评价系统。通过多层次的信息化系统建设，可以为学校教育教学管理效率和效益的提高提供理想平台。最后，还需要注意优化班级物理环境。如在走班学生固定后，教师根据学科特点、班内分组可以设计座次表，张贴在教室前后显著位置，有利于与学生相互熟悉，也便于班级教学事务的管理。还可以利用新设计的硬件解决班级管理的问题，比如可以设立一些小组储物柜，学生的课后作业、问题清单、咨询建议都可以放入。

（四）搭建宣传平台，力争各方理解和支持

选课走班的顺利实施不仅在于学校资源的有效利用，还在于协同家庭和社会资源，力争得到各方的理解和支持。一是要构建选课走班教学宣讲平台，使新高考"育人"理念深入人心。各普通高中学校要树立选课走班宣传意识，搭建选课走班宣讲平台，成立相应的宣传队伍，主动出击，在学区范围内开展有关宣讲，努力让选课走班获得社会的理解和认可，让新高考真正入脑入心。二是构建选课走班教学图文影像平台，使选课走班的价值扩大化。学校要更新选课走班的宣传方式，想方设法采用家长喜闻乐见、活泼多样的形式，如图片、视频、音频等，站在家长的立场，让选课走班"看得见""摸得着"。三是构建网上宣传平台，拓展选课走班宣传载体。要充分利用互联网、微平台的广泛快捷的宣传优势，通过移动终端给家长发送学校实行选课走班的情况，在微平台上开设选课走班专栏，切实提高家长参与教改的积极性，提高他们有关教改的正向理解。四是要构建家校社联席平台。学校可设立家长委员会、改革共同体、新高考联合会等实践媒介，最大限度激发公众参与和支持教改的潜能。总之，只有采取多样综合的宣传途径，才能将选课走班因子嵌入每所学校和社会发展的细胞与基因中，才能让教育个性化的洪荒之力在学校生活世界中全面引爆，力促全面、立体、深刻的普通高中教改大获成功。

附录1：普通高中选课走班教学实施建议方案

（说明：以下方案是基于本章研究结论而为陕西省教育厅提供的建议方案，可作为普通高中实行选课走班制教学的参考。）

根据《国务院关于深化考试招生制度改革的实施意见》精神，新高考将打破"唯分数论"，秉持科学合理地选拔人才，赋予学生更多的选择权，因此选课走班教学成为普通高中的必然选择。为积极稳妥有效地推进选课走班教学，特制订本指导方案，各学校可根据自身条件制定各自的选课走班教学实施细则。

一　指导思想

选课走班教学，以党的教育方针和政策为指导，以《国务院关于深化考试招生制度改革的实施意见》等相关制度文件为依据，坚持立德树人，以每一位学生的全面而有个性的发展为宗旨，努力实现制度创新，建立行之有效的校内选课制度和选课指导体系，加强选课的管理，保障选课走班的扎实推进，以利进一步深化课改，促进素质教育，培养德、智、体等方面全面发展的社会主义建设者和接班人。

二　走班属性的定位

走班制教学是新课程选修教学背景下产生的一种教学组织形式。选课制的实施使同一行政班的学生在不同的教学班上课，教师和教室固定，而学生根据自身选择进行流动听课，这样的班级管理形式和制度就是走班制。

根据学生选择的依据，走班教学主要包括四种类型：分层走班、模块（分类）走班、选科（分类）走班和复合走班。分层走班是根据学生学习水平的差异，对不同班级的学生进行重新组合，由学生根据自己现有的知识基础以及学科的学习能力和兴趣到相应层次的班级上课，从而实现分层教学的方式。模块（分类）走班是同一学科同时开设多个模块，安排固定教室和教师，由学生根据开设的内容选择自己选修的模块进行流动听课的方式。选科（分类）走班是学生基于自身生涯规划的需求，从高考统考科目语文、数学和外语三门课程以外的学校其他教学科目中选修适合自己的学习科目而走班学习的教学形式。复合走班就是在考虑学生学习内容的基础上适当照顾学生的实际水平，即对分层走班、模块（分类）走班和选科（分类）走班进行综合运用的走班形式。各种走班形式对学校的资源条件的要求是有差异的，复合走班形式对学校资源要求最高。

三　选课走班的基本原则

1. 稳中求进原则

选课指导的根本目的是指导学生更好地进行三年直至更长时间的学业规划和人生规划，所以选课指导要立足长远，对学生要进行全面和详细的调查与分析，并予以科学合理的指导。第一步，完成学生对于科目选择的数据收集。第二步，根据学生第一次的科目选择，对学校的客观条件（师资、教室等）进行部分调整。第三步，进行选课方案指导，为学生最终选科把好方向。第四步，学生进行第二次选课，并开始走班教学。

2. 自主性原则

选课走班的精髓就是尊重和培养学生的兴趣和特长，发展学生的个性。选课过程中必须充分发挥学生的主体地位，尊重学生的个人兴趣、特长及发展方向。学生要亲自选课并确认，老师、家长可以提供参考，但不得代选。学生根据学校安排的课程表和走班教室表为自己制定富于个性的课程表。

3. 遵循校情原则

选课走班过程中要重视学生的个体差异、学生生源的实际，兼顾学校师资团队、教学场地、课程特色，学校尽量为不同的学生提供个人发展的平台，尽量让学生有较大的选择余地。积极鼓励复合走班，但具体学校采取那种走班制教学形式，可根据自身条件确定。同时，合理安排学生参加"学考""选考"，"学考"重视首考，"选考"两次均重视。

4. 科学发展原则

学校在设置课程时，要科学合理。学校在重视高考科目的同时，开足开齐体、艺课程，严格执行学生学习时间每周不超过26小时，即每周课时不超过39节（每节40分钟），学生每周自主选课课时不少于8节。根据学校的实际努力做到既满足升学考试的需要，又有利于学生的长远发展，以适应未来社会的发展需要。

5. 平衡调整原则

选课以学生的选择为主，但应注意适当平衡。一是注意学科之间的平衡，避免某一学科选课过多或过少现象的发生。二是为了合理调控学生的学习负担，学校要对每学段的选课数量以及班级人数进行适当控制。三是学生选课要有计划性、系列性和整体性，在选择时应该对所有的意向课程进行整体规划，要求同时选出所有的学习内容以及学习顺序，要避免随意性和随机性。当然，在学习过程中，允许学生进行适当调整。

6. 综合评价原则

突出学生个体，尊重个体差异，是课程标准提出的基本理念，也是人本主义的重要体现。对课程学习情况的评价必须摒弃传统的单纯以考试成绩为标尺的做法，注重过程，突出个性发展，综合考察学生的情感态度、学习品质和效果等诸方面因素，以评价为杠杆，激发学生的潜能，促进学生良好行为的养成，为学生的终生发展奠基。

四 选课走班教学的实施

（一）时间和科目

学校原则上为每个学生提供2次选课机会，可以分别在高一第一学期结束前、高一第二学期结束前的适当时机，组织学生选课。

高一第一学期结束，学生在物理、化学、历史、地理四门学科中做出学业水平考试水平1（简称"学考"）和学业水平考试水平2（简称"选考"）的预层次选择，组成物理、化学、历史、地理分层次走班教学，然后在物理、化学、历史、地理四门学科陕西省"学考"报名时做出最后层次选择（允许学生微调），确定该门学科为"学考"还是"选考"。高一第二学期结束，学生在生物、政治二门学科中做出学业水平考试水平1"学考"和学业水平考试水平2"选考"的预层次选择，组成生物、政治分层次走班教学，然后在生物、政治二门学科陕西省"学考"报名时做出最后层次选择（允许学生微调），确定该门学科为"学考"还是"选考"。也就是说高一第二学期物理、化学、历史、地理四门学科选课走班教学，高二开始物理、化学、历史、地理、生物、政治六门学科选课走班教学，每个学生只能选择物理、化学、历史、地理、生物、政治六门学科中三门作为"选考"科目。语文、数学、英语、体育、音乐、美术等其他学科不作选择，按行政班教学。另外，学生可按需要选修学校提供的知识拓展类、个性特长类、职业生涯类、艺术素养类等课程，以满足学生个性发展需要。

（二）选课程序

1. 选课准备

（1）高一年级开设心理健康和生涯规划教育，高一第一学期结束时，组织学生进行心理和性格测试，取得数据，让学生、家长心中有数。班主任和任课教师、生涯规划教师、课程实施领导小组了解本年级学生测试数据、大学招收条件、高考方案、校情等，为指导学生选课、职业规划指导提供依据。

（2）在校课程实施领导小组和教学处统一规划调度下，课程编制小组组织各学科教研组长、年级学部委员，结合本校实际确定学校课程设置、编制《学科课程实施方案》，对高中课程结构各学段所开设的学科课程、模块内容、课时数及参加考试的时间等，做出基本说明，并提出相关建议。选课走班教学设计与管理小组对选课流程、走班形式、教学班学生管理、教师评价等问题提前规划，讨论制定出相关的管理办法。

2. 选课指导

（1）认真做好宣传发动工作。召开教师会，加深教师对选课和走班教学的认识，明确教师的责任；召开学生大会，宣讲学校课程实施方案，宣传学生选课的意义和程序、方法，使学生了解新课程及学校对选课的要求，发放《学科课程实施方案》；发放致学生家长的一封信，让学生家长了解选课和走班的意义、步骤、操作方法，以利于家长指导学生合理、科学选择课程。

（2）成立选课指导委员会。学校成立由课程中心、年级学部委员、学科教研组长、班主任、骨干教师、部分优秀学生和学生家长代表组成的选课指导委员会，帮助和指导学生做出正确合理的选择。建立学生导师制，年级学部把各班学生分配到各位导师名下，导师具体负责学生的选课指导。

3. 选课实施

（1）动员。学校开会动员，就选课的意义、原则、操作方法、注意事项等向学生及家长做出明确解释。同时发放《学科课程实施方案》及有关政策文件。

（2）咨询。由行政班班主任、导师及家长为学生进行选课咨询，让学生对自己所选课程做到心中有数，准备好至少两个选课方案，为正式选课做好充分准备。

（3）填写选课意向表。学生可在导师、家长的帮助下选课，最后由学生本人填写选课意向表。

4. 公布结果

在选课结束后一周内，公布选课结果，由课程中心开出各门课程选修学生名单，一式三份，送任课教师及学生所在行政班班主任各一份，课程中心留存一份。下学期开学后按此选课名单上课。

学生对自己选修的课程，必须严肃认真对待。凡经批准选修的课程，一般不能随便退、改选，确需退、改选，学生要写出退、改选申请，由课程管理领导小组批准，由课程中心负责调整，退、改工作应在课程中心指定时间内完成，过期不单独处理。

（三）选课走班管理

1. 双轨管理制

选课走班管理体制实行行政班和教学班双轨管理。在保持行政班不变的前提下，选修课程实行教学班走班上课，课程结束后返回行政班继续其他课程的学习，参与行政班的各项活动。

2. 班级管理

除实行走班上课的学科外，其他学习、活动及早晚自主学习时间仍在行政班内进行。班主任不仅要抓好行政班的各项管理工作，还要把管理的触角延伸到自己班级学生所在的教学班中，加强和教学班任课教师的联系和沟通，及时解决走班教学中发生的问题。行政班学生的表现，是考核班主任的主要依据。

走班学科教师全面负责教学班的管理工作。教学班学科教师要加强对学生本课堂的考勤、纪律、卫生等的管理，并及时与行政班班主任沟通交流，防止出现学生管理上的空档，实现无缝隙化管理。

教学班座位由所在学部负责编排。教学班学生的座次安排遵循"同一行政班的学生座次相邻，合作小组的成员来自同一行政班"原则。固定学生在教学班的听课位置，确定学生座次表，注明学生姓名、行政班号。组建教学班班委会，协助任课教师做好考勤、纪律、日常卫生监督等工作。班委会成员由来自单元内各行政班的学生学习合作小组的组长组成。教学班各学科均设多个课代表（每行政班1名），负责收发原行政班同学的作业、与任课老师交流信息等。

3. 教师管理

任课教师（学部委员）是教学班的核心，是教学班中教学、纪律、财物、安全管理的第一责任人。任课教师担任几个班级的教学，就相应担任几个班级的教学班班主任。对任课教师基本要求是一岗双责：既要完成学科教学任务，又要承担起对所任的教学班的学生管理的责任。

4. 学生管理

建立导师制，对学生进行有效指导和有效监管。导师基本职责有以下几点：了解每个学生的个性与特点；为学生进行选课和生涯指导；对学生进行学习指导；对学生时间规划进行指导；指导学生处理好各种社会关系，会协调人际关系等。

加强学生自我管理能力的培养。扩大学生自主管理的深度和广度，在级部成立"学生自主管理委员会"，下设"班级自主管理委员会""宿舍自主管理委员会"，进一步加强学生的自主管理能力的培养。

加强学分管理。从学习课时、修习过程、考试成绩等方面确定学生是否获得学分。

5. 教学管理与评价

定期召开教学协调会，及时解决教学中遇到的问题。定期召开有关班主任、学科组长和学科教师会议，针对教学中出现的问题，及时做出科学的应对策略。加强集体备课，实行统分结合的备课体制，即同一学科有统一的集体备课要求、内容，同时考虑到"学考""选考"的层次和教学内容的不同，要进行分类分层次的教学内容备课。

按照行政班进行教学的学科，执行学校原来的常规教学要求和教师评价标准；按照发展方向和选修内容不同组织教学的学科，除继续执行正常的常规教学要求外，重点通过所教学生的动态变化和召开学生座谈会、满意度测评加大对教师的考核检查力度。

6. 组织保障

为保障选课工作的顺利实施，学校成立课程规划与实施领导小组、课程编制小组、选课指导小组、选课走班教学设计与管理小组、选课执行小组、后勤保障小组等必要的组织。在课程规划与实施领导小组统筹规划下，其他小组分工协作，具体落实选课走班过程中的具体工作。

附录2：调查问卷与访谈提纲

新高考背景下普通高中选科情况调查问卷（学生卷）

亲爱的同学，您好！我们正在进行一项关于新高考政策下学生选科情况的调查，恳请您帮忙填写这份问卷。本问卷实行匿名制，所有数据只用于统计分析，请您放心填写。谢谢您的帮助！

您的性别是（请√）男 □ 女 □   学校类别_____

一 单选题

1. 对于本省2017年实施的高考新方案，您的了解程度（   ）

A. 很了解   B. 较了解   C. 一般   D. 较不了解   E. 很不了解

2. 新高考方案规定，从物理、化学、生物、政治、历史、地理、技术7门学科中选择3门作为高考选考科目，您的了解程度是（   ）

A. 很了解   B. 较了解   C. 一般   D. 较不了解   E. 很不了解

3. 新高考方案规定文理不分科，对此您赞同吗（   ）

A. 很赞同   B. 较赞同   C. 一般   D. 较不赞同   E. 很不赞同

4. 有人认为：让学生自主选择高考科目，能够减轻学生的学习负担。对此您赞同吗（   ）

A. 很赞同   B. 较赞同   C. 一般   D. 较不赞同   E. 很不赞同

5. 有人认为：让学生自主选择高考科目，有利于实现文理兼修，促进学生的全面发展。对此您赞同吗（   ）

A. 很赞同   B. 较赞同   C. 一般   D. 较不赞同   E. 很不赞同

6. 有人认为：让学生自主选择高考科目，给学生自由选择的空间，有利于发挥学生的学科特长。对此您赞同吗（　　）

　　A. 很赞同　　B. 较赞同　　C. 一般　　D. 较不赞同　　E. 很不赞同

7. 在决定将某一科目作为选考科目时，您了解该科目的高校招生要求吗？（　　）

　　A. 很了解　　B. 较了解　　C. 一般　　D. 较不了解　　E. 很不了解

8. 在决定将某一科目作为选考科目时，您了解与该科目对应的高校相关专业的就业情况吗（　　）

　　A. 很了解　　B. 较了解　　C. 一般　　D. 较不了解　　E. 很不了解

9. 在决定将某一科目作为选考科目时，您了解本校选考该科目的人数吗（　　）

　　A. 很了解　　B. 较了解　　C. 一般　　D. 较不了解　　E. 很不了解

10. 在决定将某一科目作为选考科目时，您了解该科目的历年高考真题吗（　　）

　　A. 很了解　　B. 较了解　　C. 一般　　D. 较不了解　　E. 很不了解

11. 在决定将某一科目作为选考科目时，您了解该科目的课程结构（即该学科必修和选修的比例问题）吗（　　）

　　A. 很了解　　B. 较了解　　C. 一般　　D. 较不了解　　E. 很不了解

12. 您目前的学习成绩处于本校本年级的哪个水平（　　）

　　A. 上等水平　　B. 中等水平　　C. 下等水平

13. 在高考改革新方案中有物理、化学、生物、政治、历史、地理、技术7个选考科目，您学得最好的是哪一科（　　）

　　A. 物理　　B. 化学　　C. 生物　　D. 政治　　E. 历史

　　F. 地理　　G. 技术

14. 您最后确定高考选考科目的时间是（　　）

　　A. 高一上学期　　　　　　　　B. 高一下学期

　　C. 高二上学期　　　　　　　　D. 高二下学期

15. 对于确定选考科目的时间，您的看法是（　　）

　　A. 为了充分准备高考，高一上学期就确定

B. 经过一个学期的学习体验，高一下学期确定

C. 为了解自己的学科能力，高二上学期确定

D. 为充分明确发展方向，高二下学期确定

16. 在确定选考科目时，您希望（　　）

A. 完全自己决定　　　　　　　　B. 大部分自己决定

C. 与老师、家长商量后共同决定　　D. 大部分老师、家长决定

E. 完全由老师、家长决定

17. 以下选考科目您肯定会选的是哪一科（　　）

A. 物理　　B. 化学　　C. 生物　　D. 政治　　E. 历史

F. 地理　　G. 技术

18. 您做出上题决定的最主要原因是哪一项（　　）

A. 目前这门学科成绩比较理想　　　B. 对该门学科比较感兴趣

C. 该学科对以后学习和工作的用途较大

D. 准备报考的大学或专业对这门学科的要求

E. 该学科在填报高考志愿时的选择面比较广

19. 以下选考科目您肯定不会选的是哪一科（　　）

A. 物理　　B. 化学　　C. 生物　　D. 政治　　E. 历史

F. 地理　　G. 技术

20. 您做出上题决定的最主要原因是哪一项（　　）

A. 目前这门学科成绩不理想　　　　B. 对该门学科不感兴趣

C. 该学科对以后学习和工作的用途不大

D. 准备报考的大学或专业对这门学科没有要求

E. 该学科在填报高考志愿时的选择面比较窄

F. 老师、家长的意见

G. 估计报考该门学科的好学生太多，难以取得好成绩

21. 在确定选考科目的过程中，最困扰您的因素是什么（　　）

A. 不知道自己喜欢什么

B. 所喜欢的科目和所擅长的科目相冲突

C. 所喜欢的科目与将来的就业相冲突

D. 各科比较均匀，没有什么特别擅长的科目

22. 您是如何确定高考选考科目的（　　）

A. 完全自己做出决定　　　　　　B. 大部分自己决定

C. 与老师、家长商量后共同决定　　D. 大部分老师、家长决定

E. 完全由老师、家长决定　　　　　F. 老师、家长的意见

G. 周围其他学生的选择

23. 您最终确定的高考选考科目是哪三科（选3科）（　　）

A. 物理　　　B. 化学　　　C. 生物　　　D. 政治　　　E. 历史

F. 地理　　　G. 技术

新高考背景下普通高中选课走班访谈提纲（教师）

1. 贵校组织学生选择高考科目的具体流程是什么（请具体说明）？贵校是如何进行学生选科指导？（如讲座、生涯规划等。请具体说明）

2. 在组织学生选科的过程中遇到了哪些困难？是如何解决的？

3. 贵校采取何种走班形式（完全走班、行政班和教学班并行、单元走班或其他形式。请具体说明)？为什么采用此种走班形式？在哪些科目走班？

4. 贵校是否进行分层走班教学？（若分层，哪些科目分层、何时分层、分层依据、学生层级流动问题）

5. 在新高考改革的背景下，贵校是如何充分利用现有师资和教室资源进行走班教学的？现有教室和师资资源若不足又采取了哪些措施？为管理流动中的学生采取了哪些措施？如何进行教学评价？（包括学生评价和教师评价）？

6. 和原先相比，新高考背景下教学安排（课程开设情况）都做了哪些调整？各科在课时比例方面有哪些调整吗？

7. 在新高考改革背景下，贵校在教学安排方面都遇到了哪些困难？又采取了哪些措施？

8. 在走班中遇到了哪些困难？是如何解决的？

参考文献

中国社会科学院语言研究所词典编辑室：《现代汉语词典》，商务印书馆 1980 年版。

日本文部省：《五国普通教育》，教育科学出版社 1982 年版。

［苏］苏霍姆林斯基：《帕夫雷什中学》，教育科学出版社 1983 年版。

邱美华、董华欣：《职业生涯发展与辅导》，心理出版社 1997 年版。

顾明远、梁忠义：《世界教育大系——职业教育》，吉林教育出版社 2002 年版。

马新建等：《人力资源管理与开发》，石油工业出版社 2003 年版。

许庆豫、卢乃桂：《教育分流论》，江苏教育出版社 2005 年版。

赵楠、施晨越：《职业生涯开发与管理操作手册》，经济出版社 2006 年版。

刘勇：《职业生涯管理与辅导》，科学出版社 2008 年版。

郭兆年等：《高中生涯发展指导》，华东师范大学出版社 2010 年版。

谷峪、姚树伟：《职业教育·生涯教育·终身教育——转型期日本职业教育发展及其启示》，高等教育出版社 2010 年版。

荀渊、唐玉光：《教师专业发展制度》，教育科学出版社 2011 年版。

邢至晖、韩立芬：《特色课程 8 问》，华东师范大学出版社 2013 年版。

金一鸣：《中学开展职业指导的探索》，《中国教育学刊》1990 年第 6 期。

严国贤：《加强教学管理，促进素质提高》，《教学与管理》2000 年第 1 期。

刘海峰：《高考改革中的两难问题》，《高等教育研究》2000 年第 3 期。

高凌飚：《关于过程性评价的思考》，《课程·教材·教法》2004 年第 10 期。

侯定凯、万金雷：《中小学教师评价现状的个案调查——从促进教师专业发展的角度》，《教师教育研究》2005 年第 5 期。

罗汉书：《职业生涯教育的国际经验剖析》，《教育发展研究》2005 年第 7 期。

陈遇春、刘军等：《论邹韬奋的职业指导思想及其现代启示》，《高等农业教育》2005 年第 11 期。

"素质教育的概念、内涵及相关理论"课题组：《素质教育的概念、内涵及相关理论》，《教育研究》2006 年第 2 期。

吴维宁：《过程性评价的理念与方法》，《课程·教材·教法》2006 年第 6 期。

杨学良、蔡莉：《关于发展性教学评价的理论研究》，《教育探索》2006 年第 7 期。

王海东：《由一元走向多元：高考改革的必由之路》，《当代教育科学》2007 年第 3 期。

韩瑞莲：《生涯教育与职业教育及其相关概念内涵解析》，《职业技术教育》2008 年第 31 期。

陈玉华：《普通高中学生评价改革的视点与评析》，《现代教育科学》2009 年第 4 期。

杨润勇：《〈规划纲要〉制定过程中对我国教育政策优化的启示》，《当代教育论坛》2010 年第 13 期。

孙守国：《如何加强选课分层走班教学的管理保障》，《文教资料》2011 年第 1 期。

王思燕、卢峰：《美国生涯辅导行业协会研究——以美国辅导协会及其分支协会为例》，《比较教育研究》2011 年第 2 期。

刘海峰：《高考改革：公平为首还是效率优先》，《高等教育研究》2011 年第 5 期。

何永红：《学校"特色课程"的定义及其发展策略》，《教育科学研究》

2011年第10期。

李木洲:《高考公平的元思考》,《国家教育行政学院学报》2012年第8期。

张怀满:《试论教学评价的目标导向原则及实施策略》,《黑龙江高教研究》2012年第9期。

张翠、陈遇春:《试析职业生涯教育的核心观及相关概念》,《继续教育研究》2012年第10期。

吴德文、张岩:《学生全面而有个性的发展是普通高中特色化发展的出发点和落脚点》,《吉林省教育学院学报(下旬)》2012年第12期。

黄晓玲:《普通高中学校特色课程建设的实践路径》,《教学与管理》2012年第28期。

钟启泉:《学业评价:省思与改革》,《教育发展研究》2013年第1期。

娄立志、王凤军:《试析普通高中选课走班教学管理——以山东省莱芜市十七中为例》,《中国教育学刊》2013年第2期。

梅萍、贾月:《近十年我国高校学生评教有效性问题研究述评》,《现代大学教育》2013年第4期。

何强:《高中选修课程开发的实践思考与路径探索》,《教学月刊》(中学版)2013年第6期。

郑若玲:《有限多样:高考形式改革之方向》,《探索与争鸣》2013年第8期。

王建、吴永军:《高中特色课程建设问题及对策》,《教育科学研究》2014年第1期。

王争录:《论中学师德量化考核管理问题及对策》,《和田师范专科学校学报》2014年第5期。

吴国平、黄国龙:《深化课程建设 打造品质教育——浙江省镇海中学的探索》,《教学月刊·中学版(语文教学)》2014年第8期。

赵文祥、王明伟、刘春霞:《开发特色课程的实践探索》,《教育探索》2014年第9期。

秦春华:《促进公平公正:高考改革的价值取向》,《中国高等教育》

2014 年第 10 期。

葛为民：《高考改革中的"实质公平"问题研究》，《教育发展研究》2014 年第 11 期。

邢至晖、韩立芬：《特色课程八解》，《上海教育》2014 年第 19 期。

文东茅、刘玉波：《高考改革何以"牵一发而动全身"》，《中国高等教育》2014 年第 24 期。

佚名：《全面实施普通高中学业水平考试——教育部基础教育二司负责人就〈关于普通高中学业水平考试的实施意见〉答记者问》，《云南教育》（视界时政版）2015 年第 1 期。

佚名：《教育部、国家民委、公安部、国家体育总局、中国科学技术协会关于进一步减少和规范高考加分项目和分值的意见》，《云南教育》（视界时政版）2015 年第 1 期。

佚名：《深化改革 规范管理——教育部高校学生司负责人就进一步完善和规范高校自主招生工作答记者问》，《云南教育》（视界时政版）2015 年第 1 期。

周红：《高中教师选修课程开发的阻滞因素及破解路径》，《现代中小学教育》2015 年第 3 期。

齐刚：《临淄区特色课程建设现状调查报告》，《淄博师专学报》2015 年第 3 期。

瞿振元：《素质教育：当代中国教育改革发展的战略主题》，《中国高教研究》2015 年第 5 期。

裴娣娜：《新高考制度下深化普通高中课程改革的几个问题》，《中小学管理》2015 年第 6 期。

周常稳：《普通高中走班制模式中存在的问题及对策》，《教学与管理》2015 年第 6 期。

彭勇：《选课分层走班及其教师评价方法探究》，《改革与探索》2015 年第 6 期。

邱瑶：《学科选课分层走班教学调查研究》，《教学与管理》2015 年第 6 期。

朱华伟、李伟成：《特色课程建设推动学校特色化发展》，《中国教育学刊》2015年第9期。

刘宝剑：《关于高中生选择高考科目的调查与思考：以浙江省2014级学生为例》，《教育研究》2015年第10期。

张铭凯、靳玉乐：《新高考改革的价值取向》，《河北师范大学学报》2016年第1期。

杜婷婷：《"走班制"分层教学实践调研——重庆滨江实验学校初2016级英语教学实证研究》，《科学咨询（科技·管理）》2016年第2期。

章全武、王润：《高考改革背景下普通高中落实走班制教学的挑战与超越》，《湖北招生考试》2016年第2期。

王博威、吴磊：《我们的教改试验——"7选3"走班教学的实践与总结》，《浙江教育科学》2016年第2期。

虞晓贞：《刍议走班制下的学校管理创新——以浦东复旦附中分校为例》，《教育参考》2016年第3期。

韩艳玲、毕宪顺：《高考改革背景下高中分层走班制实施路径探析》，《考试研究》2016年第3期。

任学宝：《新高考背景下如何实施选课走班教学？——基于杭州师范大学附中的实践与探索》，《教育测量与评价》（理论版）2016年第4期。

杜芳芳、金哲：《新高考改革背景下高中生科目选择意向现状及对策：基于浙江省五所高中的调查分析》，《教育理论与实践》2016年第8期。

佚名：《让"飞翔"的翅膀更加平衡——河南省普通高中学生综合素质评价实施办法问答》，《河南教育》（高教）2016年第9期。

陈爱鹏：《新高考改革背景下高中课程设置和教学改革思考》，《教师教育论坛》2016年第10期。

王润：《新高考改革背景下高中实施走班制的问题审视与路径超越》，《中国教育学刊》2016年第12期。

成硕、赵海勇、冯国明：《从"不走"到"全走"：走班教学模式及保障策略研究》，《中小学管理》2016年第12期。

邵迎春：《分层教学与成长导师制：破解新高考学校管理难题》，《人民教育》2016年第14期。

冯成火：《高考新政下高中课改的评价、问题与策略》，《教育研究》2017年第2期。

樊丽芳、乔志宏：《新高考改革倒逼高中强化生涯教育》，《中国教育学刊》2017年第3期。

王等等、张敏：《新高考模式下的普通高中教育：挑战及变革路径》，《教师教育论坛》2017年第4期。

王舟勇：《新高考方案下选修课程问题发现及对策》，《上海教育科研》2017年第5期。

李红恩：《特色课程建构的迷思、意蕴与理路》，《教学与管理》2017年第7期。

卓念：《中美两国普通中学职业生涯教育比较研究》，硕士学位论文，西北师范大学，2009年。

赵云霞：《高中〈经济生活〉课程资源的开发与利用研究》，硕士学位论文，内蒙古师范大学，2010年。

李慧：《山东省普通高中科学领域走班制调查调研》，硕士学位论文，海南师范大学，2011年。

杨琴：《美国普通高中"走班制"教学模式研究》，硕士学位论文，重庆师范大学，2013年。

张凌：《幼儿园特色课程建设现状的研究》，硕士学位论文，上海师范大学，2013年。

张丹：《重庆R学校特色课程建设的现状研究》，硕士学位论文，重庆师范大学，2014。

安国琴：《后现代课程评价研究》，硕士学位论文，西南大学，2014年。

王雅文：《普通高中职业生涯教育现状和对策研究——基于上海市6所高中的调查》，硕士学位论文，华东师范大学，2014年。

关莹：《普通高中职业生涯教育问题研究》，硕士学位论文，辽宁师范大学，2015年。

匡双双：《新高考方案下历史教学的优化探究——以浙江省高考改革为

例》，硕士学位论文，华中师范大学，2015 年。

田欣：《高考制度改革背景下延安市普通高中教学评价改革研究》，硕士学位论文，延安大学，2015 年。

王建：《普通高中特色课程建设研究》，硕士学位论文，南京师范大学，2015 年。

万小龙：《高中物理走班制分层教学实践探索》，硕士学位论文，华中师范大学，2015 年。

匡双双：《新高考方案下历史教学的优化探究》，硕士学位论文，华中师范大学，2015 年。

郑海莲：《杭州市 D 学校语文选课分层走班教学调查调研》，硕士学位论文，杭州师范大学，2016 年。

郁寅寅：《初中选课分层走班制背景下导师制的案例调研》，硕士学位论文，上海师范大学，2016 年。

马淑颖：《大学附中特色课程建设研究》，硕士学位论文，华东师范大学，2016 年。

李婷婷：《普通高中职业生涯规划管理研究》，硕士学位论文，黑龙江大学，2016 年。

武丹：《宝鸡市普通高中分层走班教学现状及改进策略研究》，硕士学位论文，延安大学，2017 年。

张中宁：《新高考背景下普通高中选课走班调查研究——以浙江省五所高中为例》，硕士学位论文，曲阜师范大学，2017 年。

李琴：《新高考制度下延安市普通高中特色课程建设研究》，硕士学位论文，延安大学，2018 年。

牛维麟：《高校树立和落实科学发展观的思考》，《光明日报》2004 年 11 月 20 日。

沈祖芸：《学业考能否撬动高中教育改革》，《中国教育报》2013 年 9 月 5 日。

佚名：《选专业别光看"热门"关键要结合自身特点》，《深圳晚报》2013 年 6 月 5 日。

王等等、张敏：《新高考模式挑战普通高中教学》，《中国社会科学报》2017年1月5日。

教育部：《中小学班主任工作规定》，http：//www.china.com.Cn/policy/txt/2009-08/23/ content_ 18385283.htm。

力帆、胡玉婷：《新高考来了，中学应该怎么办?》，http：//edu.people.com.Cn/n1/ 2016/0930/c1053—28752162.html。

康桥：《特色课程建设与开发》，http：//blog.sina.com.cn/s/blog_ 70c0d4a-10100nfcq.html。

附录一

国务院关于深化考试招生制度改革的实施意见

国发〔2014〕35号

各省、自治区、直辖市人民政府，国务院各部委、各直属机构：

考试招生制度是国家基本教育制度。党的十八届三中全会对考试招生制度改革做出全面部署，今年《政府工作报告》提出了明确要求。改革开放30多年来，我国考试招生制度不断改进完善，初步形成了相对完整的考试招生体系，为学生成长、国家选才、社会公平做出了历史性贡献，对提高教育质量、提升国民素质、促进社会纵向流动、服务国家现代化建设发挥了不可替代的重要作用。这一制度总体上符合国情，权威性、公平性社会认可，但也存在一些社会反映强烈的问题，主要是唯分数论影响学生全面发展，一考定终身使学生学习负担过重，区域、城乡入学机会存在差距，中小学择校现象较为突出，加分造假、违规招生现象时有发生。为贯彻落实党中央、国务院决策部署，现就深化考试招生制度改革提出如下实施意见。

一　总体要求

（一）指导思想

高举中国特色社会主义伟大旗帜，以邓小平理论、"三个代表"重要思想、科学发展观为指导，全面贯彻党的教育方针，坚持立德树人，适应经济社会发展对多样化高素质人才的需要,从有利于促进学生健康发展、科学选拔各类人才和从维护社会公平出发,认真总结经验,突出问题导向,深化考试招生制度改革,为办好人民满意的教育、建设人力资源强国提供有力保障,为实现"两个一百年"奋斗目标和中华民族伟大复兴的中国梦提供强有力的人才支撑。

(二)基本原则

坚持育人为本,遵循教育规律。把促进学生健康成长成才作为改革的出发点和落脚点,扭转片面应试教育倾向,坚持正确育人导向,践行社会主义核心价值观,深入推进素质教育,培养德、智、体、美全面发展的社会主义建设者和接班人。

着力完善规则,确保公平公正。把促进公平公正作为改革的基本价值取向,加强宏观调控,完善法律法规,健全体制机制,切实保障考试招生机会公平、程序公开、结果公正。

体现科学高效,提高选拔水平。增加学生选择权,促进科学选才,完善政府监管机制,确保考试招生工作高效、有序实施。

加强统筹谋划,积极稳妥推进。整体设计从基础教育到高等教育考试招生制度改革,促进普通教育、职业教育、继续教育之间衔接沟通,统筹实施考试、招生和管理制度综合改革,试点先行,稳步推进。

(三)总体目标

2014年启动考试招生制度改革试点,2017年全面推进,到2020年基本建立中国特色现代教育考试招生制度,形成分类考试、综合评价、多元录取的考试招生模式,健全促进公平、科学选才、监督有力的体制机制,构建衔接沟通各级各类教育、认可多种学习成果的终身学习"立交桥"。

二 主要任务和措施

(一)改进招生计划分配方式

1. 提高中西部地区和人口大省高考录取率。综合考虑生源数量及办学条件、毕业生就业状况等因素,完善国家招生计划编制办法,督促高校严格执行招生计划。继续实施支援中西部地区招生协作计划,在东部地区高校安排专门招生名额面向中西部地区招生。部属高校要公开招生名额分配原则和办法，合理确定分省招生计划，严格控制属地招生比例。2017 年录取率最低省份与全国平均水平的差距从 2013 年的 6 个百分点缩小至 4 个百分点以内。

2. 增加农村学生上重点高校人数。继续实施国家农村贫困地区定向招生专项计划，由重点高校面向贫困地区定向招生。部属高校、省属重点高校要安排一定比例的名额招收边远、贫困、民族地区优秀农村学生。2017 年贫困地区农村学生进入重点高校人数明显增加，形成保障农村学生上重点高校的长效机制。

3. 完善中小学招生办法破解择校难题。推进九年义务教育均衡发展，完善义务教育免试就近入学的具体办法，试行学区制和九年一贯对口招生。改进高中阶段学校考试招生方式。实行优质普通高中和优质中等职业学校招生名额合理分配到区域内初中的办法。进一步落实和完善进城务工人员随迁子女就学和升学考试的政策措施。

（二）改革考试形式和内容

1. 完善高中学业水平考试。学业水平考试主要检验学生学习程度，是学生毕业和升学的重要依据。考试范围覆盖国家规定的所有学习科目，引导学生认真学习每门课程，避免严重偏科。学业水平考试由省级教育行政部门按国家课程标准和考试要求组织实施，确保考试安全有序、成绩真实可信。各地要合理安排课程进度和考试时间，创造条件为有需要的学生提供同一科目参加两次考试的机会。2014 年出台完善高中学业水平考试的指导意见。

2. 规范高中学生综合素质评价。综合素质评价主要反映学生德、智、体、美全面发展情况，是学生毕业和升学的重要参考。建立规范的学生综合素质档案，客观记录学生成长过程中的突出表现，注重社会责任感、创新精神和实践能力，主要包括学生思想品德、学业水平、身心健康、兴趣特长、社会实践等内容。严格程序，强化监督，确保公开透明，保证内容真实准确。2014 年出台规范高中学生综合素质评价的指导意见。各省（区、市）制定综合素质评价基本要求，学校组织实施。

3. 加快推进高职院校分类考试。高职院校考试招生与普通高校相对分开，实行"文化素质＋职业技能"评价方式。中职学校毕业生报考高职院校，参加文化基础与职业技能相结合的测试。普通高中毕业生报考高职院校，参加职业适应性测试，文化素质成绩使用高中学业水平考试成绩，参考综合素质评价。学生也可参加统一高考进入高职院校。2015年通过分类考试录取的学生占高职院校招生总数的一半左右，2017年成为主渠道。

4. 深化高考考试内容改革。依据高校人才选拔要求和国家课程标准，科学设计命题内容，增强基础性、综合性，着重考查学生独立思考和运用所学知识分析问题、解决问题的能力。改进评分方式，加强评卷管理，完善成绩报告。加强国家教育考试机构、国家题库和外语能力测评体系建设。2015年起增加使用全国统一命题试卷的省份。

（三）改革招生录取机制

1. 减少和规范考试加分。大幅减少、严格控制考试加分项目，2015年起取消体育、艺术等特长生加分项目。确有必要保留的加分项目，应合理设置加分分值。探索完善边疆民族特困地区加分政策。地方性高考加分项目由省级人民政府确定并报教育部备案，原则上只适用于本省（区、市）所属高校在本省（区、市）招生。加强考生加分资格审核，严格认定程序，做好公开公示，强化监督管理。2014年年底出台进一步减少和规范高考加分项目和分值的意见。

2. 完善和规范自主招生。自主招生主要选拔具有学科特长和创新潜质的优秀学生。申请学生要参加全国统一高考，达到相应要求，接受报考高校的考核。试点高校要合理确定考核内容，不得采用联考方式或组织专门培训。规范并公开自主招生办法、考核程序和录取结果。严格控制自主招生规模。2015年起推行自主招生安排在全国统一高考后进行。

3. 完善高校招生选拔机制。高校要将涉及考试招生的相关事项，包括标准、条件和程序等内容，在招生章程中详细列明并提前向社会公布。加强学校招生委员会建设，在制订学校招生计划、确定招生政策和规则、决定招生重大事项等方面充分发挥招生委员会作用。高校可通过聘请社会监督员巡视学校测试、录取现场等方式，对招生工作实施第三方监督。建立考试录取申诉机制，及时回应处理各种问题。建立招生问责制，2015年起由校长签发录取通知书，对录取结果负责。

4. 改进录取方式。推行高考成绩公布后填报志愿方式。创造条件逐步取消高校招生录取批次。改进投档录取模式，推进并完善平行志愿投档方式，增加高校和学生的双向选择机会。2015年起在有条件的省份开展录取批次改革试点。

5. 拓宽社会成员终身学习通道。扩大社会成员接受多样化教育机会，中等职业学校可实行注册入学，成人高等学历教育实行弹性学制、宽进严出。为残疾人等特殊群体参加考试提供服务。探索建立多种形式学习成果的认定转换制度，试行普通高校、高职院校、成人高校之间学分转换，实现多种学习渠道、学习方式、学习过程的相互衔接，构建人才成长"立交桥"。2015年研究出台学分互认和转换的意见。

（四）改革监督管理机制

1. 加强信息公开。深入实施高校招生"阳光工程"，健全分级负责、规范有效的信息公开制度。进一步扩大信息公开的内容，及时公开招生政策、招生资格、招生章程、招生计划、考生资格、录取程序、录取结果、咨询及申诉渠道、重大事件违规处理结果、录取新生复查结果等信息。进一步扩大信息公开的范围，接受考生、学校和社会的监督。

2. 加强制度保障。健全政府部门协作机制，强化教育考试安全管理制度建设，构建科学、规范、严密的教育考试安全体系。健全诚信制度，加强考生诚信教育和诚信档案管理。健全教育考试招生的法律法规，提高考试招生法制化水平。

3. 加大违规查处力度。加强考试招生全程监督。严肃查处违法违规行为，严格追究当事人及相关人员责任，及时公布查处结果。构成犯罪的，由司法机关依法追究刑事责任。

（五）启动高考综合改革试点

1. 改革考试科目设置。增强高考与高中学习的关联度，考生总成绩由统一高考的语文、数学、外语3个科目成绩和高中学业水平考试3个科目成绩组成。保持统一高考的语文、数学、外语科目不变、分值不变，不分文理科，外语科目提供两次考试机会。计入总成绩的高中学业水平考试科目，由考生根据报考高校要求和自身特长，在思想政治、历史、地理、物理、化学、生物等科目中自主选择。

2. 改革招生录取机制。探索基于统一高考和高中学业水平考试成绩、参考综合素质评价的多元录取机制。高校要根据自身办学定位和专业培养目标，研究提出对考生高中学业水平考试科目报考要求和综合素质评价使用办法，提前向社会公布。

3. 开展改革试点。按照统筹规划、试点先行、分步实施、有序推进的原则，选择有条件的省（市）开展高考综合改革试点。及时调整充实、总结完善试点经验，切实通过综合改革，更好地贯彻党的教育方针，全面实施素质教育，增加学生的选择性，分散学生的考试压力，促进学生全面而有个性的发展。2014年上海市、浙江省分别出台高考综合改革试点方案，从2014年秋季新入学的高中一年级学生开始实施。试点要为其他省（区、市）高考改革提供依据。

三　加强组织领导

（一）细化实施方案。各地各有关部门要高度重视考试招生制度改革，切实加强领导。教育部等有关部门要抓紧研究制定配套文件。各省（区、市）要结合实际制订本地考试招生制度改革实施方案，经教育部备案后向社会公布。

（二）有序推进实施。要充分考虑教育的周期性，提前公布考试招生制度改革实施方案，给考生和社会以明确、稳定的预期。及时研究解决改革中遇到的新情况新问题，不断总结经验、调整完善措施。

（三）加强宣传引导。要加大对改革方案和政策的宣传解读力度，及时回应社会关切，解疑释惑、凝聚共识，营造良好改革氛围。

国务院

2014年9月3日

附录二

关于加强和改进普通高中学生综合素质评价的意见

教基二〔2014〕11号

各省、自治区、直辖市教育厅（教委），新疆生产建设兵团教育局，部属各高等学校：

为贯彻落实《国务院关于深化考试招生制度改革的实施意见》，促进学生全面发展、健康成长，现就加强和改进普通高中学生综合素质评价提出如下意见。

一 重要意义

综合素质评价是对学生全面发展状况的观察、记录、分析，是发现和培育学生良好个性的重要手段，是深入推进素质教育的一项重要制度。全面实施综合素质评价，有利于促进学生认识自我、规划人生，积极主动地发展；有利于促进学校把握学生成长规律，切实转变人才培养模式；有利于促进评价方式改革，转变以考试成绩为唯一标准评价学生的做法，为高校招生录取提供重要参考。

二 基本原则

坚持方向性，引导学生践行社会主义核心价值观，热爱中国共产党，弘扬中华民族传统美德。坚持指导性，把握学生的个性特点，关注成长过程，激发每一个学生的潜能优势，鼓励学生不断进步。坚持客观性，如实记录学生成长过程中的突出表现，真实反映学生的发展状况，以事实为依据进行评价。坚持公正性，严格规范评价程序，强化有效监督，确保评价过程公开透明。

三　评价内容

依据党的教育方针，反映学生全面发展情况和个性特长，注重考查学生社会责任感、创新精神和实践能力。

1. 思想品德。主要考查学生在爱党爱国、理想信念、诚实守信、仁爱友善、责任义务、遵纪守法等方面的表现。重点是学生参与党团活动、有关社团活动、公益劳动、志愿服务等的次数、持续时间，如为孤寡老人、留守儿童、残疾人等弱势群体提供无偿帮助，到福利院、医院、社会救助机构等公共场所、社会组织做无偿服务，为赛会保障、环境保护等活动做志愿者。

2. 学业水平。主要考查学生各门课程基础知识、基本技能掌握情况以及运用知识解决问题的能力等。重点是学业水平考试成绩、选修课程内容和学习成绩、研究性学习与创新成果等，特别是具有优势的学科学习情况。

3. 身心健康。主要考查学生的健康生活方式、体育锻炼习惯、身体机能、运动技能和心理素质等。重点是《国家学生体质健康标准》测试主要结果，体育运动特长项目，参加体育运动的效果，应对困难和挫折的表现等。

4. 艺术素养。主要考查学生对艺术的审美感受、理解、鉴赏和表现的能力。重点是在音乐、美术、舞蹈、戏剧、戏曲、影视、书法等方面表现出来的兴趣特长，参加艺术活动的成果等。

5. 社会实践。主要考查学生在社会生活中动手操作、体验经历等情况。重点是学生参加实践活动的次数、持续时间，形成的作品、调查报告等，如与技术课程等有关的实习，生产劳动、勤工俭学、军训，参观学习与社会调查等。

高中学校要基于学生发展的年龄特征，结合当地教育教学实际，科学确定学生综合素质评价的具体内容和要求。

四　评价程序

1. 写实记录。教师要指导学生客观记录在成长过程中集中反映综合素质主要内容的具体活动，收集相关事实材料，及时填写活动记录单。一般性的活动不必记录。活动记录、事实材料要真实、有据可查。

2. 整理遴选。每学期末，教师指导学生整理、遴选具有代表性的重要活动记录和典型事实材料以及其他有关材料。用于招生使用的材料，学生要签字确认。

3. 公示审核。遴选出来、用于招生使用的活动记录和事实材料必须于每学期期末在教室、公示栏、校园网等显著位置公示。班主任及有关教师要对公示后的材料进行审核并签字。

4. 形成档案。各省（区、市）要对学生综合素质档案格式提出基本要求。学校要对相关材料进行汇总，为每位学生建立综合素质档案。档案主要内容：①主要的成长记录，包括思想品德、学业水平、身心健康、艺术素养、社会实践五个方面的突出表现；②学生毕业时的简要自我陈述报告和教师在学生毕业时撰写的简要评语；③典型事实材料以及相关证明。

档案材料要突出重点，避免面面俱到、千人一面。有些活动项目学生没有参加或事迹不突出，可以空缺。规范和减少高考加分项目后，学生的相关特长、突出事迹、优秀表现等情况记入学生综合素质档案。教师评语要客观、准确揭示每个学生的个性特点。学校要对学生的档案材料进行审核。

5. 材料使用。高中教师要充分利用写实记录材料，对学生成长过程进行科学分析，引导学生发现自我，建立自信，指导学生发扬优点，克服不足，明确努力方向。

高中学校要将学生综合素质档案提供给高校招生使用。高等学校在招生时要根据学校办学特色和人才培养要求，制定科学规范的综合素质评价体系和办法，组织教师等专业人员对档案材料进行研究分析，采取集体评议等方式做出客观评价，作为招生录取的参考。

五　组织管理

1. 加强组织领导。综合素质评价是全面实施素质教育，深化考试评价改革的重要举措,各省(区、市)要高度重视,加强领导,精心组织。要加强指导,协调各方面专业力量,为学校开展综合素质评价提供支持和帮助。要加强培训,提升校长和教师实施综合素质评价的能力。要加强管理,可以全国中小学生学籍信息管理系统为基础,以省(区、市)为单位建立综合素质评价工作电子化管理平台,为招生录取工作和用人单位提供服务。要加强督导,把综合素质评价工作作为评估地方各级教育行政部门和学校工作的重要内容。

2. 坚持常态化实施。综合素质评价由学校组织实施。学校要建立健全学生成长记录规章制度,明确本校综合素质评价的具体要求。要注重在日常教育教学活动中,指导学生及时收集整理有关材料,避免集中突击。要充分发挥学校党团、学生组织的作用。

3. 建立健全监督制度。建立公示制度,畅通举报渠道。建立检查制度,对档案材料真实性进行抽查。建立申诉与复议制度,对有争议的结果重新进行审核确认。建立诚信责任追究制度,对弄虚作假者按照《普通高等学校招生违规行为处理暂行办法》等有关规定给予严肃处理。

各省(区、市)要提出高中学生综合素质评价基本要求,制定具体办法,于2015年8月底前报教育部备案。义务教育阶段学生综合素质评价,由各省(区、市)根据学生年龄特点,参照本《意见》制定实施办法。

教 育 部

2014 年 12 月 10 日

附录三

教育部关于普通高中学业水平考试的实施意见

教基二〔2014〕10号

各省、自治区、直辖市教育厅（教委），新疆生产建设兵团教育局，部属各高等学校：

为贯彻落实《国务院关于深化考试招生制度改革的实施意见》，促进学生全面发展、健康成长，现就实施普通高中学业水平考试（以下简称学业水平考试）提出如下意见。

一 重要意义

学业水平考试是根据国家普通高中课程标准和教育考试规定，由省级教育行政部门组织实施的考试，主要衡量学生达到国家规定学习要求的程度，是保障教育教学质量的一项重要制度。考试成绩是学生毕业和升学的重要依据。实施学业水平考试，有利于促进学生认真学习每门课程，避免严重偏科；有利于学校准确把握学生的学习状况，改进教学管理；有利于高校科学选拔适合学校特色和专业要求的学生，促进高中、高校人才培养的有效衔接。

二 基本原则

坚持全面考核，促进学生完成国家规定的各门课程的学习。坚持自主选择，为每个学生提供更多的选择机会，促进学生发展学科兴趣与个性特长。

坚持统筹兼顾，促进高中改进教学，服务高校选拔学生，减轻学生过重的课业负担和学习压力。

三　考试科目与内容

1. 考试科目。《普通高中课程方案（实验）》所设定的科目均列入学业水平考试范围。语文、数学、外语、思想政治、历史、地理、物理、化学、生物等科目考试，由省级教育行政部门统一组织。艺术（或音乐、美术）、体育与健康、通用技术、信息技术考试，可由省级教育行政部门制定统一要求，确定具体组织方式。

在实行高考综合改革的省（区、市），计入高校招生录取总成绩的学业水平考试3个科目，由学生根据报考高校要求和自身特长，在思想政治、历史、地理、物理、化学、生物等科目中自主选择。学生可以在完成必修内容的学习，对自己的兴趣和优势有一定了解后确定选考科目。

2. 考试内容。各省（区、市）根据国家发布的普通高中课程方案和课程标准的规定及要求确定考试内容。要对相关科目的实验操作、外语听力和口语的考试提出要求。命题应紧密联系社会实际与学生生活经验，在全面考核学生基础知识和基本技能的基础上，注重加强对能力的考查。

四　考试对象与时间

1. 考试对象。普通高中在校学生均须参加学业水平考试。高中阶段其他学校在校生和社会人员也可报名参加。

2. 考试时间。学校要均衡安排每学年的授课科目，统筹确定每个年级的学生参加考试的科目数量，原则上高一年级2个科目左右，高二年级6个科目左右，高三年级6个科目左右。各省（区、市）每年组织安排的考试要覆盖所有科目，满足不同学生选考的需要，考试时间一般安排在学期结束时。各省（区、市）要积极创造条件，为有需要的学生参加同一科目两次考试以及更换已选考的科目提供机会。

各省（区、市）要提前公布学业水平考试的报名时间、开考科目、考试时间、报名方式等，便于学校安排教学及学生报名考试。

五　考试成绩呈现与使用

1. 考试成绩呈现方式。考试成绩以"等级"或"合格、不合格"呈现。计入高校招生录取总成绩的学业水平考试3个科目成绩以等级呈现，其他科目一般以"合格、不合格"呈现。

以等级呈现成绩的一般分为五个等级，位次由高到低为A、B、C、D、E。原则上各省（区、市）各等级人数所占比例依次为：A等级15%，B等级30%，C等级30%，D、E等级共25%。E等级为不合格，具体比例由各省（区、市）根据基本教学质量要求和命题情况等确定。

2. 考试成绩使用。学业水平考试成绩合格，作为普通高中学生毕业以及高中同等学力认定的主要依据。要将学生学业水平考试所有科目成绩提供给招生高校使用，具体要求和使用办法由各省（区、市）及高校确定。

各级教育行政部门要加强对学业水平考试结果的研究与分析，做好教学反馈与指导，不断提高教学质量。任何单位和个人不得根据学业水平考试成绩给学生排队，不得仅以考试成绩作为评价学校和教师的依据。

学生跨省（区、市）转学时，应由转出地省级主管部门出具成绩证明，接受学生的省（区、市）对用于高校招生录取使用的科目等级成绩进行具体转换确定。

六、组织保障

1. 加强组织领导。实施学业水平考试是深化考试招生制度改革的重大举措，各地要高度重视，加强领导，精心组织。省级教育行政部门要对学业水平考试进行统一管理。要明确各相关部门职责，理顺工作关系，加强协调配合。要确保命题、阅卷、考务等方面的经费投入以及人员配置。

2. 确保命题质量。要由省级专业命题机构组织命题。建立命题人员资格标准和命题专家库，强化命题人员培训。加快题库建设。开展试卷评估和分析，切实提高命题的科学化和专业化水平。

3. 严格考试管理。要按照国家教育考试的标准和要求，统一设置考点、考场，规范考场布置、实施程序等。统一阅卷（考核）程序、标准和方式，确保评分准确。加强安全保密。建立健全诚信机制。严肃考风考纪，建立责任制和责任追究制。对考试作弊等违规行为，严格按照《国家教育考试违规处理办法》等有关规定进行处理。

4. 加强教学管理。严格落实普通高中课程方案，合理安排教学进度，严禁压缩课程授课时间，开齐开足综合实践活动、技术、艺术（或音乐、美术）、体育等课程。学生学完必修内容参加合格性考试后，学校要开设相应的选修课，供有需要的学生选择学习。高中学校要对学生综合实践活动课程完成情况进行考查，确保完成必修学分。要加强学生生涯规划指导。调整教学组织方式，满足学生选学的需要，把走班教学落到实处。加强校长和教师培训，转变人才培养观念，创新人才培养模式。加强设施设备、师资配备等方面的条件保障，满足教学需要。教育部将建立课程实施监测制度，定期对各地课程实施情况进行评估。

各省（区、市）要结合本地实际，全面推行学业水平考试。要根据本《意见》，制定本省（区、市）实施普通高中学业水平考试的具体办法，于2015年8月底前报教育部备案。初中学业水平考试由各省（区、市）根据义务教育的特点，参照本《意见》制定实施办法。

教育部
2014 年 12 月 10 日

后　　记

关于新高考制度对普通高中教育教学的影响这一课题，从2014年国家启动新高考制度改革以来，我们就敏锐地开始对其进行着关注和思考，但对其进行较为系统的研究始于2017年作者获准立项的陕西省基础教育重大招标课题——"新高考制度下的陕西省普通高中教育教学改革研究"。其后，经过近两年扎实的专题调研和梳理，我们前期的有关模糊、零碎的思考才有了整体表达并付梓出版的可能。

本书在写作过程中，力求尽可能广泛地吸收目前国内外相关研究成果，以保证其科学性和针对性，因此借鉴、参考、引用了大量国内外有关的学术文献和其他资料。有关文献资料及其著作者的名字已在书中注明，在此不一一列出，但恐有所遗漏，请求著作者的谅解，谨向诸位原著者致以真诚的感谢。同时对中国社会科学出版社对本书出版的支持表示谢意！

该书的写作历经一年有余，几易其稿，最终成型。著作撰写内容的具体分工为：第三章由冯晓江编著；第四章由丁一鑫编著；第六章由冯晓江、丁一鑫合作编著；其余内容由李军靠完成并负责全书的统稿工作。该书的完成和出版同时受陕西省2016—2017基础教育重大招标课题（课题号：ZDKT/163）、陕西省高水平大学建设专项资金资助项目（项目号：2015SXTS01）和延安大学学术专著与教材出版资助项目资助。

最后还需说明的是，书中的一些观点著者们已先后发表在《中国教育学刊》《教育探索》等专业期刊上，有些论文曾被多次引用，尽管如此，但我们深知，创建一个新的结构体系并达到较高水平的学术新作，并非轻而易举之事。虽然我们在研究和写作过程中做了很大的努力，但由于自身水平有限，书中难免有疏漏和差错之处，恳请各位专家、同仁批评指正。

李军靠

2019 年 1 月于延安